Bernhard Ecker
Chinas Aufbruch
in den Westen

1968   1978   2008   2018

**Alexandra
Föderl-Schmid**
Big Bang durch
Big Data

Herbert Lackner
Das unterschätzte
Wendejahr

Helene Schuberth
Der Zusammenbruch
von Lehman Brothers

1848

1918

2018

Herausgegeben von
Hannes Androsch Heinz Fischer Bernhard Ecker

1848 1918 2018
8 Wendepunkte der Weltgeschichte

Mit Beiträgen von
Alexandra Föderl-Schmid, Herbert Lackner, Anton Pelinka,
Bettina Poller, Hans Werner Scheidl, Helene Schuberth,
Rudolf Taschner und den Herausgebern

Brandstätter

Prolog

◆

Heinz Fischer

Der 100. Geburtstag einer Institution, erst recht eines Staates – im vorliegenden Fall der 100. Geburtstag der Republik Österreich –, ist zweifellos ein Ereignis, das in angemessener Weise gefeiert und gewürdigt werden soll. Insbesondere dann, wenn sich der betreffende Staat nach anfänglichen Irrungen und Wirrungen – zu denen auch Selbstzweifel, Diktatur und sogar Existenzverlust zählten – letztlich zu einem stabilen, demokratischen und anerkannten Mitglied der internationalen Gemeinschaft entwickelt hat.

Aber es geht nicht nur um Feiern und Würdigen: Es geht auch um eine kritische Analyse der 100-jährigen Geschichte, um Selbstreflexion, um das Erkennen von Ursachen und Wirkungen, um die Beschreibung historischer Wendepunkte und um eine Einordnung in internationale Zusammenhänge; es geht mit einem Wort um das Durchleuchten und Beleuchten jenes verschlungenen Weges, der uns von der Geburtsstunde der zunächst vielfach ungeliebten Republik („der Staat, den keiner wollte") in jene Zeit führt, wo Österreich rund um seinen 100. Geburtstag den Vorsitz in der Europäischen Union innehaben wird.

Als die wichtigsten dieser Stationen und Wendepunkte in der Geschichte seit 1918 werden meistens die Jahre 1920 (Annahme der Österreichischen Bundesverfassung, aber auch Ende der Zusammenarbeit der beiden großen Parteien in einer Regierungskoalition), 1933/34 (Verfassungsbruch, Ausschaltung des Parlaments, Bürgerkrieg), 1938 (der sogenannte „Anschluss" an Hitler-Deutschland), 1945 (das Ende des Krieges und der nationalsozialistischen Diktatur), 1955 (Abschluss des Staatsvertrages und Abzug der Besatzungssoldaten), 1970 (Beginn einer Reformperiode mit der 13-jährigen Kanzlerschaft von Bruno Kreisky), 1989 (Fall der Berliner Mauer und Zusammenbruch der kommunistischen Diktaturen in Europa) und 1995 (Österreichs Beitritt zur Europäischen Union) genannt.

Tatsächlich sind das die wichtigsten Stationen in der Geschichte der Republik Österreich. Und das Jahr 2018 wird genügend Gelegenheiten bieten, sich mit diesen einzelnen Stationen unserer Geschichte ausführlich zu befassen.

Das vorliegende Buch will einen etwas anderen Beitrag zur Beleuchtung der Entwicklung unseres Landes – auf naturgemäß beschränktem Raum – leisten.

Hannes Androsch und ich (beide im Jahr 1938 geboren) sowie Bernhard Ecker sind der Meinung, dass interessante Ergebnisse zutage gefördert werden können, wenn man relevante Entwicklungen in Politik und Gesellschaft im Abstand von Jahrzehnten untersucht und damit einige der sogenannten „achter Jahre" näher ins Auge fasst, nämlich die Jahre 1918, 1938, 1968, 1978, 2008 und 2018. Und da das Jahr 1918 nicht aus heiterem Himmel

„passiert" ist, sondern eine lange Vorgeschichte hatte, wird auch ein Blick auf die Jahre 1848 und 1908 geworfen.

Denn auch wenn es vor 1918 kein geschlossenes Siedlungs-, Staats- und Kulturgebiet unter dem Namen Österreich gegeben hat, so ist doch heute völlig unbestritten, dass die Geburtsstunde der Republik Österreich im Jahre 1918 nicht die Stunde null für Österreich schlechthin war.

Das „Ostarrichi" in der Urkunde aus dem Jahre 996 mag mit der Republik Österreich des Jahres 1918 herzlich wenig gemeinsam haben. Auch trifft es zu, dass die Repräsentanten der jungen, unter dem Namen „Deutsch-österreich" gegründeten Republik es bei den Friedensverhandlungen von Saint-Germain und auch schon vorher ablehnten, als Nachfolgestaat der österreichisch-ungarischen Vielvölkermonarchie betrachtet und behandelt zu werden. Das ändert aber nichts daran, dass die Republik Österreich (mit der Bundeshauptstadt Wien) ihre staatlichen, kulturellen, politischen und emotionalen Wurzeln in der Habsburgermonarchie hat.

Wenn man ein bisschen provokant sein will, könnte man auch sagen: Viktor Adler, Ignaz Seipel, Karl Renner oder Leopold Figl und Bruno Kreisky sind ohne Maria Theresia, Joseph II. und Franz Joseph in ihrem Denken und Handeln nicht vorstellbar, wobei der Hinweis auf diesen Zusammenhang nichts damit zu tun hat, wie man die jeweiligen Persönlichkeiten und die Ergebnisse ihrer Tätigkeit einschätzt und bewertet.

In diesem Sinne nimmt das vorliegende Buch also seinen Ausgang vom Jahr 1848. Denn dieses bezeichnet die Wende von der Ära Metternich zu den Vorstufen zur konstitutionellen Monarchie unter Kaiser Franz Joseph, die es immerhin bis zu einem Reichsrat mit allgemeinem Wahlrecht für Männer brachte und in deren letzten Jahrzehnten sich jene politischen Parteien entfalteten, die auch heute – zum 100. Geburtstag der Republik – noch wichtige politische Faktoren sind.

Ein langjähriger Redakteur der im Jahr 1848 gegründeten Tageszeitung *Die Presse*, Hans Werner Scheidl, beschäftigt sich daher mit diesen Entwicklungen vor genau 170 Jahren. Seinen interessanten Ausführungen kann ich noch hinzufügen, was ich selbst erst vor wenigen Monaten beim 175. Geburtstag der Wiener Philharmoniker erfahren habe: Bei der Gründung der Wiener Philharmoniker spielte neben Otto Nicolai und August Schmidt auch der Komponist und Musikkritiker Alfred Julius Becher eine zentrale Rolle, der sich sechs Jahre später an der Revolution des Jahres 1848 beteiligte und wegen seiner aktiven Rolle verhaftet, zum Tode verurteilt und unmittelbar darauf standrechtlich erschossen wurde.

60 Jahre später – und genau zehn Jahre vor dem Ende der Monarchie – ist 1908 die bosnische Annexionskrise gleichfalls ein geschichtsmächtiges

Thema, mit dem sich Bettina Poller befasst. Sie ist Referentin im Österreichischen Rat für Forschung und Technologieentwicklung und veröffentlicht zu politischen und historischen Themen.

Wie sehr die Krisen in diesem Raum das Wort „geschichtsmächtig" verdienen, zeigt – ein Jahrhundert später – ein Blick auf die aktuelle Situation auf dem westlichen Balkan: Was sich heute in Bosnien ereignet (oder nicht ereignet), hat auch massive Auswirkungen auf Serbien, Kroatien und den ganzen westlichen Balkan; die Region ist noch immer und immer wieder ein heikles Thema für ganz Europa. Und es ist nur fair anzumerken, dass Österreich zu jenen Ländern zählt, die der Entwicklung auf dem Balkan große Aufmerksamkeit widmen und dort auch in ökonomischer Hinsicht stark engagiert sind.

Das Jahr 1918, dem sich der erfahrene Politikwissenschaftler Anton Pelinka widmet, steht im Zentrum des Jubiläums der Republik Österreich.

Es war beziehungsweise ist faszinierend, bei Christopher Clark und anderen Autoren nachzulesen, wie Europa in den Ersten Weltkrieg hineingestolpert und hineingeschlittert ist; aber nicht weniger faszinierend ist es, darüber nachzulesen und nachzudenken, wie unendlich mühsam es war, aus dem Krieg wieder herauszufinden, mit dem Frieden zurechtzukommen und welche gravierende Fehler dabei auf allen Seiten gemacht wurden.

Es muss bei dieser Gelegenheit auch darauf aufmerksam gemacht werden, wie radikal die vorherrschende Grundstimmung zum Zeitpunkt der Republikgründung von unserer heutigen Befindlichkeit abwich. Der Krieg war verloren; die Auflösung der Monarchie in Nationalstaaten im Sinne des sogenannten „Selbstbestimmungsrechtes der Völker" unvermeidlich und in vollem Gange. Mit überwältigender Mehrheit wurde in den deutschen Siedlungsgebieten daraus die Schlussfolgerung gezogen, dass die Zukunft der deutschsprachigen Teile der Monarchie nur darin liegen kann, als „Deutschösterreich" dem Deutschen Reich anzugehören. Zum Zeitpunkt der Gründung der Republik Österreich im Herbst 1918 herrschten diesbezüglich große Illusionen. Man verlieh nicht nur der Erwartung Ausdruck, dass die mehrheitlich deutschen Teile von Böhmen und Mähren oder in Italien selbstverständlich zu „Deutschösterreich" gehören müssten, sondern zerbrach sich sogar über die Eingliederung von Regionen mit teilweise deutschsprachiger Bevölkerung in Polen oder in der Ukraine in ein neues Großdeutschland den Kopf.

Im Oktober 1918 unternahm Kaiser Karl letzte, aber aussichtslose Versuche, den Thron zu retten. In Wirklichkeit war die Monarchie bereits in voller Auflösung begriffen. Die Vertreter der nicht-deutschsprechenden

Heinz Fischer

politischen Kräfte hatten schon mit der Bildung neuer Staatswesen auf der Basis des „Selbstbestimmungsrechtes der Völker" begonnen, aber auch die Exponenten der deutschsprachigen Parteien einigten sich darauf, Schritte zur Gründung eines deutschsprachigen Staatswesens zu unternehmen und zu diesem Zweck die deutschsprachigen Abgeordneten des zuletzt im Jahr 1911 gewählten Abgeordnetenhauses zu einer Konstituierenden Sitzung in das Wiener Landhaus einzuladen. Diese Aufgabe wurde dem Obmann des Verbandes der deutschnationalen Parteien Viktor Waldner übertragen, der aus Kärnten stammte und auch einer der ältesten Abgeordneten des Abgeordnetenhauses (geboren 1852) war. Waldner lud für den 21. Oktober 1918 um 17 Uhr die deutschsprachigen Abgeordneten zur „Konstituierenden Sitzung der Nationalversammlung der deutschen Abgeordneten" einvernehmlich ein. Das Protokoll dieser Konstituierenden Sitzung verzeichnete den Sitzungsbeginn um 17.05 Uhr, wobei „Vorsitzender Dr. Waldner" die Sitzung mit folgenden Worten eröffnete:

„Werte Volksgenossen! Im Auftrage aller Parteien habe ich alle deutschen Reichsratsabgeordneten zur heutigen Vollversammlung einberufen, damit sie auch für das deutsche Volk in Österreich als seine gewählte Gesamtvertretung das Recht auf Selbstbestimmung und eigene unabhängige Staatlichkeit feierlich erklären und für den Staat Deutsch-Österreich in einer zu konstituierenden Nationalversammlung die grundlegenden Beschlüsse fassen *(Beifall)*. Wie die schicksalsschwere Zeit schon die Vertreter aller deutschen Parteien zusammengeführt und zu Einheitsbeschlüssen vereinigt hat *(lebhafter Beifall)*, so wird sich auch die heutige denkwürdige Versammlung aller deutschen Vertreter von der Seele unseres Volkes und von dem einzigen Geist erfüllt zeigen, einmütig die staatliche Zukunft unseres Volkes auf seinem Siedlungsgebiete sicherzustellen. Die Geschichte hat uns auf den Boden, den wir bewohnten, gestellt, unsere Vorfahren haben diesen Boden in ungezählten Kämpfen mit ihrem Blute verteidigt, unsere Söhne haben in diesem Weltbrand in Treue ihr Blut für ihn vergossen: es gibt kein stärkeres Recht als das Recht unseres Volkes auf das Gesamtgebiet seiner Siedlung *(lebhafter Beifall und Händeklatschen)*."

Mit diesen markigen Worten begann also die Konstituierende Sitzung einer nur aus „deutschen Abgeordneten" bestehenden Provisorischen Nationalversammlung in den letzten Tagen des Krieges, in den letzten Tagen der Monarchie und daher noch vor der Gründung der Republik.

Sodann wurden der großdeutsche Abgeordnete Franz Dinghofer, der christlichsoziale Abgeordnete Jodok Fink und der sozialdemokratische Abgeordnete Karl Seitz zu (gleichberechtigten) Präsidenten dieser Provisorischen Nationalversammlung gewählt. Auch der Sozialdemokrat Karl

Seitz ließ sich von der Begeisterung für die Gründung „Deutschösterreichs" anstecken, das „den Willen des deutschen Volkes in Österreich rein, frei und ungehemmt zum Ausdruck bringen wird […]. Wir legen heute den Grundstein für ein neues Deutsch-Österreich. Dieses neue Deutsch-Österreich wird errichtet werden nach dem Willen des deutschen Volkes *(stürmischer Beifall, Händeklatschen und Heil!-Rufe)*. Frei und ungehemmt muss dieser Wille zur Geltung kommen. Wir werden ein neues Deutsch-Österreich aufbauen und wir hoffen, dass es ein Deutsch-Österreich des Glücks und des Friedens wird *(lebhafter, langanhaltender Beifall)*."

Besonders bemerkenswert erscheint mir auch die Intervention von Viktor Adler in dieser denkwürdigen Sitzung – elf Tage vor seinem Tod, nämlich am 30. Oktober. Denn Viktor Adler ist ja bekanntlich am 11. November 1918, am letzten Tag der Monarchie beziehungsweise am Tag vor der Erreichung des großen Zieles, nämlich der Gründung einer demokratischen Republik, verstorben.

Viktor Adler meldete sich an diesem 30. Oktober „im Auftrage der deutschen Sozialdemokratie Österreichs" zu Wort, um eine Erklärung zu verlesen, in der es unter anderem hieß:

„Meine Herren! Ich spreche hier im Namen der deutschen Sozialdemokratie Österreichs. Wir sind hierhergekommen, um einig mit Ihnen, fußend auf demselben Boden wie Sie, das neue Deutsch-Österreich aufzurichten. Wir sind in diesen Gedanken einig, dass das notwendig ist. Dass es unsere Pflicht ist. Und – gestatten Sie mir, einem alten Mann, zu sagen – dass es endlich die Verwirklichung dessen ist, was wir seit der Jugend ersehnen. Wir sind hierhergekommen, um einträchtig mit Ihnen unsere Pflicht zu erfüllen.

Aber, meine Herren, wir würden es für falsch halten, wenn wir Ihnen nicht zugleich sagen würden: Wir kommen hier mit Ihnen zusammen, aber wir kommen als Sozialdemokraten. Wir kommen mit erhobener Fahne, wir kommen mit Ihnen zusammen, aber wir bleiben die, die wir waren *(lebhafter Beifall)*. Wir kommen zu Ihnen, um mit Ihnen zusammen für das gemeinsame Ziel zu arbeiten, aber nicht einen Fußbreit geben wir auf von dem, was wir als unsere Pflicht, als unser Streben, als unser Programm ansehen. Und darum gestatten Sie, dass wir auch in dieser feierlichen Stunde Ihnen in einigen Sätzen auseinandersetzen, auf welchem Boden wir innerhalb dieser Versammlung der Deutschen in Österreich stehen und kämpfen werden. […]

Das deutsche Volk in Österreich soll seinen eigenen demokratischen Staat, seinen deutschen Volksstaat bilden, der vollkommen frei entscheiden soll, wie er seine Beziehungen zu den Nachbarvölkern, wie er seine Beziehungen zum Deutschen Reiche regeln soll. Er soll sich mit den

Heinz Fischer

Nachbarvölkern zu einem freien Völkerbund vereinen, wenn die Völker dies wollen. Lehnen aber die anderen Völker eine solche Gemeinschaft ab oder wollen sie ihr nur unter Bedingungen zustimmen, die den wirtschaftlichen und den nationalen Bedürfnissen des deutschen Volkes nicht entsprechen, dann wird der deutschösterreichische Staat, der, auf sich selbst gestellt, kein wirtschaftlich entwicklungsfähiges Gebilde wäre, gezwungen sein, sich als ein Sonderbundesstaat dem Deutschen Reiche anzugliedern *(lebhafter Beifall und Händeklatschen)*. Wir verlangen für den deutschösterreichischen Staat die volle Freiheit, zwischen diesen beiden möglichen Verbindungen zu wählen."

Diese Wahlmöglichkeit wurde bekanntlich im Vertrag von Saint-Germain verweigert.

Es ist vielleicht ein für einen Prolog ungewöhnlich langes Zitat, aber es erscheint mir außerordentlich interessant und bemerkenswert, wie sehr Viktor Adler in diesen seinen letzten Worten versucht hat, eine Brücke zu finden zwischen Zusammenarbeit in schweren Zeiten auf der einen Seite und dem unverrückbaren Festhalten an seinen politischen Grundsätzen auf der anderen Seite. Dieses Bemühen war in der Ersten Republik nur etwa eineinhalb Jahre lang erfolgreich und ist nach dem letzten großen Erfolg – der Einigung über die Österreichische Bundesverfassung – gescheitert.

Außerdem kann man nach der Lektüre dieser Worte besser verstehen, wie groß die Enttäuschung war, dass das Selbstbestimmungsrecht der Völker zwar zum Leitprinzip der Neuordnung Europas gemacht wurde, aber auf die deutschsprachigen Bevölkerungsteile außerhalb Deutschlands letzten Endes keine Anwendung finden sollte.

Anton Pelinka verknüpft das parlamentarische Geschehen in den Geburtsstunden der Republik (die noch keinen endgültigen Namen, kein endgültiges Staatsgebiet und keine republikanische Verfassung hatte) mit Entwicklungen bis in die Gegenwart, wobei er zu dem Ergebnis kommt, dass das nach dem Zweiten Weltkrieg erneut zu errichtende Österreich in dieser Zweiten Republik „das beste Österreich werden (sollte), das es je gegeben hatte". Ein großes Kompliment!

Bevor sich Österreich aber dieses Kompliment verdienen konnte, musste es zum zweiten Mal durch die Hölle von Krieg und Diktatur gehen. Das entscheidende Datum auf diesem Weg liegt jetzt 80 Jahre zurück: Es war der „Anschluss" Österreichs an Hitler-Deutschland im März 1938.

Die junge, 1918 auf den Trümmern des Ersten Weltkrieges errichtete Republik war an ihren Konstruktionsfehlern sowie an weltanschaulichen, **13** politischen, sozialen und auch persönlichen Gegensätzen gescheitert. Die Demokratie hat die Belastungen dieser Zeit, insbesondere die Verfassungsbrüche der Jahre 1933 und 1934, nicht überlebt, der Druck Hitlers war übermächtig, und eine einheitliche Abwehrfront gegen den Nationalsozialismus war nicht (zeitgerecht) zustande gekommen. So marschierte die deutsche Wehrmacht nach einem unverschämten Ultimatum an Bundeskanzler Kurt Schuschnigg in der Nacht vom 11. auf den 12. März 1938 in Österreich ein und wurde von beträchtlichen Teilen der Bevölkerung mit großem und demonstrativem Jubel begrüßt.

Österreich verschwand von der Landkarte und wurde ein Teil des Deutschen Reiches, an dessen Spitze Adolf Hitler stand, und folgte diesem in den Zweiten Weltkrieg. Österreicher dienten in der deutschen Wehrmacht, arbeiteten auch in der Gestapo, hatten entsprechenden Anteil an den Verbrechen an der jüdischen Bevölkerung in Wien, wie zum Beispiel an der sogenannten „Kristallnacht" vom 9. auf den 10. November 1938, wurden zum Dienst in den Konzentrationslagern verpflichtet, waren an vielen anderen Verbrechen der Nationalsozialisten beteiligt, aber auch an manchen Heldentaten gegen den Nationalsozialismus oder zum Schutze von dessen Opfern. Mit einem Wort: Österreich war Täter und Opfer.

Und während die einen sagten, dass der „Anschluss" an Deutschland ja genau das gewesen sei, was „Deutschösterreich" sich offenbar nach der Zerschlagung der Donaumonarchie gewünscht habe, verweisen andere (mit Recht) darauf, dass sich die Verhältnisse – spätestens mit der Machtergreifung Hitlers in Deutschland – grundlegend geändert hätten und dass der freiwillige Anschluss an ein demokratisches, republikanisches Deutschland unmittelbar nach dem Zerfall der Donaumonarchie mit dem von der deutschen Wehrmacht vollzogenen und erzwungenen „Anschluss" an die zum Krieg entschlossene Diktatur Hitlers nicht vergleichbar sei.

Da in der berühmten Moskauer Deklaration aus dem Jahr 1943 Österreich als das „erste Opfer" der Hitler'schen Aggressionspolitik bezeichnet wurde, war es nach Kriegsende verlockend, diese Formulierung zu benutzen, um Österreich nach Kriegsende vorwiegend als „Opfer" Hitlers darzustellen und die Täterrolle so weit wie möglich unter den Tisch fallen zu lassen. Dadurch ist auch ein großer Nachholbedarf in Bezug auf die Aufarbeitung dieses Abschnittes unserer Geschichte entstanden.

Die Diskussion über diese Fragen ist auch heute noch nicht endgültig beendet, aber es herrscht ohne Zweifel viel mehr Klarheit, als dies noch vor wenigen Jahrzehnten der Fall war. Und sie wird heute nicht mehr von Personen geführt, die noch selbst an diesen Ereignissen beteiligt waren, sondern ausschließlich von nachgeborenen Generationen und daher mit mehr Objektivität.

14

Eine wichtiger Aspekt dieser Epoche liegt darin, dass die Ermordung von 66.000 Jüdinnen und Juden durch die Nationalsozialisten und die erzwungene Emigration von weiteren 206.000 jüdischen Mitbürgerinnen und Mitbürgern, aber auch die Verfolgung von Wissenschaftlern und Intellektuellen, die dem Nationalsozialismus ablehnend gegenüberstanden, zu einem enormen Verlust an menschlichem und wissenschaftlichen Potenzial geführt hat, von dem sich Österreich durch viele Jahrzehnte hindurch – weit über das Jahr 1945 hinaus – nicht erholen konnte.

Heute wird dieses Thema häufig mit den Namen späterer Nobelpreisträger wie Walter Kohn, Eric Kandel oder Martin Karplus verbunden, oder mit Carl Djerassi, dem Miterfinder der Pille – sie alle flohen noch im Kindesalter aus dem Wien der 1930er Jahre. Für wie viele Spitzenwissenschaftler der erzwungene „Anschluss" das Ende ihrer Laufbahn, oft auch den Tod, bedeutete, hat 2015 der Wiener Wissenschaftspublizist Klaus Taschwer in dem Buch *Hochburg des Antisemitismus* herausgearbeitet. Die Entfernung politisch missliebiger und jüdischer Universitätslehrender setzte demnach bereits 1933 ein und wurde 1938 drastisch verschärft: Bis 1944 waren an der Universität Wien 322 der insgesamt 763 Lehrenden des Studienjahrs 1937/38 vertrieben worden. Zumindest elf Professoren und Dozenten kamen in den Konzentrations- und Vernichtungslagern der Nationalsozialisten ums Leben. Fast ein Viertel der Mitarbeiter der viel beachteten Biologischen Versuchsanstalt im Prater wurde ermordet, auch dessen Gründer, der Zoologe Hans Przibram, und seine Frau.

In seinem Beitrag zum Jahr 1938, in dem der 20. Geburtstag der Republik nicht mehr gefeiert werden konnte, weil es die Republik Österreich zu diesem Zeitpunkt nicht mehr gab, widmet sich der Mathematiker Rudolf Taschner dieser vertriebenen Intelligenz. Er konzentriert sich auf zwei bisher kaum beachtete bahnbrechende Entdeckungen, in deren Zentrum Österreicher stehen und die seiner Ansicht nach die Geschichte der Menschheit verändert haben.

Er meint damit einerseits die Erfindung der ersten programmgesteuerten Rechenmaschine der Welt, die 1938 fertiggestellt wurde und als Vorstufe zum Computer betrachtet werden kann, und andererseits die grundlegenden Experimente von Otto Hahn und Fritz Straßmann zum Thema Kernspaltung, die den Weg zur Nutzung der Atomtechnologie (für militärische und friedliche Zwecke) ebneten.

Eine Generation später, als der Abwurf der ersten Atombombe bereits mehr als 20 Jahre zurücklag und die ersten Kernkraftwerke bereits der Energiegewinnung dienten, waren es wiederum politische, vor allem aber gesellschaftspolitische Entwicklungen, die dieser Zeit in Europa ihren Stempel **15** aufdrückten. Die drei Jahrzehnte vom Ausbruch des Ersten Weltkrieges (1914) bis zum Ende des Zweiten Weltkrieges (1945) waren in der gesellschaftlichen Entwicklung weitgehend eine Phase des Stillstandes: Demokratie, Menschenrechte, Liberalisierung, Reformen im Überbau der Gesellschaft (wie Strafrecht oder Strafvollzug), aber auch die Emanzipation der Frau machten in dieser Zeit kaum Fortschritte; und dort, wo es Fortschritte gab wie etwa in der Kunst oder in der Technik, wurden sie im Machtbereich der totalitären Systeme entweder unterdrückt (Kunst) oder in erster Linie unter dem Gesichtspunkt ihrer Tauglichkeit für militärische Zwecke beurteilt (Technik).

Die Suche nach den Ursachen dieser Entwicklung und nach der Verantwortung dafür blieb lange Zeit unter der Oberfläche und meldete sich erst vehement zu Wort, als die im und bald nach dem Zweiten Weltkrieg geborenen Jahrgänge erwachsen wurden und an die Universitäten kamen. Wir sprechen also von den Veränderungen in den späten sechziger Jahren.

Der langjährige *profil*-Chefredakteur Herbert Lackner, der sich wohl auch selbst als „Achtundsechziger" betrachtet, untersucht diese Periode und ihre Auswirkungen in sehr erhellender Weise.

Es soll nicht unerwähnt bleiben, dass das Jahr 1968 auch im sogenannten Ostblock mit dem Prager Frühling und den Reformbestrebungen in Polen seinen Niederschlag fand.

Nicht zuletzt markierte das Jahr 1968 genau die „Halbzeit" in der 100-jährigen Geschichte unserer Republik. Und ebenso wie die drei folgenden Beiträge behandelt Lackners Beitrag ein Thema, das bereits auf die stärker internationale Ausrichtung von Gesellschaft, Wirtschaft und auch Politik in der zweiten „Halbzeit" überleitet.

Es sind in der Regel entweder politische oder wissenschaftlich-technische Umwälzungen, die die Welt am stärksten verändern. Auf der einen Seite stehen zum Beispiel die Französische Revolution, die Russische Revolution, das allgemeine Wahlrecht, die beiden Weltkriege im 20. Jahrhundert. Auf der anderen finden sich die Erfindung des Buchdrucks, der Dampfmaschine, des Automobils, der Kernspaltung, des Computers oder des Internets. Beide Bereiche stehen zweifellos in Wechselwirkung miteinander.

Kurz nach der Russischen Revolution des Jahres 1917 begann sich auch in China eine kommunistische Bewegung (in Konkurrenz zur nationalistischen Kuomintang) zu entwickeln, die nach drei Jahrzehnten erbitterter Kämpfe 1948 in Festland-China die Macht eroberte und nach drei weiteren Jahrzehnten sich mühsam aus dem Chaos der Kulturrevolution herausarbeiten musste, die der „große Steuermann" Mao Zedong in den letzten Jahren seines Lebens angezettelt hatte.

Die jüngsten vier Jahrzehnte der chinesischen Geschichte bilden jene Phase, als China nach den bahnbrechenden und mutigen Ideen von Deng Xiaoping seine Politik umkrempelte und zur Weltmacht aufstieg, deren Wirtschaftsmacht heute auf Augenhöhe mit jener der USA liegt.

Diese Entwicklung ist das Thema des Beitrages von Bernhard Ecker, unter dem Titel „Chinas Aufbruch in den Westen". Auf diesem Gebiet ist es kein großes Risiko zu prophezeien, dass den Beziehungen zwischen China und Europa, aber auch zwischen China und dem Rest der Welt, in den nächsten 20 Jahren – also etwa bis zum neunzigsten 90. der Volksrepublik China – eine ganz entscheidende und kaum zu überschätzende Bedeutung zukommen wird.

Wenn man sich wieder der heutigen Situation in Europa zuwendet, dann ist unübersehbar, dass eine lange Periode des Aufschwungs und einer erfolgreichen Stärkung der wirtschaftlichen Zusammenarbeit vor zehn Jahren eine jähe Unterbrechung erfahren hat, die man allgemein mit den Worten „Finanz- und Bankenkrise" zusammenfasst. An den weitreichenden Folgen dieser Krise leidet Europa noch heute. Und die Frage, wie mit dieser Krise umzugehen ist und welche Lehren aus der gravierenden und folgenschweren Krise der späten zwanziger Jahre und der frühen dreißiger Jahre des 20. Jahrhunderts zu ziehen sind, wird bis heute heftig diskutiert.

Ausgestattet mit hervorragenden Kenntnissen der internationalen Literatur zu diesen Themen, geht die in der Oesterreichischen Nationalbank tätige Ökonomin Helene Schuberth der Frage nach, ob wir aus der Krise, die letztlich zum Aufstieg und Sieg des Faschismus in den dreißiger Jahren entscheidend beitrug, genügend gelernt haben. Sie untersucht auch, welche Fehler wiederholt werden, obwohl sie nicht wiederholt werden dürften, und wie die jüngste Finanz- und Wirtschaftskrise im Vergleich zur „Mutter aller Krisen" aus der Zeit zwischen den beiden Weltkriegen zu beurteilen ist.

Ein zentraler Satz ihres Resümees lautet: „Dass dank der unmittelbar nach der Lehman-Pleite eingeleiteten wirtschaftspolitischen Stimuli und Bankenstabilisierungsmaßnahmen eine Wiederholung der großen Depression der 1930er Jahre verhindert werden konnte, wird stets als großer Erfolg der internationalen Staatengemeinschaft gesehen. Aber nur das Schlimmste verhindert zu haben, erscheint als bescheidenes Ergebnis angesichts der politischen Dynamik, die kapitale Verwerfungen des Finanzsystems bekanntermaßen in der Regel nach sich ziehen." Und mit dieser Dynamik haben wir es auf den verschiedensten Ebenen und in der unterschiedlichsten Weise noch immer zu tun.

Damit sind wir in der Gegenwart angelangt, also knapp vor dem 100. Geburtstag der Republik Österreich. Und der „Gegenwartsbeitrag" in diesem Buch ist nicht ein zusammenfassender Rückblick auf das hinter uns liegende Jahrhundert, sondern – unter dem Titel „Big Bang durch Big Data" – eine spannende Auseinandersetzung mit den unglaublichen Möglichkeiten und Gefahren von Internet und Big Data aus der Feder der langjährigen *Standard*-Chefredakteurin und nunmehrigen Korrespondentin der *Süddeutschen Zeitung* Alexandra Föderl-Schmid.

Immer wieder kommt einem die im Rückblick fast biedere Vision *1984* von George Orwell in Erinnerung, wenn man sich vorzustellen versucht, was durch moderne Technologien alles möglich ist. Föderl-Schmid meint, dass wir am Beginn von Veränderungen stehen, die sich auf unsere Weltsicht und auf unsere Lebensweise in einer Art auswirken werden, die mit den durch die Erfindung des Buchdrucks ausgelösten Entwicklungen durchaus vergleichbar seien: „Beziehungen zwischen Bürgerinnen und Bürgern zum Staat, den Medien sowie Unternehmen werden sich massiv verändern – und zwar in viel umfassenderem Maße, als wir uns das bisher vorzustellen vermochten. Märkte werden komplett umgekrempelt werden. Der Besitz von Daten entscheidet über die Zukunft."

Damit sind wir beim Stichwort ZUKUNFT angelangt, und in diesem Sinne schließt dieser unorthodoxe Band zum Jubiläumsjahr 2018, dem ich eine gute Aufnahme durch eine interessierte Öffentlichkeit wünsche, mit einem nach vorn blickenden Epilog von Hannes Androsch. Er widmet sich den zahlreichen politischen Schlussfolgerungen, die sich aus den technologischen Umwälzungen der Gegenwart ergeben, und zeichnet die neuen Bruchlinien auf der Weltkarte nach – die Wahl von Donald Trump in den USA, der Brexit, der Aufstieg Asiens und die Konfliktherde im Nahen Osten und in Afrika haben die politische Landschaft verändert und werden uns in den nächsten Jahren und Jahrzehnten in vielfacher Weise weiter beschäftigen, denn die Geschichte kennt nur mehr oder weniger Dynamik, aber keinen Endpunkt.

Heinz Fischer

1848

Epochenwechsel

◆

Hans Werner Scheidl

Am 13. März 1848, es ist ein Montag, steht der 34-jährige Dichter Friedrich Hebbel eingekeilt in der Menge, irgendwo nahe dem niederösterreichischen Landhaus in der Wiener Herrengasse. Auch der noch nicht einmal 15-jährige Gymnasiast Ferdinand von Saar, der sich später als sozialkritischer Autor einen Namen machen wird, ist da. Er hat auf die Ermahnungen seines Lehrers nicht geachtet und ist nach dem vorzeitigen Unterrichtsende in die Innere Stadt gelaufen, wo von Freiheit gesprochen wird. Franz Grillparzer hat hingegen sein Hofkammerarchiv in der Johannesgasse nicht verlassen. Der gefeierte Dichter ahnt, was nun folgt. Er ist ein alter Mann: 57 Jahre. Und er hat sich mit dem seit drei Jahrzehnten herrschenden Überwachungssystem des Herrn von Metternich halbwegs, wenn auch knurrend, arrangiert.

Im Landhaus hat sich an diesem Tag der niederösterreichische Landtag versammelt, die Herren sind behutsame Vorkämpfer einer liberalen, aber eindeutig kaisertreuen Politik. Vor dem Palais sind die Studenten aufmarschiert. Eine große Anzahl von ihnen ist in das Gebäude eingedrungen. Das Militär, zu Mittag vom Josefstädter Glacis über den Minoritenplatz und durch die Herrengasse bis an den Heidenschuss vorgerückt, besteht aus einer Kompanie italienischer Grenadiere. Als ihnen die Menge zuruft, „Schießt nicht auf eure Brüder!", verstehen sie kein Wort. Eine Abteilung Pioniere kommt erst gar nicht bis zum Landhaus, wo die erhitzte Menge und die Studenten, die sich lange auf den Tag vorbereitet hatten, in der Überzahl sind. Und in übler Laune. Unter den Agitatoren befindet sich auch der spätere k.u.k. Minister Johann Nepomuk Berger. Von ihm stammt der bemerkenswerte Satz, der noch vor dem ersten Schuss ausgesprochen wurde: Es wäre alles umsonst, wenn es heute keine Opfer gäbe. Blut muss fließen bei einer Revolution (Drimmel 1983, 56).

Angeführt wird die studentische Meute, in der Mehrzahl Mediziner, von Adolf Fischhof, einem jungen Sekundararzt am Allgemeinen Krankenhaus. Man verliest die inzwischen bekannt gewordene Rede des ungarischen Nationalisten Lajos Kossuth: „Aus der Beinkammer des Wiener Systems weht eine verpestete Luft auf uns, die unsere Nerven lähmt und sogar unsern Geistesflug bannt" (Nehring 1977, 2). Kossuth hat diese Brandrede am 3. März im ungarischen Landtag zu Pressburg (Pozsony, Bratislava) gehalten, in der er auch für die nichtungarischen Länder Habsburgs eine Verfassung und – als Anwalt seiner Landsleute – ein für Ungarn verantwortliches Ministerium beantragte. Die Ansprache wurde bereits am 5. März in Wien in Übersetzung verbreitet und putscht nun im Hof des Landhauses die Menge zusätzlich auf.

Hans Werner Scheidl

Was wollen diese Studenten? Sie fordern die sofortige Entlassung des Staatskanzlers Metternich, der verhassten Galionsfigur des repressiven Systems. Die Stände sollten eine harte Haltung gegenüber der Geheimen Staatskonferenz einnehmen, die quasi die Vormundschaft für den oft handlungsunfähigen Kaiser Ferdinand innehat. Fischhof ist kein Fürsprecher roher Gewalt. Aber er ist dafür, dass Druck gemacht wird.

Nachdem sich einige Schreier und Schwätzer wichtiggemacht haben, besteigt Fischhof ein Baugerüst und verschafft sich sogleich Ruhe. „Meine Herren", ruft er. Und weil er es mit kräftiger Stimme tut, wird er aus der Menge zu seiner ersten Rede animiert. „Vor allem verlangen wir Pressefreiheit! Die Wünsche der Individuen, solange sie nur vereinzelt ausgesprochen werden, bleiben unbeachtet, sie sind wie Wassertropfen, die, wenn sie einzeln niederfallen, vom Boden getrunken werden, im Sande zerrinnen, in der Luft verdampfen; wenn aber die Einzelwünsche in den tausend Rinnsalen, Bächlein und Bächen der Presse zusammenfließen, dann werden sie allgemach zum mächtigen, unwiderstehlichen Strome der öffentlichen Meinung. Und wehe dem Staatsmanne, der das Staatsschiff gegen den Strom zu lenken die Stirn hält! Betonen wir daher vor allem mit stärkstem Accente die Freiheit der Presse!" (Endler 1973, 19 f.).

Eine starke Ansage, eine gute Rede. Das steht so ganz im Gegensatz zur Raunzerei des Herrn von Grillparzer, der kurz zuvor – eher dürftig – gereimt hat:

> Der Henker hole die Journale,
> Sie sind das Brandmal unsrer neuen Welt,
> Der ekle Abhub von dem Wissensmale,
> Der, für die Viehmast, in den Zuber fällt.
> (Zitiert nach: Endler 1973, 20).

Als der Befehl kommt, das Landhaus und die Umgebung zu säubern, ist schon allein der Lärm von krachendem Holz und schreiendem Volk ausreichend, um eine Hölle vorzutäuschen. Aus dem ersten und zweiten Stock des Gebäudes werden nicht nur Latten, sondern auch Einrichtungsgegenstände auf die Grenadiere geworfen. Die erste Salve gegen die wütenden Verteidiger des Landhauses kracht, doch es wird niemand getroffen. Noch könnte alles gut ausgehen an diesem 13. März. Jetzt aber fließt Blut, als ein Arbeiter dem General Joseph Matauschek, einem Mann von 72 Jahren, ein Stück Holz gegen die Schläfe donnert. Wenige Minuten später wird der Erzherzog Albrecht mit dem abgebrochenen Teil einer Ankündigungstafel tätlich insultiert, der hohe Herr verliert das Abzeichen seiner Ehre: den Hut.

Albrecht, ein Cousin des Kaisers, ist 31 Jahre alt, bereits Feldmarschallleutnant und Oberkommandierender der Armee im deutschsprachigen Österreich. Von einem Straßenkampf verstehen freilich weder der
Erzherzog noch seine Soldaten etwas. Das Militär weicht vor den in der
Herrengasse aufgestauten Massen zurück. In diesen wachsenden Tumult
marschiert, ohne sich aufhalten zu lassen, eine Pionierkompanie. Sie hat
keinen Schießbefehl. Aber es fällt ein Schuss, der berühmte Schuss, dessen
es bedarf, damit eine Revolte beginnen kann.

Niemand wird später wissen, wer den fatalen Schuss abgegeben hat.
Hätten die Pioniere auf Befehl gefeuert, es wären Dutzende Tote auf dem
Platz geblieben. In Wirklichkeit geraten die Soldaten in Bedrängnis, sie
wehren sich zuerst mit dem Bajonett, dann erst kracht der erste Schuss.
Einzelschüsse folgen. Die Menge stiebt auseinander. Vier Tote liegen auf
der Gasse, darunter ein Zuschauer, der mit seiner Ware durch die Menge
wollte; eine Frau, die im Gedränge erdrückt wurde; der blutjunge Student
Heinrich Spitzer, kein Revoluzzer, sondern einer, der dabei sein wollte, wie
so viele Studenten, denen es nicht einfiel, ihr Leben herzugeben.

Die Toten der Herrengasse sind wichtig für den Mythos der Märzrevo-
lution. Denn die meisten, die an diesem Tage fielen, wurden erst am Abend
erschossen vom rasch herbeigeholten Bürgermilitär und dessen Gehilfen,
beim Sturm auf die Fabriken und Villen der Besitzenden. Am 17. März
werden sie auf dem Schmelzer Friedhof in einem Gemeinschaftsgrab beige-
setzt. Auch zwei Juden sind darunter. Kantor Salomon Sulzer stimmt einen
Psalm an, Prediger Isaak Noah Mannheimer spricht zur Menge:

„Ihr habt gewollt, dass die toten Juden da mit euch ruhen in Eurer, in
einer Erde. Sie haben gekämpft für euch, geblutet für euch! Sie ruhen in eurer
Erde. Vergönnt nun aber auch denen, die den gleichen Kampf gekämpft und
den schwereren, dass sie mit euch leben auf einer Erde, frei und unverküm-
mert, wie ihr […] Nehmt auch uns auf als freie Männer, und Gottes Segen
über euch!" (Hamann 2009, 73).

Von all dem erfährt der 17-jährige Erzherzog Franz Joseph Karl kaum
etwas. Obwohl ganz nahe am Geschehen, erlebt er den Tag im abgesicher-
ten Schweizerhof der Burg. Dass er noch in diesem Jahr ins grelle Licht der
europäischen Politik gestoßen werden wird, liegt weit jenseits seiner Vorstellungen. Noch gilt sein Vater Franz Karl, Bruder des Kaisers Ferdinand, als
Thronanwärter für den Fall der Fälle.

Das Jahr 1848 steht im österreichischen Gedenkreigen stets im Schatten von
1918 und 1938, jenen Jahren, die das Ende der Monarchie und der Ersten
Republik markieren. Das für Österreich so untypische Revolutionsjahr steht
weder für einen klaren Anfang noch für ein spektakuläres Ende, es wird

Hans Werner Scheidl

mehr als Transformationsjahr zwischen den Epochen denn als Zäsur wahrgenommen. Es stiftet kaum Identität, vielleicht weil die Ereignisse nicht auf die Donaumonarchie begrenzt blieben.

In der ursprünglichen Konzeption für das 2018 zu eröffnende Haus der Geschichte war hingegen ausgerechnet 1848 als Startpunkt gedacht: als demokratisch-bürgerliche Erhebung vor dem Rückfall in den Neoabsolutismus.

Aber was war 1848? Bloß ein außer Rand und Band geratenes Aufbegehren gegen die Obrigkeit? Eine echte Revolution, getragen vom edlen Freiheitsgedanken, der aus anderen europäischen Ländern bis in die Herrengasse geschwappt war?

Die Schüsse dieses denkwürdigen Tages steckten schon lange in den Gewehrläufen. Nach Missernten und harten Wintern waren die Jahre davor von großem Hunger und Angst um die wenigen ersparten Groschen geprägt. In den Ländern des gütigen Kaisers Ferdinand I. waren Lebensmittel knapp und teuer geworden. Die Industrie musste die Produktion herunterfahren, in den Vorstädten von Wien zerschlugen und plünderten entlassene Arbeiter wiederholt Bäckerläden und Lebensmittelgeschäfte. Erstmals sah sich der Staat gezwungen, gegen die soziale Not Maßnahmen zu ergreifen: Rund um Wien wurden rund 20.000 brotlose Gelegenheitsarbeiter zusammengetrommelt und bei Straßen-, Damm- und Kanalbauten beschäftigt. Das wiederum sahen die Kleingewerbetreibenden mit scheelen Blicken; sie fürchteten, dass ihnen das Reservoir an billigen Arbeitskräften abhandenkäme.

Nur die Zeitungen taten so, als gäbe es dies alles nicht: keine Wohnungsnot und keine täglichen Diebstähle und Morde um des Hungers willen. Sie konnten nicht anders. So wollte es das System Metternich. Als hätte es keine verzweifelten Anstrengungen gegeben, die Gesetze gegen die schändliche Kinderarbeit endlich umzusetzen: Kinder zwischen dem zwölften und 16. Lebensjahr sollten nur noch zwölf Stunden täglich arbeiten – doch kein Fabrikherr hielt sich daran. 14 bis 16 Stunden täglich, sieben Tage die Woche, das war die Fron der Väter für einen Hungerlohn. Und auf dem Lande wusste der Bauer noch gar nicht, ob er ein freier Mann oder ein Leibeigener war, und wem er gehörte. Unter dem Protektorat des besagten Erzherzogs Franz Karl verteilte der Wiener Allgemeine Hilfsverein die berüchtigte „Rumfordsuppe" an die Armen, einen aus allem Möglichen gekochten, angeblich sehr nahrhaften Brei, benannt nach ihrem Erfinder, dem britischen Grafen Rumford.

Der immer wieder verklärte Vormärz war in Wien eine Zeit, in der nicht einfach nur die Dichter an sich und an der Umwelt verzweifelten. In diesen 33 Jahren nach dem Sieg über Napoleon, in denen Clemens Wenzel Fürst Metternich die Zustände des Inlandes wie ganz Europas zu zementieren trachtete, entwickelte sich Wien zu einer Großstadt mit 400.000 Einwohnern. Aber für einen Bevölkerungszuwachs von 125.000 Menschen in nur zwei Jahrzehnten standen nicht einmal tausend zusätzliche Häuser zur Verfügung.

Die Industrialisierung wurde vom kaiserlichen Hof mit größtem Misstrauen betrachtet, einige Male gesetzlich eingeschränkt und zeitweise sogar verboten. Das erklärte Ideal war ein Kleingewerbewesen, das auf den Zünften beruhte. Im Vergleich zu den Pariser und Londoner Proletarierbezirken waren die Löhne in Wien noch niedriger.

Frauen und Kinder stellten mehr als die Hälfte der Textilarbeiter. Die einzige soziale Vorschrift, sie stammte noch von Josef II., besagte, dass die Kinder in den Fabriken einmal in der Woche gewaschen und gekämmt sowie zweimal im Jahr vom Arzt untersucht werden mussten.

Selbst der viel besungene Gewerbefleiß brachte nur kümmerliche Ergebnisse: Während es 1820 höchstens 200 Zwangsexekutionen bei Wiener Steuerpflichtigen gab, mussten 1845 bei sage und schreibe zwei Dritteln der Steuerpflichtigen die Abgaben durch das Militär eingetrieben werden. Das entsprach 20.000 Personen – ein Ergebnis der explodierten Lebensmittelpreise infolge der katastrophalen Missernten.

Nur die Dichter muckten manchmal auf. Obwohl die Redakteure um all die herrschenden Missstände wussten, hielten sie sich an die Verordnungen. Und weil in den Journalen alle auf der Hut waren, las man nichts Weltbewegendes. Ein Beispiel: Vier türkische Ärzte machen ihr erstes Rigorosum in Wien, die Stadt ist beinahe ein Mekka für Mediziner, andere Wissenschaftler gibt es kaum. In dem Land gedieh kein Philosoph, kein Historiker, kein Jurist von Weltrang. Man erzeugte am laufenden Band gute Beamte.

Auch Statistisches bekam man in den Journalen serviert. So gab es im Jahre 1847 respektable 2730 Trauungen; 19.019 Geburten standen 18.940 Todesfällen gegenüber. Lungenkrankheiten und Zehrfieber waren die meistgenannten Todesursachen. „Gäbe es das Biedermeier nicht und eine der Idylle verpflichtete Poesie", schrieb später der *Presse*-Journalist Franz Endler, „man müsste diese grauenvolle Art zu sterben als ein weiteres Zeichen an der Wand lesen. Armut und Hunger und Trostlosigkeit gehören zu diesem allseits gestorbenen Tod: Zehrfieber."

Der 13. März kam also nicht aus heiterem Himmel. Und die Nachrichten von Unruhen anderswo, besonders in Italien, hatten längst die Runde gemacht. Am 24. Februar war nach Abdankung des Bürgerkönigs Louis Philippe in Paris die „Republique démocratique et sociale" ausgerufen worden. Am Horizont dämmerte schon die Nationalitätenfrage auf, das keimende Nationalbewusstsein der einzelnen Volksgruppen, das sieben Jahrzehnte später in den Wirren des Ersten Weltkrieges das Reich zum Einsturz bringen sollte.

Hans Werner Scheidl

In Böhmen war die tschechische Erneuerungsbewegung aus völkischer Überzeugung bereits zum Kampf gegen das vorherrschende Deutschtum übergegangen. František Palacký hatte die Herkunft der Deutschen in Böhmen hinterfragt und dekretiert, „dass alle jetzt in Böhmen wohnenden Deutschen spätere Ankömmlinge, Kolonisten und Gäste in diesem Lande" seien. „Die Revolution, die von Paris ausgehend unterschiedlich auf einzelne Staaten in Europa wie eine Feuersbrunst übergriff, fand im österreichischen Kaisertum den Zündstoff, der ihre rasche Entfaltung ermöglichte. Es herrschte ein allgemeiner, aus sozialen, politischen, nationalen und kosmopolitischen Faktoren erzeugter Erregungszustand", schreibt Adam Wandruszka.

Wie sollte es nun also weitergehen? Der Hof war ratlos. Und siehe da: Ausgerechnet die Majestät in der Hofburg, von so vielen als ein hoffnungsloser Kretin verkannt, behielt die Nerven: Man möge Gewalt vermeiden, die Anliegen der Untertanen prüfen und bei Möglichkeit auch erfüllen. Metternich war dagegen.

Die plötzliche Ruhe in der Herrengasse war die sprichwörtliche Ruhe vor dem Sturm. In der Innenstadt wurden Barrikaden errichtet, in den Vorstädten zerstörte der Mob prunkvolle Villen, steckte Fabriken in Brand. In Fünfhaus, Sechshaus, Ottakring und Hernals begann das Morden und Plündern. Die erste Schreckensnacht forderte etwa 50 Tote, unter ihnen Polizisten, Nachtwächter, aber auch Arbeiter, die ihren Arbeitsplatz in den Fabriken verteidigen wollten. Der Minister des Inneren ließ ein Plakat anbringen:

„Achtung vor dem Gesetze ist die erste Pflicht des Bürgers; sie muß in einem constitutionellen Staate noch heiliger seyn, weil das Gesetz für Alle gleich ist. Darum möge der Fabriksherr seine Meister, Gehilfen und Arbeiter warnen und abhalten, an bedrohlichen Versammlungen Theil zu nehmen; er kann nicht besser für ihr Wohl, für die Erhaltung ihrer Familien sorgen. Nur wo Ruhe, Sicherheit, Vertrauen herrscht, wird der Arbeiter immer gesucht seyn" (Mellach 1978, 57).

Jetzt war es die Erzherzogin Sophie, des Kaisers Schwägerin und die Mutter des Erzherzogs Franz Joseph Karl, die dem Spuk ein Ende bereiten wollte. Staatskanzler Metternich wurde entlassen, mithilfe des Bankiers Salomon Rothschild gelang es dem gerade noch allmächtigen Fürsten, sich nach England in Sicherheit zu bringen. Die Zensur wurde aufgehoben, eine demokratische Verfassung wurde versprochen. Und die plötzliche Pressefreiheit ließ die so lange geknebelten Journalisten aufatmen.

Wie nach einem lauen Frühlingsregen blühte der Blätterwald auf, in dem bislang ganz allein die *Wiener Zeitung* gestanden hatte. Dutzende Journale wurden gegründet, oft nur für einen Tag, für eine Woche. Ein einziges überlebte bis auf den heutigen Tag: *Die Presse* nannte der gelernte Nobelbäcker August Zang sein Blatt nach französischem Vorbild. In Paris hatte der Mann viel Geld gemacht. Mit kleinen Brötchen gab sich der Wiener Großbürgersohn nie ab. Selbst als er bereits wohlbestallter Herausgeber der *Presse* war, spottete die Konkurrenz: „Herr Zang, ehemaliger Bäckermeister, entblödet sich nicht, von Geist, von Talent, von Fähigkeit zu sprechen. Von Dingen, die man nicht vom Backtrog abkratzt und sich zu eigen macht" (Scheidl 2008).

Zang ließ sich von derlei Konkurrenzneid nicht beeindrucken, er war der erste moderne Zeitungsunternehmer Österreichs. Er bot sein Vier-Seiten-Blatt zum Sensationspreis von einem Kreuzer an und war in der Kolportage nicht zimperlich. Auf dem Stephansplatz entriss er einmal einem trägen Verkäufer den ganzen Korb mit Zeitungen und pries seine *Presse* selbst lautstark an. Nach 15 Minuten hatte er alle Exemplare verkauft.

Auch bei der Einführung der ersten Inserate war Zang erfinderisch. Falls Interessenten bei der Gestaltung von Inseraten noch nicht recht bewandert seien, schrieb Zang in der *Presse,* so werde „ein für diesen Zweck besonders bestimmter Redakteur die Fassung jeder Ankündigung mit der größten Bereitwilligkeit übernehmen". Von der Wirkung seiner Inserate war Zang so begeistert, dass er am liebsten jede Zeile an Anzeigenkunden verkauft hätte. „Es muss noch dahin kommen, dass die Königin von England ihre Thronrede als Inserat in die *Presse* gibt", sagte er. Der liberale Bürgermeister Cajetan Felder nannte ihn wegen seiner Habgier deswegen „Träger einer der widerlichsten Visagen unter der Sonne, in welcher sich fratzenhaft Grobheit, Arroganz, Unverschämtheit, Bosheit und Geldgier malen".

Zurück zum politischen Geschehen. Bereits am 14. März stellten die Studenten einen bewaffneten Verband auf, die Akademische Legion. Die Bürger von Wien taten desgleichen und nannten ihren Wehrverband Nationalgarde. Arbeiter, Gesellen oder Dienstboten durften hier nicht mitmachen. Damit war die Kluft zwischen dem liberalen Bürgertum und dem Proletariat vom zweiten Tag an gegeben.

Der Revolution fehlte ein Generalstab, eine einheitliche Strategie, man improvisierte von Tag zu Tag. Genauso wie der Hof, der mit seiner Verzögerungstaktik langsam die Oberhand gewann. Wie auf einem Bühnentableau war in diesem Schicksalsjahr Österreichs schon die politische Zukunft des Landes und Mitteleuropas aufgebaut. Denn es ging um viel mehr als um eine Revolte in der Reichshaupt- und Residenzstadt.

Das gesamte Reichsgefüge war erschüttert. Erzherzog Albrecht legte sein Kommando nieder und begab sich an den italienischen Kriegsschauplatz. Das Militär blieb vorderhand in den Kasernen. Am 21. März wurde endlich die Geheime Staatskonferenz aufgelöst, ebenso die dubiose Polizeihofstelle.

Hans Werner Scheidl

Als höchstes Regierungsorgan fungierte jetzt ein provisorisches Staatsministerium – ein plumpes Ablenkungsmanöver der Regierenden, von fünf Aristokraten ausgeklügelt. Für Revolutionäre war hier kein Platz.

Schon am 25. April legte dieses Kabinett einen Verfassungsentwurf vor, eine reine Farce, die Studenten und die Arbeiter waren empört. So zogen am 15. Mai Einheiten der Nationalgarde vor die Hofburg und verlangten ultimativ die Rücknahme dieses listig ausgeheckten Entwurfs.

In der Stadt flammten wieder Kämpfe auf, die höfische Kamarilla gab sofort nach. Sie gestattete die Konstituierung eines Sicherheitsausschusses, einer Art Revolutionsregierung unter dem Vorsitz Adolf Fischhofs. Doch daneben amtierte weiter die aristokratische, die um die Tricks und Kniffe weit besser Bescheid wusste. Es war alles ein einziges Täuschungsmanöver, damit das Volk ruhig blieb. Der Kaiser samt Entourage wurde zur Sicherheit nach Tirol verfrachtet. Man hatte ihm gesagt, er werde eine kleine Ausfahrt ins Grüne unternehmen.

In ihren Forderungen an die Obrigkeit waren die Menschen ohnedies höflich und bescheiden. Am 9. April beauftragten die 464 Mitglieder sämtlicher Buchdruckereien Wiens den gewählten Ausschuss, eine Petition zu verfassen, „zur geneigten Würdigung: 1) Eine den gegenwärtigen Nahrungsverhältnissen angemessene Erhöhung des Arbeitspreises für Sezer, Druker und Schriftgiesser, nach Maßgabe eines wöchentlichen Verdienstes von sieben bis acht Gulden Conv. Münze. 2) Beschränkung in der Aufnahme von Sezer-, Druker- und Giessereilehrlingen derart, dass auf je vier Subjekte nur ein Lehrling kommt. [...] 7) Beschränkung der Arbeitszeit auf zehn Stunden täglich, mit Ausnahme des der Ruhe und Sammlung geweihten Sonntages" (Mellach 1968, 56).

Und weil dieser durchaus geachtete Handwerkerstand auch über gewisse Druckmittel verfügt, so erwarteten sich die „ergebendst Gefertigten vertrauensvoll die schleunige Berathung und ungeschmälerte Erfüllung der angeführten sieben Punkte, und erlauben sich, gedrängt durch die Macht der Verhältnisse, den Zeitraum von vier Tagen zur Beschlussfassung und Erledigung ihres Gesuches festzusetzen". Eine deutliche Drohung, eine durchaus ernstzunehmende Warnung.

Am 4. Mai erschien neuerlich eine Bittschrift. Diesmal waren es die dienstbaren Geister in den Wirtshäusern, die verlangten, „dass man den Kellner von einem Sklaven zu unterscheiden vermag. Daher soll ihm ordentliche Kost mit Frühstück, Mittags- und Abendmahl verabreicht, und ihm auch eine Schlafstätte angewiesen werden, welche der Gesundheit unschädlich und der Würde eines Menschen angemessen ist. Die Wirte sollen insbesondere ihre Jungen selbst erhalten und sich schämen, selbe auf Kosten der

29

Kellner in ihrem Dienste zu halten." Ebenso sei jetzt Schluss mit dem verächtlichen Duzen der Untergebenen, „es hat an dessen Stelle die höflichere Anrede mit – Sie – Platz zu greifen. Körperliche Misshandlungen und rohe Beschimpfungen sollen hinführ beseitigt werden."

Die Bürger, die Bauern und Gewerbetreibenden hatten längst genug von den Tumulten, Aufmärschen und Schießereien. Doch so leicht lässt sich eine Revolution nicht aufhalten. Denn jetzt formierten sich – nach den unruhigen Studenten – die Proletarier erstmals. Der Schuhmachergeselle Friedrich Sander gründete am 24. Juni im Gasthaus Zum Fürstenhof in der Beatrixgasse den Ersten Wiener Arbeiterbildungsverein. Seine Mitglieder trugen als Abzeichen einen aus Blech gestanzten Bienenstock. In der Währinger Straße Nr. 275 gründete Leopold Engländer einen weiteren menschenfreundlichen Verein, um gegen den Wucher und für eine Versorgung in Krankheit und Alter zu kämpfen. Der gedruckte Aufruf zum Beitritt atmete Pathos und formulierte hohe Ziele:

„Alle Menschen zu beglücken, jede Noth, jedes Elend zu mildern und allen Unglücklichen zu helfen. […] Den Wucher in jeder Hinsicht aufzuheben, und für alle Zeiten auszurotten, so zwar, daß selbst das Wort „Wucher" aus der deutschen Sprache gestrichen wird. […] Jeden Menschen in seinem Alter mit allen nur erdenklichen Bedürfnissen zu unterstützen, als da sind: Wohnung, Kost, Kleidung, Wäsche, Bäder, Arzneien, chirurgische Hülfe, aber nicht so wie bisher in unseren gewöhnlichen sogenannten Versorgungshäusern, sondern ein sorgenfreies Alter, mit allen jenen Genüssen, die sich bis jetzt nur der Reichthum zu verschaffen im Stande war."

In Wien trat indessen der „konstituierende Reichstag" zusammen, auch wieder so eine Versammlung zur Ablenkung des Publikums. Arbeiter sind nicht unter den 383 Deputierten. In der Spanischen Hofreitschule eröffnete der berühmte Erzherzog Johann die absolut nicht repräsentative Versammlung. Endlos wurde zunächst über die Frage gestritten, ob dort auf Deutsch oder auf Tschechisch debattiert werden solle.

Doch ganz so zahnlos war die Sache dann doch nicht. Am 26. Juli stellte der jüngste Abgeordnete einen verblüffenden Antrag: Der Reichstag möge die vollständige Befreiung der Bauern per Gesetz beschließen, die Aufhebung ihrer Untertanen- und Abgabepflichten (Robotarbeit, Zehntzahlung). Der Antragsteller: Hans Kudlich, 24 Jahre alt, Sohn eines schlesischen Landwirts. Nur wenige Wochen später, am 7. September, geschah das Unglaubliche: Der Antrag wurde Gesetz. Und Kaiser Ferdinand I. verordnete:

„Erstens. Die Unterthänigkeit und das schutzobrigkeitliche Verhältniß ist sammt allen diese Verhältnisse normirenden Gesetzen aufgehoben; Zweitens. Grund und Boden ist zu entlasten; alle Unterschiede zwischen Dominical- und Rustical-Gründen werden aufgehoben. Drittens.

Hans Werner Scheidl

Alle aus dem Unterthänigkeitsverhältnisse entspringenden, dem unterthänigen Grunde anklebenden Lasten, Dienstleistungen und Giebigkeiten jeder Art, sowie alle aus dem grundherrlichen Obereigenthume, aus der Zehent-, Schutz-, Vogt- und (Wein-) Bergherrlichkeit und aus der Dorfobrigkeit herrührenden, von den Grundbesitzungen oder von Personen bisher zu entrichten gewesenen Natural-, Arbeits- und Geldleistungen, mit Einschluß der bei Besitzveränderungen unter Lebenden und auf den Todesfall zu zahlenden Gebühren, sind von nun an aufgehoben. Viertens. Für einige dieser aufgehobenen Lasten soll eine Entschädigung geleistet werden, für andere nicht."

Das war zwar eine großartige Sache, mehr aber hatte dieser Reichstag nicht mehr zu bieten. Im Gegenteil, die sozialen Spannungen schaukelten sich neuerlich gefährlich auf. Die Obrigkeit kürzte den etwa 20.000 Hilfsarbeitern, die auf Staatskosten rund um Wien Dämme bauten und Erde aushoben, den Lohn. Am 21. August sammelten sich die Empörten im Prater, dann zogen sie gegen die Innenstadt los. Die Bürgergarde verwehrte ihnen das, die Proletarier versuchten mit Spitzhacken, Schaufeln und Eisenstangen einen Durchbruch. Die Gardisten eröffneten das Feuer, 18 Arbeiter und vier Bürger starben. Der Sicherheitsausschuss löste sich in totaler Verwirrung und Erschütterung auf.

Jetzt hatten die Bürger und die Bauern langsam genug von dem ständigen Wirbel. Nachdem die immer wieder aufflammenden Proteste in Italien und Böhmen brachial niedergeschlagen worden waren, entstand ein neuer österreichischer schwarz-gelber Patriotismus, der sogar den Kaiserhof wieder nach Wien zurückkehren ließ. Die Wiener jubelten ihrem schwächlichen Kaiser zu, wenn er sich zeigte. Dies stellte auch ein Gast verblüfft und mit einem gewissen Groll fest, der am 27. August mit der Bahn aus Berlin kommend in der nun wieder kaisertreuen Stadt eintraf. Es war Karl Marx, Privatgelehrter und Publizist.

Im Februar hatte Marx mit seinem Freund und Mäzen Friedrich Engels ein Grundsatzprogramm geschrieben, das *Kommunistische Manifest*. In den Schriften von Marx und Engels aus den Jahren 1848/49 sind schon alle Kampfwörter des linken Totalitarismus enthalten: „unbarmherzig zertreten", „Vernichtungskampf", „rücksichtsloser Terrorismus". Vor dem ganz jungen Arbeiterbildungsverein hielt Marx sehr lange Vorträge. Er ermüdete sein Auditorium, das eigentlich nur gegen Lohnkürzungen protestieren, aber den Kaiser nicht wirklich stürzen wollte. Verärgert reiste Marx im September wieder ab.

Viel später, ab 1861, sollte Karl Marx über ein Jahr lang Berichte aus London an die Wiener *Presse* schicken, um sein kärgliches Einkommen ein wenig aufzubessern. Von der Blattlinie her war ihm die Zeitung zwar zuwider, aber sie erschien ihm „für österreichische Verhältnisse geschickt **31** und anständig redigiert", wie er an Ferdinand Lassalle schrieb. Und dieser bestärkte ihn: „‚Die Presse' ist das demokratischste Journal Österreichs, in jeder Beziehung der Regierung hartnäckig feindlich gegenüber stehend und gerade diesem Unterschied ihre große Blüte verdankend" (Schwarz 1998, 33).

Die Historiker konnten 44 *Presse*-Artikel Marx eindeutig zuordnen. Doch die „Lauskerls in Wien" zahlten schlecht. Sie waren auch eher verwirrt von den langen politischen Tiraden ihres Autors. Redakteur Max Friedlaender flehte den Londoner Korrespondenten an: „Wir müssen uns hinsichtlich der ausländischen Angelegenheiten sehr knapp halten. […] Vielleicht senden Sie uns hie und da etwas für das Feuilleton!" (Scheidl 1998).

In der Berichterstattung über die Ereignisse von 1848 haute die *Presse*-Redaktion auch manchmal gehörig daneben. Das ließ sich in der gebotenen Eile schwer vermeiden. Schon in ihrer ersten Nummer am 3. Juli hatte sie „Herrn Nestroi" scharf kritisiert, weil der in dem Stück *Freiheit in Krähwinkel* die Studentenrevolte verspottet hatte. Die Redaktion wollte nicht einsehen, dass der jugendliche Aufstand planlos erfolgt war, dass eine starke Führungsfigur fehlte. Oder, wie Grillparzer über die akademische Jugend grantelte: „Knaben, die Studenten, die nichts studieren". Und Hebbel, der Sohn eines Maurers und nun Augenzeuge in der Herrengasse, notierte niedergeschlagen: „Von welchen Hammeln diese Revolutionsherde geleitet wird! Es ist unglaublich!" (Hebbel 1907).

Im September veröffentlichte das Spott- und Karikaturenblatt *Wiener Charivari* eine Zeichnung „Strafe für Pressefrechheit": Da halten ein paar Journalisten die Hände hoch, eine Gruppe Soldaten schießt in militärischer Ordnung eine Salve ab, die armen Redakteure brechen zusammen. Ja, eine revolutionäre Idee, die das gesamte Habsburgerreich infiziert hatte, lässt sich nicht so einfach auslöschen.

Im September begannen die verschiedenen Völker zu erkennen, dass die Zentralmacht in Wien angeschlagen war. Zuerst die Ungarn. Lajos Kossuth, der Volkstribun, trieb den gemäßigten Grafen Stephan Széchenyi in eine psychische Krise, nach einem Kollaps landete dieser in der berühmten Nervenklinik in Döbling, die noch andere Berühmtheiten beherbergen sollte. Kossuth herrschte als Diktator, führte ein neues ungarisches Papiergeld ein und stellte eine eigene inländische Truppe auf, die Honvédseg (Heimatwehr). Und was ein echter Nationalist ist, der unterdrückt naturgemäß seine Minderheiten, Millionen von Kroaten, Slowaken, Serben und Rumänen. Letztere begannen in den Westkarpaten einen Guerillakrieg gegen Kossuth. Die Slowaken forderten die eigene Amts- und Unterrichtssprache. Die Siebenbürger Sachsen wollten Autonomie. Ihr Anführer wurde standrechtlich erschossen.

Den stärksten Widerstand leisteten die Kroaten. Von Wien ermuntert, brach der Banus von Kroatien, Feldmarschallleutnant Josef Graf Jellačić, mit 40.000 Mann auf und belagerte Buda und Pest. Wien verhängte den Belagerungszustand und übertrug die absolute Macht an Jellačić. Doch Kossuth war stärker, blieb an der Macht, der offene Kampf zwischen Ungarn und dem Kaisertum war eröffnet. Die Krise entglitt schließlich am 6. Oktober den handelnden Personen. Dieser Tag sollte zum grauenhaften Höhepunkt des Schicksalsjahres 1848 werden, mit einem Ausbruch der blinden Volkswut und einem prominenten Todesopfer.

Als Kriegsminister Theodor Baillet von Latour den kaiserlichen Truppen den Befehl erteilte, gegen das aufständische Ungarn zu ziehen, versuchten die mit den Ungarn sympathisierenden Wiener Arbeiter, Studenten und meuternden Truppen den Abmarsch zu verhindern. Es kam zu Straßenkämpfen, wobei selbst im Stephansdom Blut vergossen wurde. Das Marschziel der Menge war klar: der Platz Am Hof und dort das k.u.k. Kriegsministerium, das im ehemaligen Jesuitenkolleg untergebracht war. Drohrufe gegen den Kriegsminister übertönten alles übrige Geschrei.

Für das, was kam, trug Latour selbst indirekt Mitschuld. Er hatte den Schießbefehl widerrufen, die Wachmannschaften in die Höfe des Ministeriums zurückgezogen und ihnen verboten, sich weiter am Kampf zu beteiligen. So drang die Menge in das Gebäude ein, lachte über die tatenlosen Soldaten und plünderte das Haus Stockwerk für Stockwerk. Dann ein Jubelschrei.

Man brachte den Kriegsminister die Treppe hinunter. Es hagelte Tritte und Schläge. Dann aber schaffte sich ein Unbekannter Bahn, holte mit dem Vorschlaghammer aus und zertrümmerte des Ministers Kopf. Den Körper hängten sie an einen Eisenstab des Fenstergitters, später zerrten sie die Leiche auf den Platz Am Hof und unter dem Gejohle der Menge hängte man den gewesenen Kriegsminister an den Gaskandelaber vor der Hauptwache. Dem Opfer wurden die Kleider herabgerissen, der Leichnam wurde von Gewehrschüssen durchsiebt und vom rasenden Pöbel in Stücke gerissen.

Nach dem Mord im Ministerium begann der Sturm der Sieger auf das k.u.k. Arsenal in der Renngasse. Die dort lagernden Schusswaffen benötigte man, um den nächsten Punkt einer Revolution nach Pariser Muster zu erfüllen: die Aufstellung einer Mobilgarde neben der bürgerlichen Nationalgarde und der Akademischen Legion. Bis zum 7. Oktober wehrte sich die Besatzung des Arsenals, größtenteils Deutschmeister, gegen die Übermacht. Schließlich zogen sie in militärischer Ordnung ab, nachdem eine Kapitulation ausgehandelt worden war.

Schon am Tage nach dem Mord an Latour packte der kaiserliche Hof seine Siebensachen und floh zunächst nach Olmütz (Olomouc), zwei **33**

Der Lynchmord an Kriegsminister Latour am 6. Oktober 1848:
Den Revolutionären entgleitet die Revolution.

Wochen später wurde im nahe gelegenen Kremsier (Kroměříž) der erste Reichstag einberufen. Jetzt war die Stunde gekommen, um mit den aufsässigen Wienern abzurechnen. Jellačić und sein Kollege, Feldmarschall Alfred zu Windisch-Graetz, verhängten den Belagerungszustand.

Am 22. Oktober trat ein gewisser Wenzel Messenhauser ins gleißende Licht der Geschichte. Der 35-Jährige, Offizier und taktisch bewandert, riss die Kommandogewalt in der Stadt an sich und gerierte sich als unerschrockener Oberbefehlshaber der Verteidiger Wiens: „Jetzt erst trete ich in den Mittelpunkt meines Auftrages: die Stadt Wien sammt Umgebung in Vertheidigungszustand zu setzen. Mitbürger! Jedes Zaudern, jede Halbheit fällt hinweg. Sie wäre unser offenbares Verderben. […] Blickt auf das Beispiel der heldenmüthigen Bewohner von Budapest! Männer, Frauen, Kinder, aller Alter und Geschlechter, haben gezeigt, wie man zwischen Morgen und Abend Wälle baut" (Scheidl 1998).

Nur unzureichend gestalteten sich die Abwehrmaßnahmen der Aufrührer. Messenhauser feuerte die Freiwilligen an, besichtigte die Außenwerke von der Erdberger bis zur Mariahilfer Linie und visitierte die Besatzungen in Mariahilf, Gumpendorf, Hundsturm und Wieden. „Leider kann ich den

Wünschen nach Geschütz auf noch mehrere Punkte nicht entsprechen. Man muß sich mit der Muskete und dem Bajonette vertheidigen", hieß es in seinem Tagesbefehl vom 28. Oktober aus dem „Hauptquartier Schwarzenberg-Palais", unterzeichnet mit „Messenhauser, prov. Ober-Commandant".

Windisch-Graetz ließ die Stadt beschießen. Messenhauser, der aus der Türmerstube des Stephansdoms das Bombardement immer sorgenvoller beobachtete, empfahl im Tagesbefehl vom 29. Oktober seinen Leuten die Kapitulation:

„Der Verzweiflungskampf, um es mit der nackten Wahrheit des Soldaten zu sagen, hieße so viel, als die Blüthe der Bevölkerung unter den gegenwärtigen Verhältnissen auf die Schlachtbank führen. Jetzt, da es kein diplomatisches Geheimnis mehr ist, das ich mit bekümmertem Herzen in meiner Brust zu verschließen hatte, kann ich unsre Schwäche offen darlegen, nämlich: mit der angestrengtesten Thätigkeit, mit der Schwendung von Geldmitteln haben wir nur so viel Munition erzeugen können, daß für 4 Stunden allgemeiner Vertheidigung Vorrath mehr da ist. Unter solchen Verhältnissen kann man es auf keinen Sturm ankommen lassen. Die Verantwortung vor Gott und Menschen wäre zu unerläßlich, ich kann sie nicht auf mein Gewissen nehmen" (Mellach 1968, 187).

Messenhauser wusste, was ihm blühte. Er werde sich nun „mit männlicher Offenheit an den Herrn Feldmarschall" wenden. Der antwortete mit einem Ultimatum: Wenn bis 30. Oktober, 8 Uhr abends „die Unterwerfung der Stadt nicht angezeigt ist", werde er die noch nicht besetzten Vorstädte mit aller Energie angreifen und in einen Schutthaufen verwandeln.

Messenhauser und seine Leute gaben auf. Am 31. Oktober ließen sie ihr letztes Flugblatt drucken: „Heldenmüthiges Volk von Wien, sei groß in deinem Falle, als du es in der Erhebung warst. Für die Freiheit leben ist größer, als tollkühn unsere Zukunft durch und mit uns zu vernichten. Wir haben die Ehre gerettet, darum ist nichts verloren."

Zwei Tage später hatten die Truppen von Windisch-Graetz die Stadt erstürmt. Die letzten Kämpfe fanden direkt am Stock-im-Eisen-Platz statt. Vom Stephansturm wehte am 1. November die weiße Fahne. Was jetzt folgte, war ein Blutgericht. Der aus der Frankfurter Paulskirche nach Wien geeilte linke Agitator Robert Blum wurde ebenso standrechtlich erschossen wie Wenzel Messenhauser und die Journalisten Alfred Julius Becher und Hermann Jellinek. Die schaurige Bilanz: mehr als 2000 Tote.

Just an jenem Oktobertag, als erstmals der Name Messenhauser bekannt wurde, arbeiteten die Abgeordneten des Reichstags in Kremsier einen Verfassungsentwurf aus, dem zufolge an die Stelle der „Kronländer" sogenannte „Bundesländer" der einzelnen Völker der Monarchie treten sollten. Ein

Reichstag, bestehend aus einer direkt gewählten Volkskammer und einer von den
Landtagen beschickten Länderkammer,
hätte die gemeinsamen Angelegenheiten
zu erledigen. Der Entwurf sah für den Kaiser nur noch ein aufschiebendes Vetorecht
vor und war ein Versuch, die Habsburgermonarchie zu einer Art „Völkerbund"
umzugestalten.

Dieser Entwurf nach modernen ver-
fassungsrechtlichen Prinzipien hatte aber
keine Chance, weil die Hofkamarilla ihn in
Bausch und Bogen verwarf. Vorrangig war
nun der Wechsel auf dem Thron. Sophie, die
Mutter von Erzherzog Franz Joseph Karl,
handelte nun rasch und sehr effizient: Um
der Dynastie so schnell wie möglich wieder
Stabilität zu verschaffen, sollte ihr Franzl
seinem Onkel Ferdinand auf den Thron
der Habsburger nachfolgen. Eiligst organisierte sie einen improvisierten Unterricht.
In Olmütz gab es eine Fakultät, daraus ließ
sich ein kleines Kollegium rekrutieren. Ein

Revolutionär Messenhauser: „Heldenmüthiges
Volk von Wien, sei groß in deinem Falle, als
du es in der Erhebung warst."

Crashkurs, ein übervolles Lehrprogramm stand nun an, doch Lebenserfah-
rung konnte man dem Jüngling, der im Sommer 18 Jahre alt geworden war,
natürlich nicht eintrichtern. Dieses Manko sollte Franz Joseph in den ersten
Jahren seiner Regierung mit bitteren Lehren bezahlen.

Zwei Frauen treten nun aus dem Schatten ins Licht der höfischen Politik,
um die Thronbesteigung des blutjungen Franz Joseph zu ermöglichen. Maria
Anna musste ihren Gemahl, den kranken Kaiser Ferdinand, zum Thronver-
zicht überreden. Das Ehepaar hatte keine Kinder, und Maria Anna sollte für
die nächsten 27 Jahre im selbstgewählten Exil auf dem Prager Hradschin eine
treu sorgende Gefährtin und Pflegerin des abgedankten Kaisers werden. Erzherzogin Sophie wiederum musste zugunsten ihres Sohnes zurückstecken.
Keine leichte Entscheidung, denn wenn ihr Gemahl Franz Karl als Nächster in
der Thronfolge die Herrschaft übernähme, würde ihr der Titel einer Kaiserin
zufallen. Aber sie überredete den so offensichtlich Ehrgeizlosen und Ungeeig-
neten, zu verzichten und dem Sohn den Vortritt zu lassen.

Ende November waren die Weichen gestellt, die von den Beamten aus-
gearbeiteten Urkunden und Diplome fertig. Eine kleine Vorentscheidung
galt es noch zu treffen: Der Jüngling sollte nicht „Kaiser Franz II." heißen.

Hans Werner Scheidl

Diesen allzu sinnfälligen Rückgriff auf die Zeit des Vormärz, auf die schon arg misshandelte Erinnerung an Franz I., wollte man vermeiden. (Erst der 1914 in Sarajevo ermordete Thronfolger Franz Ferdinand war angeblich fest entschlossen, als Kaiser den Namen „Franz II." anzunehmen.) Für den künftigen Kaiser wurde der Name „Franz Joseph I." festgelegt. Er war der Erste in der jahrhundertelangen Abfolge von habsburgischen Herrschern, der diesen Namen trug, unbelastet von jeglicher Vergangenheit.

Der 2. Dezember 1848 war ein trüber Tag. Der Akt der Thronentsagung Ferdinands I. und die Proklamierung der Thronbesteigung Franz Josephs fanden im großen Salon des fürsterzbischöflichen Palais statt. Nicht weit also vom Reichstag, der in Kremsier im Sommerpalais des Bischofs tagte.

Zunächst musste noch der Erzherzog für volljährig erklärt werden. Kaiser Ferdinand ließ seine Verzichtserklärung verlesen. Dann wurde der Verzicht des nächstberufenen Nachfolgers Franz Karl verkündet. Damit trat dessen Sohn Franz Joseph Karl offiziell die Thronfolge an. Man unterzeichnete die Dokumente, dann kniete der neue Kaiser Franz Joseph I. vor seinem Vorgänger nieder, küsste dem Abgedankten die Hand und bat um den Segen.

Ferdinand hatte einen seiner guten Tage, an denen sich der von der Krankheit verschonte Teil seines Innersten zeigte. Er hob den Knienden zu sich empor, legte ihm die Hand auf und sprach – angeblich – die berühmt gewordenen Worte: „Gott segne dich. Sei brav. Gott wird dich beschützen. … Es ist gern geschehen. … Gern geschehen." Wie wienerisch! Nachdem sich die allseitige Rührung etwas gelegt hatte, empfing der neue Kaiser, bereits in der Uniform eines Feldmarschalls, seinen Ministerpräsidenten Felix zu Schwarzenberg, der ihm das neue Kabinett vorstellte.

In seiner Regierungserklärung, die für ihn formuliert worden war, umriss der neue Souverän seine Herrschaftsvorstellung noch sehr vage mit den Worten: „Fest entschlossen, den Glanz der Krone ungetrübt zu erhalten, aber bereit, Unsere Rechte mit den Vertretern Unserer Völker zu teilen, rechnen Wir darauf, dass es mit Gottes Beistand gelingen werde, alle Länder und Stämme der Monarchie zu einem großen Staatskörper zu vereinen" (Scheidl 1998).

Der Thronwechsel war vollbracht, und mehr als das: ein Epochenwechsel. „Viribus unitis": Dieser Wahlspruch begleitete die Österreicher fortan bis zum Jahre 1916. Mehrere Generationen sollten nie einen anderen Kaiser gekannt haben als Franz Joseph. Mit ihm, der 66 Jahre lang regieren sollte, war schließlich auch das Reich (fast) schon an sein Ende angelangt.

Olmütz war wohl der endgültige Abschied vom alten Österreich des Biedermeier. Die Revolution, die in Paris ihren Ausgang genommen hatte, schlug nun auch in Wien das Tor in die Zukunft auf. Niemand konnte ahnen, wie die Kurven des Weges verlaufen würden, und schon gar nicht, wohin er führen sollte.

1908

Die Wurzel des Übels. Von der bosnischen Annexionskrise bis zum Zerfall Jugoslawiens

◆

Bettina Poller

The Balkans produce more history than they can consume.
WINSTON CHURCHILL

Nun ist es erfahrungsgemäß tausendmal leichter, die Fakten einer Zeit zu rekons-truieren als ihre seelische Atmosphäre. Sie findet ihren Niederschlag nicht in den offiziellen Geschehnissen, sondern am ehesten in kleinen, persönlichen Episoden.
STEFAN ZWEIG, *Die Welt von Gestern*

Am 5. Oktober 1908 erklärt Kaiser Franz Joseph I. in einem Schreiben an den k.u.k. Minister des Äußeren, Alois Lexa von Aehrenthal, dass er die Rechte seiner Souveränität auf die seit 1878 okkupierten Gebiete Bosnien und Herzegowina erstreckt und gleichzeitig die für sein Haus geltende Erbfolgeordnung auch für diese Länder in Wirksamkeit setzt. Dabei sei er „durchdrungen von der unerschütterlichen Überzeugung, dass die hohen kulturellen und politischen Zwecke, um deren willen die Österreichisch-Ungarische Monarchie die Besetzung und Verwaltung Bosniens und der Herzegovina übernommen hat, und die mit schweren Opfern erzielten Erfolge der bisherigen Verwaltung nur durch die Gewährung von entsprechenden verfassungsmäßigen Einrichtungen dauernd gesichert werden können" (Bittner/ Uebersberger 1930, Bd. 1, 137).

Mit der damit beschlossenen Annexion Bosniens und der Herzegowina – vom Kaiser und der österreichischen Regierung als innen- wie außenpolitischer Befreiungsschlag gedacht – will Österreich-Ungarn die zunehmende Dynamik des Nationalismus bekämpfen und seine Stellung als Großmacht behaupten. Stattdessen aber gerät die k.u.k. Monarchie und mit ihr Europa an den Rand eines Krieges – und es werden Weichen gestellt, die bis in die Gegenwart führen.

Der Balkan: An der Nahtstelle zweier Kontinente gelegen, war die südosteuropäische Halbinsel immer schon ein klassisches Übergangs- und Durchzugsgebiet, Drehscheibe zwischen Reichen und Wirtschaftsräumen, eine Begegnungs-, aber auch Konfliktzone unterschiedlichster Gemeinschaften und Kulturen. Es ist jene Region, wo nach dem Schisma von 1054 Rom und Byzanz, die lateinische und die orthodoxe Kirche auf engstem Raum zusammentrafen und zudem ab dem 15. Jahrhundert die Islamisierung weitere religiöse und ethnische Identitäten schuf.

Allerdings bildeten die verschiedenen Religionen und Zivilisationen keine geografisch festgelegten Territorien aus. Vielmehr entstanden multikulturelle und multireligiöse Misch- und Übergangszonen, ohne dauerhafte oder gar hermetische Grenzen zwischen den politischen und religiösen Einflussgebieten, die zudem aufgrund von Massenwanderungen, Vertreibungen und Flüchtlingsbewegungen häufigem Wandel unterworfen waren. Folglich stimmten hier nirgendwo die politischen Grenzen mit den ethnischen, sprachlichen und kulturellen Gegebenheiten voll überein. In den zudem über weite Teile von unwirtlichem Bergland dominierten Regionen konnten sich daher auch niemals größere Reiche oder Staaten bilden beziehungsweise über längere Zeit halten. Die vielfältige landschaftliche Gliederung der Halbinsel hat immer wieder den zentrifugalen Kräften mächtigen Auftrieb gegeben, weshalb auch niemals ein Volk zur bestimmenden Kraft werden konnte. Ebenso wie die Landschaft blieb auch die politische Macht am Balkan zersplittert, weshalb die Region jahrhundertelanger Fremdherrschaft unterworfen war.

An der Wende vom 19. zum 20. Jahrhundert lebten in jenem Gebiet, das später Jugoslawien umfassen sollte, rund zwölf Millionen Menschen, in der Mehrheit katholische, orthodoxe und muslimische Südslawen nebst einem bunten Gemisch weiterer Volks- und Religionsgruppen wie etwa Türken, Albaner, Deutsche, Ungarn, Juden, Roma und anderen. Hier entfachte nun die Idee des modernen Nationalstaats das Verlangen nach Selbstbestimmung, ungeachtet der Tatsache, dass es gar kein klares Verständnis davon gab, was eine Nation tatsächlich ausmacht, ob es die gemeinsame Sprache und Kultur ist, wie in Deutschland und Italien, oder die Staatstradition, wie in Frankreich und Großbritannien. Zusätzlich kreuzten sich auf dem Balkan auch noch die geopolitischen und wirtschaftlichen Interessen von gleich drei Imperien: dem der Habsburger, der Romanows und der Osmanen.

Die Niederlage Österreichs bei Königgrätz am 3. Juli 1866 bedeutete nicht nur das Ende des Deutschen Bundes und die nachfolgende Neugestaltung Deutschlands ohne Beteiligung der Habsburgermonarchie, sondern aufgrund des Verlusts von Venetien an Italien auch das Ende der österreichischen Herrschaft in Oberitalien. Damit hatte das Haus Habsburg seinen Hegemonieanspruch über Deutschland und Italien, auf dem traditionellerweise das Selbstverständnis des Kaisertums Österreich beruhte, endgültig verloren. Die Einigung Italiens 1860/61 und die Gründung des Deutschen Reiches 1871 degradierten die Habsburgermonarchie zu einer Großmacht zweiten Ranges, und Kaiser Franz Joseph, der sich bis zu diesem Zeitpunkt als oberster deutscher Monarch verstanden hatte, verlor diese Rolle an den Deutschen Kaiser Wilhelm I.

Unmittelbare Folge dieser Entwicklung war der sogenannte „Ausgleich" von 1867, mit dem die Länder der ungarischen Krone weitgehende Autonomie bekamen und das Kaisertum Österreich in die kaiserlich-königliche Doppelmonarchie umgewandelt wurde. Das Haus Habsburg, nach seiner Verdrängung aus dem deutschen Raum umso mehr auf die Loyalität **41**

der östlichen Reichshälfte angewiesen, wollte damit den österreichisch-ungarischen Dauerzwist beenden. Allerdings wurde die mit dem „Ausgleich"
vorgenommene verfassungsrechtliche Umgestaltung des Reiches von den
anderen nach Autonomie strebenden Nationalitäten, in erster Linie den
slawischen Völkern, als Brüskierung, ja Demütigung empfunden. Umso
mehr zürnten sie, als der Großteil von ihnen zur ungarischen Reichshälfte
kam und die Regierung in Budapest einen scharfen Magyarisierungskurs
gegenüber den Kroaten, Serben, Deutschen und Rumänen beschritt.

Auch in der Außenpolitik war die Wiener Regierung aufgrund
der Verdrängung der Habsburgermonarchie aus dem Zentrum Europas zu einer Neuorientierung gezwungen. Seit der nationalen Einigung Italiens und Deutschlands war der Blick nach Westen versperrt; Österreich konnte sich einzig nach Südosten wenden und
richtete daher sein Augenmerk verstärkt auf den Balkan, der zum
damaligen Zeitpunkt noch größtenteils unter osmanischer Herrschaft
stand.

*Es waren die Jahrzehnte um die Mitte des neunzehnten Jahrhunderts, in denen
sich das Türkische Reich in stillem Fieber verzehrte. Mit den Augen der Zeitge-
nossen gesehen, erschienen diese Jahre verhältnismäßig ruhig und glücklich [...].*

*Die Grenze zwischen dem Belgrader und dem bosnischen Pašalik, die
direkt oberhalb der Stadt [Višegrad] verlief, begann sich in diesen Jahren
immer schärfer abzuzeichnen und Aussehen und Bedeutung einer Staats-
grenze anzunehmen. Das änderte die Lebensverhältnisse im ganzen Gebiet
[...] und auch die wechselseitigen Beziehungen zwischen Türken und Serben.*
Ivo Andrić, *Die Brücke über die Drina*

Vier Jahrhunderte lang hatte das Osmanische Reich – ein multiethnisches,
multireligiöses und multilinguales Imperium wie die Habsburgermonarchie
– die Geschicke des Balkans gelenkt, doch seit Ende des 18. Jahrhunderts
befand sich die osmanische Herrschaft in einem kontinuierlichen Auflösungsprozess, der neben eigener Reformunwilligkeit und daraus resultierenden wirtschaftlichen und finanziellen Schwierigkeiten hauptsächlich
durch das Übergreifen der politischen Leitidee des 19. Jahrhunderts, des
Nationalismus, auf die Balkanvölker verursacht wurde.

Das Nationalitätenprinzip, das heißt die Unterscheidung der Menschen
nach Nationen, war ein Produkt der europäischen Aufklärung des 18. Jahrhunderts und des Aufstiegs einer breiten bürgerlichen Mittelschicht im
Zuge der Industrialisierung. Der Nationalismus wurde zum Struktur-
prinzip Europas und zum Ausgangspunkt für den modernen Staat. Doch
Nationen sind nicht einfach da, sie werden *gemacht*, wobei es allerdings

42

Bettina Poller

keine allgemeingültige Definition dafür gibt, was eine Nation tatsächlich auszeichnet.

So gibt es idealtypisch zwei Formen von Nationsverständnis: Auf der einen Seite steht das „politisch-subjektive", „etatistische" Verständnis von Nation, dem zufolge das Bekenntnis zu einem Staat auf Basis gemeinsamer Wertvorstellungen und politischer Institutionen konstitutiv für die Nation ist. Auf der anderen Seite steht das „kulturell-objektive", „ethnische" Verständnis, welches – beeinflusst von den Ideen der deutschen Romantik inklusive deren Definition von „Volk" – die Merkmale der Nation an der gemeinsamen Sprache, Kultur und Abstammung festmacht.

Ethnie und Nation fallen für die Anhänger dieses Nationsverständnisses zusammen, die Bindungen zwischen den Nationsangehörigen werden biologisch-genetisch verstanden, und die Nation wird so zur Gemeinschaft der „Blutsverwandten". Eine Nation dieser Prägung ist eine *geschlossene* Gesellschaft, die weder Ein- noch Austritte gestattet – im Gegensatz zur „politisch-subjektiven" Nation, die sich als „Wahlverwandtschaft" versteht und damit den Typus einer *offenen* Gesellschaft repräsentiert (Sundhaussen 1994, 405 f.).

Im gesamten Balkanraum hatte sich seit dem Ende des 19. Jahrhunderts das kulturell-ethnische Nationsverständnis im Sinne der „Abstammungsgemeinschaft" durchgesetzt, zu der all jene gehören, die eine gemeinsame Herkunft für sich reklamieren. Die über Jahrhunderte währende Zugehörigkeit zu Imperien hatte ein überethnisches, politisches Nationskonzept verhindert, sodass in Südosteuropa die Idee der *Kulturnation* in der Tradition Johann Gottfried Herders Fuß fasste, welche in der Folge auch die Basis der Idee einer südslawischen Vereinigung („Jugoslawismus") bildete.

Gleichzeitig aber gab es nirgendwo eine größere Diskrepanz zwischen historisch gewachsenen Siedlungsstrukturen und dem modernen nationalstaatlichen Ordnungsprinzip als auf dem Balkan, vor allem im westlichen Teil, wo eine Vielzahl von Ethnien auf engstem Raum verwoben war und sich unterschiedliche sprachliche, religiöse und historisch-politische Identifikationsangebote überlagerten. Als Erbschaft der osmanischen Periode existierte zudem auch noch das Phänomen der *Konfessionsnation*, das angesichts beziehungsweise trotz einer gemeinsamen Sprache Trennendes aus den unterschiedlichen Religionszugehörigkeiten ableitete. Die Serben, Kroaten und Muslime des Westbalkans sprachen (und sprechen) die gleiche Sprache, verstanden (und verstehen) sich jedoch aufgrund ihrer unterschiedlichen Bekenntnisse – Orthodoxie, Katholizismus und Islam – ab dem 19. Jahrhundert zunehmend als Angehörige verschiedener Völker.

In der Folge konkurrierten unterschiedliche Konzepte nationalistischer Einigungsbestrebungen: Fühlte man sich primär als Slawe, so forderte man im Sinne des Panslawismus den Zusammenschluss aller Südslawen des Balkans in einem „jugoslawischen" Staat. Betrachtete man sich hingegen primär als Serbe, Kroate oder Slowene, so entsprang daraus die Forderung nach je einem Staat für die Serben, die Kroaten und die Slowenen.

Tatsächlich kreuzten sich auf dem Westbalkan somit – vereinfacht dargestellt – drei verschiedene Entwicklungsstränge: ein durch Slowenien und Kroatien vermittelter mitteleuropäisch-katholischer Pfad, ein von Serbien ausgehender balkanisch-orthodoxer Pfad und ein osmanisch-islamisch geprägter Pfad aus Bosnien-Herzegowina. Und hier in Bosnien, dem Herzen des Westbalkans, hatten sich diese Stränge aufs Äußerste verdichtet – ein scheinbar undurchdringlicher Knoten, welchen zu entwirren sich die Nationalisten zum Ziel setzten.

Die Ersten, denen es gelang, sich aus der osmanischen Herrschaft zu befreien, waren die Serben, die nach den Aufständen von 1804 und 1815 bis 1817 ihre teilweise Autonomie als Fürstentum durchsetzen konnten. Dabei spielte erstmals auch der „Kosovomythos", also die von den Serben am 28. Juni 1389 gegen die Osmanen verlorene Schlacht auf dem *Kosovo polje* (Amselfeld), eine zentrale Rolle bei der Mobilisierung der Aufständischen. Die Epoche des mittelalterlichen serbischen Reichs wurde dabei als „goldenes Zeitalter" verklärt und die osmanische Herrschaft als jahrhundertelange Benachteiligung und Bedrohung des serbischen Volkes dargestellt.

Zudem erhielt diese mythisierte Vergangenheit stark religiöse Züge, indem der Kosovo zum „serbischen Jerusalem" und die Serben zum auserwählten Volk und christlichen Bollwerk gegen die Muslime erklärt wurden. Wenngleich also die serbischen Aufstände am Beginn des 19. Jahrhunderts höchstens als „vor-nationale" Bewegungen einzustufen sind, wurde hier der Grundstein für den serbischen Nationalmythos gelegt, der sich als Kampf gegen Unterdrücker jeglicher Art definiert (Pensold 2015, 16 f.).

Vorerst aber gerieten die mit der osmanischen Herrschaft unzufriedenen slawischen Völker auf ihrer Suche nach Unterstützung immer stärker unter den Einfluss Russlands und der panslawistischen Bewegung. Schon Johann Gottfried Herder hatte in seinen berühmten *Ideen zur Philosophie der Geschichte der Menschheit* den Slawen einen einheitlichen Charakter zugesprochen. Die Panslawisten des Balkanraums knüpften nun daran an und forderten – unterstützt vom zaristischen Russland – den Zusammenschluss aller Slawen einschließlich jener, die unter der Herrschaft des Habsburgerreiches lebten. Aus der Sicht Österreich-Ungarns galt es daher, an seiner Südgrenze sowohl den Einfluss des Zarenreiches abzuwehren als auch die Entstehung selbständiger slawischer Staaten zu verhindern, da diese den Bestand der k.u.k. Monarchie gefährden mussten.

Bettina Poller

Europakarte von 1878: Die Rufe nach einem großen,
alle Südslawen umfassenden Staat wurden lauter.

Deutlich genug waren in Wien die Worte des serbischen Ministerpräsidenten Jovan Ristić vernommen worden, der – in Anlehnung an das *Risorgimento,* also die vom Piemont ausgegangene italienische Einigungsbewegung – sein Land zum „Piemont des Balkans" und damit zum Kern eines großen, alle Südslawen umfassenden Staats ausgerufen hatte. „Das serbische Volk muss erkennen, dass Österreich-Ungarn in politischer und ökonomischer Beziehung sein Feind ist und dass eine Besserung seiner ökonomischen und sozialen Verhältnisse nur durch die Verdrängung österreichisch-ungarischer Interessen aus Serbien und vom Balkan möglich sei" (Mandl 1918, 33 f.).

Angespornt von der gelungenen nationalen Einigung Italiens und Deutschlands nur wenige Jahre zuvor, zogen Serbien und Montenegro 1876 in den Krieg gegen die Türken, nachdem sich bereits 1875 die christlichen Bauern in Bosnien aufgrund unerträglicher Steuerlasten und Zwangsarbeit gegen ihre osmanischen Feudalherren erhoben hatten. Ihre Niederlage veranlasste Russland, ebenfalls das Osmanische Reich anzugreifen. Dahinter stand nicht nur der Umstand, dass der Zar sich sowohl als Schutzherr der christlich-orthodoxen Balkanvölker als auch als Anführer der panslawistischen Bewegung betrachtete, sondern vor allem der Versuch, seine hegemoniale Stellung auf dem Balkan zu sichern und so seinen Machtbereich endlich in Richtung der von ihm heiß begehrten Meerengen zwischen Schwarzem Meer und Mittelmeer auszudehnen.

Tatsächlich gelang es den russischen Truppen im Januar 1878, fast bis nach Konstantinopel vorzudringen – ein Umstand, der wiederum die englische Regierung zum Einschreiten veranlasste. Eilends schickte London seine Flotte, um die Hohe Pforte – so die Bezeichnung für die Regierung des Osmanischen Reichs – zu unterstützen. Auf keinen Fall nämlich wollte England die Kontrolle des Bosporus dem Zarenreich überlassen.

Die Regierung in St. Petersburg verstand das Signal und schloss am 3. März 1878 mit Konstantinopel den Friedensvertrag von San Stefano. Doch durch die darin vorgesehene enorme Machtausdehnung Russlands fühlten sich Wien und London düpiert: England verstand sich – zumindest, soweit es die europäischen Territorien betraf – seit dem Krimkrieg als Anwalt des Osmanischen Reiches, und in Wien riefen vor allem die geplanten umfangreichen Gebietsausweitungen Serbiens großen Unmut hervor.

Um dem nun drohenden Krieg vorzubeugen, lud der deutsche Reichskanzler Otto von Bismarck im Frühsommer des Jahres 1878 zu einem Kongress nach Berlin. Vom 13. Juni bis zum 13. Juli traten in der deutschen Reichshauptstadt die diplomatischen Vertreter Englands, Frankreichs, Italiens, Russlands, Österreich-Ungarns und Deutschlands zusammen, um die strittigen Fragen zu klären. Auch die Hohe Pforte war bei einigen Beratungen zugelassen, doch die Balkanvölker, um deren Schicksal es hier schließlich ging, hatten weder Sitz noch Stimme; ihre Anliegen blieben nahezu ungehört.

Hellsichtig schrieb die in Wien erscheinende *Neue Freie Presse* am 14. Juli 1878: „Der Congreß […] hat einfach durch seine Beschlüsse das Recht des Stärkeren anerkannt, dem Nachbarn wegzunehmen, was ihm beliebt. […] Hätte der Berliner Congreß einen dauerhaften Frieden und nicht nur einen Waffenstillstand geschaffen, man könnte ihm vielleicht die barbarische Art verzeihen, mit welcher er sein Werk zu Stande brachte. Leider wäre es aber thörichtes Hoffen, den Berliner Vertrag als die Pforte zu betrachten, durch die Europa in das Thal des ewigen Friedens eingeht."

Auf den ersten Blick sahen die Beschlüsse von Berlin für die Balkanstaaten nicht so ungünstig aus, doch schon der zweite Blick ließ erkennen, dass dem Prinzip der nationalen Selbstbestimmung nur dort gefolgt worden war, wo es zufällig ins machtpolitische Kalkül der Großmächte passte: Serbien, Montenegro und Rumänien wurden zwar als souveräne Staaten anerkannt, verloren aber weite Teile jener Gebiete, die ihnen der Vertrag von San Stefano zugewiesen hatte, und das ebenfalls in diesem Vertrag vorgesehene Großbulgarien wurde wieder dreigeteilt.

Größter Verlierer war jedoch das Haus Romanow. Trotz seines militärischen Erfolges gegen die Osmanen war das Ziel Zar Alexanders II. – ein unter russischer Dominanz stehender Balkan und die Besitznahme

Bettina Poller

Der Berliner Kongress 1878 (zentrale Figur: Otto von Bismarck) versäumte es,
einen dauerhaften Frieden zu etablieren. Österreich-Ungarn wurde ermächtigt,
Bosnien und die Herzegowina zu besetzen.

der Meerengen – vereitelt worden. Im Gegensatz dazu hatte Wien ohne
eigenes Zutun die Okkupation des Westbalkans übertragen bekommen.
Artikel 25 des Berliner Vertrages bestimmte nämlich, dass „die Provinzen Bosnien und Herzegowina [...] von Oesterreich besetzt und verwaltet
werden sollen". Der Sandžak Novi Pazar, jenes schmale Gebiet, welches
sich zwischen Serbien und Montenegro erstreckt, verblieb zwar beim
Osmanischen Reich, jedoch erhielt Wien das Recht, dort „Garnisonen zu
halten und militärische und Handelsstraßen zu besetzen" und damit de
facto die Kontrolle auszuüben.

Und die Serben? Ihnen hatte der Kongress zwar die internationale Anerkennung der Souveränität ihres Landes und territoriale
Gewinne im Süden gebracht, doch die Vereinigung mit Montenegro war verhindert worden und damit auch der Zugang zum Mittelmeer. Außerdem musste das Land nachteilige Handelsverträge
mit der k.u.k. Monarchie abschließen und blieb damit wirtschaftlich von der Donaumonarchie abhängig.

Vor allem aber blieb das mit dem Krieg von 1876 verfolgte Ziel der Einverleibung Bosniens und Herzegowinas unerreicht. Mehr als die Hälfte aller **47**

Serben verblieb somit außerhalb des Mutterlandes und stand noch immer unter Fremdherrschaft. Den serbischen Nationalisten kam die österreichische Okkupation des serbisch beanspruchten Bosnien einer Kriegserklärung gleich. In der *Neuen Freien Presse* hieß es dazu am 25. August 1878: „Niemals hat man in Belgrad Bosnien anders betrachtet, denn als einen Theil des künftigen Großserbien; stets hat Montenegro die Herzegowina als ein ihm gebührendes Gebiet angesehen. [...] [Nun ist beiden] die Hoffnung, künftig größere Erwerbungen machen zu können, durch die Ertheilung des Occupations-Mandates an Oesterreich völlig abgeschnitten worden. Man kann sich unschwer denken, mit welchen Gefühlen Serben und Montenegriner die österreichischen Truppen an der Bosna und Narenta vorrücken sehen."

Seit Menschengedenken hatte nie eine solche Ruhe über der Stadt [Višegrad] gelegen. Die Läden wurden gar nicht geöffnet. [...] Die Gassen verödet, Höfe und Gärten wie ausgestorben. In den türkischen Häusern Niedergeschlagenheit und Verwirrung, in den christlichen Vorsicht und Misstrauen. Überall aber und bei allen Angst. Die einrückenden Schwaben [Österreicher] hatten Angst vor einem Hinterhalt. Die Türken hatten Angst vor den Schwaben, die Serben vor den Schwaben und den Türken.
Ivo Andrić, *Die Brücke über die Drina*

Als die österreichisch-ungarischen Truppen die Grenze zum Osmanischen Reich überschritten, um gemäß den Berliner Vereinbarungen Bosnien-Herzegowina zu besetzen, stießen die Soldaten auf unerwartet heftigen Widerstand, vor allem vonseiten muslimischer Kämpfer, aber auch serbischer Milizen. Entgegen der Aussage des k.u.k. Außenministers Gyula Andrássy, wonach die Besetzung der Provinzen ein „Spaziergang mit einer Blaskapelle" werden würde, konnte das rund 51.000 Quadratkilometer große Gebiet mit rund 1,14 Millionen Einwohnern erst nach einem dreimonatigen Feldzug und schweren Verlusten auf beiden Seiten erobert werden. Ende Oktober 1878 war der Widerstand schließlich gebrochen. Zigtausende Muslime hatten inzwischen ihr Land Richtung Osmanisches Reich verlassen.

Zudem musste die Regierung in Wien feststellen, dass die nicht unerhebliche Vergrößerung seines slawischen Bevölkerungsanteils auch die zentrifugalen Kräfte innerhalb der Monarchie an Stärke gewinnen ließ. In keinem anderen Land waren zu dieser Zeit die innen- und außenpolitischen Probleme derart miteinander verzahnt wie in der k.u.k. Monarchie, weil die neu entstandenen Nationalstaaten – Deutschland, Italien, Serbien und Rumänien – unmittelbare Anziehungskraft auf die in der Monarchie „gefangenen" Völker ausübten und damit die inneren Nationalitätenkonflikte verschärften.

Bettina Poller

Einzig die bosnischen Kroaten standen der Okkupation anfangs mehrheitlich positiv gegenüber, erhofften sie sich doch eine Vereinigung mit den bereits zur Monarchie gehörenden, mehr als zwei Millionen kroatischen Volksgenossen und katholischen Glaubensbrüdern und die anschließende Schaffung eines dritten – slawischen – Reichsteils innerhalb der Habsburgermonarchie ("Trialismus"). Im Gegensatz dazu fühlten sich die bosnischen Serben vom bereits unabhängigen serbischen Nationalstaat ebenso abgeschnitten wie die bosnischen Muslime von ihrem religiösen Zentrum im Osmanischen Reich.

Doch nicht nur unter der okkupierten Bevölkerung war der Widerstand groß; auch in den nicht-slawischen Bevölkerungsteilen der Monarchie, insbesondere unter den Deutschnationalen und den Magyaren, stieß die Aufnahme der neuen Gebiete mehrheitlich auf Ablehnung. Nicht zuletzt deshalb wurden die neuen Provinzen auch keiner der beiden Reichshälften der Doppelmonarchie zugewiesen, sondern dem gemeinsamen Finanzministerium unterstellt.

Insgesamt aber konnte Österreich-Ungarn in den 1880er Jahren seinen Einfluss auf dem Balkan durchaus stärken. Das Berliner Abkommen und nachfolgende bilaterale Geheimverträge hatten der Habsburgermonarchie den Ausbau ihres politischen und wirtschaftlichen Einflusses auf Serbien gesichert. So hatte sich Wien 1881 vom serbischen Fürsten und späteren König Milan Obrenović sowohl bei der serbischen Außenpolitik als auch im Handel Mitbestimmung garantieren lassen, wodurch Serbien für rund ein Jahrzehnt zu einem wirtschaftlichen Nebenland der Donaumonarchie wurde. Auch im Verhältnis zu Russland war entgegen allen Erwartungen wieder Entspannung eingetreten, und noch im Oktober 1903 konnten sich St. Petersburg und Wien im Abkommen von Mürzsteg über ein gemeinsames Vorgehen auf dem Balkan einigen, als sie eine internationale Polizeimission zur Befriedung der Unruhen in Mazedonien durchsetzten.

All dies bedeutete für Wien eine außenpolitische Entlastung, die umso willkommener war, als die Innenpolitik aufgrund der zunehmenden Nationalitätenkonflikte in Form von Massenprotesten und Aufständen gegen die fortdauernde Benachteiligung der slawischen Bevölkerung vor großen Schwierigkeiten stand.

Nach den ersten Jahren des Misstrauens, der Umstellungsschwierigkeiten, des Zögerns und des Gefühls, dass alles nur vorübergehend sei, begann die Stadt ihren Platz in der neuen Ordnung der Dinge zu finden. Das Volk fand Arbeit, Verdienst und Sicherheit. Und das genügte, dass das Leben, das äußere Leben, auch hier in den "Bahnen der Vervollkommnung und des Fortschritts" verlief. Alles Übrige wurde in den dunklen Hintergrund des Bewusstseins verdrängt, wo die elementaren Gefühle und die unzerstörbaren Überzeugungen der einzelnen Rassen, Glaubensrichtungen und Kasten leben und gären und sich, **49**

scheinbar tot und begraben, auf spätere, ferne Zeiten ungeahnter Veränderungen und Katastrophen vorbereiten, ohne die die Völker – so scheint es – nicht leben können, am wenigsten aber dieses Land.
Ivo Andrić, *Die Brücke über die Drina*

Für Bosnien-Herzegowina bedeutete die Besetzung den Anbruch einer neuen Zeit. Obwohl laut Berliner Vertrag nur die Verwaltung dieser Gebiete durch Österreich-Ungarn vorgesehen war, begannen die k.u.k. Behörden sehr bald, Infrastruktur und Industrie zu fördern und bis zum Jahr 1907 mehr als 2000 Kilometer Straßen zu bauen sowie rund tausend Kilometer Schienen zu verlegen.

Im Unterschied zur rund vier Jahrhunderte dauernden, dabei aber wenig Veränderung bringenden osmanischen Verwaltung erlebten die okkupierten Provinzen nun eine frühe Form von „Globalisierung" mit allen damit verbundenen Herausforderungen: „Österreich', das ist 1878 für Bosnien der Fortschritt, der mit Eisenbahn, Elektrifizierung, Kanalisation, Volkszählung, selbstbewussteren Frauen, freizügigeren Sitten, aber auch einer effizienteren militärischen Überwachung Einzug in eine kleine Welt hält, die damit an die große angeschlossen wird" (Gauß, in: Andrić 2016, 491).

Gleichzeitig aber ließ die neue Verwaltung, von 1882 bis 1903 verkörpert durch Gouverneur Benjamin Kállay, die für die bosnische Bevölkerung wesentlichste Frage unberührt: die „Agrarfrage". Aus Angst, sich die fast ausschließlich muslimische Grundbesitzerschicht in Bosnien-Herzegowina zu entfremden, ließ die österreichisch-ungarische Verwaltung die archaische Agrarverfassung nahezu unverändert. Noch 1910 waren mehr als 91 Prozent der Landeigentümer Muslime, aber nur sechs Prozent Orthodoxe und 2,5 Prozent Katholiken. Dagegen waren die abhängigen Ackerbauern (Kmeten) zu mehr als 73 Prozent orthodox, zu mehr als 21 Prozent katholisch und nur 4,6 Prozent muslimisch (Džaja 1994, 40).

Das Modernisierungsprojekt der k.u.k. Monarchie in den neu gewonnenen Provinzen war zuallererst von strategischen und wirtschaftlichen Interessen diktiert. Die in die besetzten Gebiete entsandten Bürokraten und Militärs verstanden ihre Aufgabe darin, „die Errungenschaften der westlichen Zivilisation in diesen Teil des Balkans zu tragen und den Bosniern das Gefühl zu geben, einer großen mächtigen Nation anzugehören. […] Wirtschaftswachstum und ‚Europäisierung' sollten dem Nationalismus Einhalt gebieten" (Calic 2014, 47). Dazu sollte die Region zunächst wirtschaftlich erschlossen, danach das Bildungssystem ausgebaut und erst später über Möglichkeiten politischer Partizipation nachgedacht werden.

Bettina Poller

*Bis dahin hatten sich die Leute in der Stadt ausschließlich mit dem beschäf-
tigt, was ihnen vertraut und bekannt war, [...] ohne groß in die Zukunft oder
zurückzuschauen. Jetzt aber tauchten in den Gesprächen immer häufiger
Fragen auf, die irgendwie weiter reichten [...]. In Sarajevo wurden religiöse
und nationale Parteien und Organisationen gegründet, serbische und muslimische. [...] Die Gymnasiasten und die Studenten, die an den Universitäten
in Wien und Prag studierten, kamen in den Ferien nach Hause und brachten
neue Bücher, Broschüren und eine neue Ausdrucksweise mit. [...] Es tauchten
Namen neuer religiöser und nationaler Organisationen auf breiten Grundlagen und mit kühneren Zielen auf. [...] Die Menschen begannen sich nach
neuen Maßstäben und auf neuen Grundlagen, aber mit der Kraft der alten
Leidenschaften und ewiger Instinkte zu trennen und zusammenzuschließen,
abzustoßen und anzuziehen.*
Ivo Andrić, *Die Brücke über die Drina*

Das Jahr 1903 geriet zum Wendepunkt: Im Juni wurden Serbiens König
Alexander Obrenović und seine Frau im Zuge einer Palastrevolution von
Offiziersverschwörern ermordet. Hauptgrund war die Österreich-freundli-
che Politik der Obrenović-Dynastie, die zur völligen wirtschaftlichen Abhängigkeit Serbiens von Österreich-Ungarn geführt hatte. Alexanders Nachfolger, König Peter I. aus der Dynastie der Karadjordjević, vollzog sofort eine
außen- wie innenpolitische Wende, indem er einerseits mithilfe der nationalistischen Radikalen Partei unter Nikola Pašić sein Land erneut auf einen
großserbischen und prorussischen Kurs brachte, im Inneren hingegen eine
„Ära der Demokratie" einläutete.

Eine Verfassung trat in Kraft, Parlamentarismus und Medienfreiheit
entfalteten sich und immerhin rund 70 Prozent der serbischen Bauernschaft
bekamen das Wahlrecht. Im Gegensatz dazu galt in der Habsburgermonarchie weiterhin ein strenger Zensus, durch den in Kroatien nur 3,5 Prozent
und in Slowenien etwa fünf Prozent der Bevölkerung in den Genuss demokratischer Partizipation kamen; in Bosnien-Herzegowina gab es zu dieser
Zeit überhaupt keine demokratische Mitsprache der Bevölkerung – für viele
ein Grund mehr, ihre Zukunft in einer Vereinigung mit Serbien zu sehen.

Als die neue Regierung in Belgrad mit Bulgarien 1904 eine militärische
Geheimallianz und im Jahr darauf ein Wirtschaftsabkommen schloss und
zudem französische Kanonen kaufen wollte, versuchte die österreichische
Regierung, Serbien unter Druck zu setzen: Sie verhängte ein Wirtschafts-
embargo, wodurch die vertraglich geregelte Viehausfuhr aus Serbien in die
Doppelmonarchie ohne Vorwarnung gestoppt wurde. Der nachfolgende
Zollkrieg, der als „Schweinekrieg" in die Geschichtsbücher einging, zwang
die serbische Regierung zu einer außenwirtschaftlichen Neuorientierung,

die aber in eine andere Richtung ging als von Wien gewollt. Binnen Kurzem gelang es der Regierung Pašić, ihre Viehexporte auf andere Märkte umzuleiten sowie eine eigene fleischverarbeitende Industrie aufzubauen und sich so aus der Abhängigkeit von Wien zu befreien.

Was von der k.u.k. Regierung als „Disziplinierungsmaßnahme" gegenüber Serbien geplant war, wurde zum Bumerang. Am Wiener Ballhausplatz sah man sich nun aber erst recht veranlasst, eine „ernste Lektion" für Serbien zu erwägen – umso mehr, als Belgrad zunehmend serbischen Irredentismus und nationalistische Agitation in seinen Nachbarregionen, vor allem in Bosnien-Herzegowina betrieb, was immer öfter zu Aufständen gegen die österreichisch-ungarischen Besatzer führte.

Im Zuge der gescheiterten Sanktionspolitik gegenüber Serbien war es 1906 zu einem Wechsel an der Spitze des österreichisch-ungarischen Außenamtes gekommen: Der langjährige, um Ausgleich mit den Russen bemühte Außenminister Agenor Graf Gołuchowski wurde im Oktober durch Lexa von Aehrenthal abgelöst. Dieser bevorzugte angesichts der zunehmenden Unruhen auf dem Westbalkan eine Politik der Stärke, wie im Übrigen auch der ebenfalls 1906 in die Funktion des Generalstabschefs berufene Franz Conrad von Hötzendorf, der mehrmals vorschlug, nicht nur Bosnien-Herzegowina zu annektieren, sondern zudem auch gegen Serbien, Montenegro und Italien vorzugehen. Beide Männer hatten zum Ziel, in Bosnien-Herzegowina endlich klare Verhältnisse zu schaffen, und veranlassten den Kaiser zum entscheidenden Schritt.

Es kam das Jahr 1908 und mit ihm eine große Beunruhigung und dunkle Drohung, die seitdem nicht wieder aufhörten, die Stadt zu bedrücken. […] [Am] Vormittag eines Oktobertages [wurde] ein großes weißes Plakat angeklebt.

Die Schreibkundigen lasen laut, mühsam und stockten bei schwierigen Ausdrücken und ungewöhnlichen Redewendungen. Die anderen hörten schweigend und mit gesenktem Blick zu, und [gingen dann] fort, ohne den Blick vom Erdboden zu erheben. […] Sie wussten und verstanden alles, denn sie trugen ihre Geografie im Blut und empfanden ihr Weltbild biologisch.
Ivo ANDRIĆ, *Die Brücke über die Drina*

Am 6. Oktober 1908, einen Tag nach seinem Schreiben an Außenminister Aehrenthal, wandte sich Kaiser Franz Joseph I. mit einer Proklamation an die Bewohner Bosnien-Herzegowinas, um ihnen die Annexion ihrer Gebiete zu verkünden.

Den Zeitpunkt für die Annexion hatten andere vorgegeben: Nachdem im Juli im Osmanischen Reich die Jungtürkische Revolution ausgebrochen war

Bettina Poller

und die erfolgreichen neuen Machthaber vom Sultan die Wiedereinsetzung der Verfassung von 1876 forderten, womit auch der Parlamentarismus im Osmanischen Reich wiederbelebt wurde, sah Wien sich veranlasst, rasch zu handeln. Um zu verhindern, dass in das Parlament in Konstantinopel auch Abgeordnete aus Bosnien-Herzegowina einberufen würden und damit nach 30 Jahren Okkupation wieder die Hoheitsrechte der Hohen Pforte in den besetzten Provinzen bekräftigt worden wären, wollte Aehrenthal endlich die ohnehin schon mehrmals erwogene Einverleibung der besetzten Gebiete vollziehen. Und nicht nur das osmanische Parlament sollte auf diese Weise noch vor seiner Konstituierung vor vollendete Tatsa-

LE REVEIL DE LA QUESTION D'ORIENT
La Bulgarie proclame son indépendance. — L'Autriche prend la Bosnie et l'Herzégovine

Le Petit Journal vom 18. Oktober 1908: Kaiser Franz Joseph reißt Bosnien-Herzegowina an sich, Zar Ferdinand erklärt die bulgarische Unabhängigkeit, Sultan Abdulhamid sieht hilflos zu.

chen gestellt werden, auch Serbien sollte ein für alle Mal seine Expansionspläne bezüglich Bosnien-Herzegowinas begraben müssen.

Doch die vom Kaiser in seiner Annexionsproklamation erhofften Reaktionen von „Anhänglichkeit, Treue und Harmonie" wollten sich nicht einstellen, im Gegenteil: Wütende Proteste waren die Folge, in den annektierten Provinzen ebenso wie im Osmanischen Reich, welches einen Boykott österreichischer Waren beschloss. Auch im restlichen Europa rief dieser *fait accompli* heftige Reaktionen hervor: Russland sah sich übervorteilt, da es die im Zuge eines Geheimtreffens zwischen Aehrenthal und seinem russischen Amtskollegen Alexander Iswolski im September 1908 auf Schloss Buchlau zugesicherte österreichische Unterstützung in der Meerengen-Frage nicht bekommen hatte.

Es kam zu Protesten, in denen die „endgültige Versklavung der Bosnier unter der Herrschaft Österreichs" angeprangert wurde, und Leo Tolstoi nannte die Habsburgermonarchie „ein Nest von Räubern". London und auch Frankreich schlugen sich verbal auf die Seite Russlands, wenngleich weniger wegen der Annexion an sich, sondern um Österreichs Bündnispartner Deutschland politisch zu isolieren. Und Italien trat offen feindselig auf, weil es sich um sein Mitspracherecht bei territorialen Veränderungen auf dem Balkan betrogen fühlte, das es im Zuge seines Beitritts zum Dreibund 1882 ausgehandelt hatte.

Am stärksten jedoch fiel die Reaktion naturgemäß in Serbien aus, wo es zu einer regelrechten Kriegshysterie kam. Das Belgrader Parlament, die Skupština, sah sich nicht nur um seine großserbischen Ambitionen betrogen, sondern nahm die Annexion auch als Bedrohung seiner eigenen Unabhängigkeit wahr. Die serbische Regierung befahl daher die Mobilmachung, und im ganzen Land kam es zu antiösterreichischen Massenprotesten.

Einzig das Deutsche Reich blieb den Österreichern in der Krise gewogen. Obwohl man auch in Berlin von der österreichischen Vorgehensweise alles andere als begeistert war, betonte Kaiser Wilhelm II. gegenüber Kaiser Franz Joseph: „Du kannst auch in dieser Frage auf meine unwandelbare persönliche Freundschaft und Verehrung sowie enge Bundesfreundschaft zählen, die unsere Reiche verbindet" (Bittner/Uebersberger 1930, Bd. 1, 212). Der deutsche Reichskanzler Bernhard von Bülow prägte in seiner Rede vor dem Reichstag am 29. März 1909 schließlich sogar das Diktum von der „Nibelungentreue" und sandte damit ein unmissverständliches Signal nach St. Petersburg.

Doch Russland war nach seiner Niederlage im Krieg gegen Japan sowie der anschließenden Revolution von 1905 ohnehin nicht in der Lage, als aktive Schutzmacht der Südslawen aufzutreten. Wenngleich man in St. Petersburg Sympathie für Serbien bekundete und „moralische Unterstützung" anbot, legte man Belgrad dennoch nahe, keinerlei provozierende Schritte gegen die k.u.k. Monarchie zu unternehmen. Zudem erzielten das Osmanische Reich und Österreich-Ungarn am 26. Februar 1909 eine Einigung, der zufolge Wien 56 Millionen Goldkronen als Entschädigung für die annektierten Provinzen bezahlen und sich zudem aus dem Sandžak Novi Pazar zurückziehen würde.

Nun erkannten die Serben, dass sie ihre Vereinigung mit Bosnien-Herzegowina – zumindest vorerst – nicht durchsetzen konnten. Am 31. März übergab der serbische Gesandte in Wien eine diplomatische Note, wonach Serbien „die in Bosnien geschaffene Tatsache" anerkenne und seine „protestierende und oppositionelle Haltung [gegenüber] der Annexion" (Bittner/Uebersberger 1930, Bd. 2, 225) aufgebe.

Diese Spannung, die man in der Welt als „Annexionskrise" bezeichnete, […] ließ plötzlich nach. Irgendwo in der Ferne wurde sie in Notenwechseln und Verhandlungen zwischen den interessierten Hauptstädtern friedlich beigelegt.

Bettina Poller

Die Grenze, diese schon immer leicht entflammbare Grenze, fing dieses Mal kein Feuer. [...] Aber wie es schon immer war, bestanden die Veränderungen, die die Krise verursacht hatte, auch danach fort. [...] Das plötzliche Nachlassen der Spannung hatte die Gemüter nicht wirklich beruhigt, weder die Christen noch die Muslime in der Stadt; es hinterließ nur eine verhüllte Enttäuschung bei den einen und einen Rest von Misstrauen und Zukunftsangst bei den anderen. Man wartete ohne sichtlichen Grund und unmittelbaren Anlass auf große Ereignisse. Das Volk hoffte auf irgendetwas und fürchtete irgendetwas – genauer gesagt, die einen hofften und die anderen fürchteten sich.

Ivo Andrić, *Die Brücke über die Drina*

Die Annexionskrise hatte Europa an den Rand eines Krieges gebracht, der nur knapp abgewendet werden konnte. Wenngleich sich Österreich-Ungarn als Sieger fühlte, hatte es – im Gegensatz zur eigentlichen Intention – mit der Eingliederung Bosnien-Herzegowinas die nationalen Leidenschaften der Südslawen weiter radikalisiert. Serbien betrachtete sich von nun an als Todfeind der k.u.k. Monarchie. Nahezu alle Serben waren jetzt vom Glauben an ihre nationale Mission erfüllt, wobei nicht mehr nur die Vereinigung aller Serben, sondern auch jene mit den Kroaten und Slowenen auf dem Programm stand. Der „Jugoslawismus", also die Vorstellung, dass Serben, Kroaten und Slowenen Teile eines einzigen Volkes seien und auch in einer gemeinsamen Nation zusammenfinden sollten, erlebte seinen Durchbruch.

Auch in den annektierten Provinzen Bosnien und Herzegowina selbst wuchs die Bereitschaft, mit Gewalt gegen das fremde Regime aufzubegehren. Und so hatte sich mit dem Ende der bosnischen Annexionskrise jene Konstellation herauskristallisiert, die nicht nur wenige Jahre später in den Ersten Weltkrieg führen sollte, sondern darüber hinaus den südslawischen Raum auch noch für das gesamte 20. Jahrhundert prägte: erstens Südosteuropa als Schauplatz von Großmachtrivalitäten, zweitens der „Jugoslawismus", also die Vereinigung aller Südslawen, im Ringen mit ethnonationalistischen Tendenzen, vor allem bei Serben und Kroaten, drittens die Zersplitterung der Ethnien auf verschiedene Staaten, viertens die konkurrierenden, oftmals historisch begründeten, zumeist aber völlig überzogenen Territorialansprüche der Balkanstaaten, und fünftens die immer wiederkehrende „bosnische Frage" als Ergebnis der Vielzahl an Völkern und Konfessionen in diesem Gebiet.

Auf dem Balkan war – ebenso wie im restlichen Europa – seit Mitte des 19. Jahrhunderts der Nationalismus zur treibenden politischen Kraft geworden und bedrohte damit naturgemäß die Vielvölkerreiche der **55**

Habsburger und der Osmanen. Die Annexion Bosnien-Herzegowinas wurde folglich auch nicht zum von Wien erhofften Befreiungsschlag, sondern zum Brandbeschleuniger, der die nationalistischen Kräfte weiter radikalisierte. Je näher jedoch während der ersten Jahrzehnte des 20. Jahrhunderts die Aufteilung des osmanisch-europäischen und des habsburgischen Territoriums jenem Punkt kam, über den hinaus es nichts mehr zu verteilen geben würde, desto schärfer wurden auch die Konkurrenzkämpfe zwischen den Balkanvölkern.

Am Ende dieser Entwicklung, nach der Annexionskrise und weiteren Jahren voll Gewalt und Blutvergießen im Rahmen der zwei Balkankriege von 1912/13 und des Ersten Weltkriegs, regierten sich die Balkanvölker ab 1918 zwar endlich selbst, waren nun aber eine Gruppe kleiner, wirtschaftlich rückständiger, untereinander verfeindeter und im Inneren intoleranter Staaten. Liberalen Anhängern der nationalen Selbstbestimmung musste es schwerfallen, dieses zerstückelte und destabilisierte Südosteuropa mit ihren Idealen in Einklang zu bringen. Hatte im Falle Deutschlands und Italiens der Nationalismus des 19. Jahrhunderts aus einer Ansammlung winziger überholter Kleinstaaten größere und damit ökonomisch stärkere und politisch mächtigere Einheiten erzeugt, so hatte er auf dem Balkan genau das Gegenteil bewirkt und zu einer „Balkanisierung" geführt.

Alle Balkanstaaten, speziell aber das nach dem Ersten Weltkrieg gegründete erste Jugoslawien (1918–1941), wurden in Anlehnung an das französische Staatsmodell zentralistisch konzipiert, gleichzeitig aber kombiniert mit dem Nationsverständnis deutscher Prägung, also der Nation als Abstammungsgemeinschaft – eine unglückliche Verbindung, welche die Weichen für die ethnischen Konflikte des 20. Jahrhunderts stellte.

Also litt der erste jugoslawische Staat aufgrund seiner beispiellosen ethnischen und konfessionellen Vielfalt, divergierenden historisch-politischen Traditionen sowie gravierenden sozial-ökonomischen Unterschieden und damit verbundenen Verteilungskämpfen von Anbeginn am mangelnden inneren Zusammenhalt der vereinten Völker. Daran konnte auch die Umbenennung des Landes von „Königreich der Serben, Kroaten und Slowenen" in „Königreich Jugoslawien" im Jahr 1929 nichts ändern. Die anhaltenden serbischen Zentralisierungsbestrebungen im Gegensatz zu den föderalistischen Staatsvorstellungen bei den Kroaten und Slowenen, verschärft durch das große soziale Gefälle und die ungelöste Agrarfrage, die eine wirksame Armutsbekämpfung unmöglich machte, provozierten beziehungsweise verstärkten die Spaltung der Bevölkerung entlang nationaler Trennlinien.

Die gescheiterte Nationsbildung führte im April 1941 zur raschen Niederlage gegen Nazi-Deutschland und danach zu einem Kampf „jeder gegen jeden".

Bettina Poller

Von Hitler und Mussolini in eine Vielzahl angeschlossener, besetzter und scheinunabhängiger Gebiete zerpflückt, versuchten nahezu alle vormaligen Landesteile, ihre Pläne eines homogenen Nationalstaats durchzusetzen. Die kroatischen Faschisten der Ustascha-Bewegung, die einen ethnisch homogenen kroatischen Staat durchzusetzen versuchten, und die nationalserbischen Tschetniks als deren Hauptgegner taten sich besonders hervor; beide Parteien machten Bosnien-Herzegowina zum Zentrum eines Vernichtungskrieges.

Nach dem Zweiten Weltkrieg konnten der Partisanenmythos von „Brüderlichkeit und Einigkeit", das jugoslawische Wirtschaftswunder und vor allem das Ansehen des Partisanenführers und Staatsgründers, Josip Broz Tito, die ethnopolitischen Trennlinien entschärfen. Das neue, zweite Jugoslawien (1945–1991) war föderalistisch strukturiert, und an die Stelle des ethnonationalen Jugoslawismus im Sinne einer Abstammungsnation mit drei „Stämmen" – den Serben, Kroaten und Slowenen – trat nun der staatsbürgerliche Jugoslawismus; aus der *Volksnation* wurde eine *Staatsnation* mit ethnonationalem Pluralismus.

Doch schon mit dem Nachlassen des Wirtschaftsaufschwungs, spätestens aber mit dem Tod Titos im Jahr 1980 begannen sich die Nationalitäten erneut zu entfremden. Der Umstand, dass es nicht gelungen war, das traditionelle wirtschaftliche und soziale Entwicklungsgefälle von Nordwest nach Südost abzubauen, wurde als Vorwurf genutzt, wonach manche Teilrepubliken auf Kosten anderer lebten.

Das Ende des Ost-West-Konflikts führte dann zum Zusammenbruch: Das Modell des jugoslawischen „Dritten Weges", basierend auf den Prinzipien „Völkerfreundschaft", „Arbeiterselbstverwaltung" und „Blockfreiheit", war nun obsolet geworden. Vor dem Hintergrund der damit verbundenen gesellschaftlichen Krise und verschärft durch den ökonomischen Niedergang verbreiteten sich Verunsicherung und Orientierungslosigkeit; Sprache, Nation und Religion wurden für viele Menschen wieder zu wichtigen Bezugspunkten.

Als dann in den Teilrepubliken das Mehrparteiensystem eingeführt und erstmals die freie Wahl von Parlamenten möglich wurde, brach das komplizierte Netzwerk, das Jugoslawien seit Ende des Zweiten Weltkriegs zusammengehalten hatte, zusammen. Anders als in den anderen ehemals kommunistischen Staaten Osteuropas, wo die politischen Eliten und Bürokratien durch die gemeinsame Aktion der Bürger gestürzt wurden, erlebte in Jugoslawien der Ethnonationalismus seine Wiederkehr. Hier wurde die Konkurrenz um politische Macht wieder in ethno-politische Rivalität transformiert, und erneut begannen bei den Völkern Jugoslawiens jene Narrative zu dominieren, die in der jeweils eigenen Ethnie das Opfer von Verschwörungen sahen. Das war der Sprengstoff, der den Staat Jugoslawien schließlich zerriss.

„In the Balkans, No Wars are ‚Local'", schrieb die *New York Times* am 7. April 1999. Der mit der Sezession Sloweniens und Kroatiens am 25. Juni 1991 begonnene Auflösungsprozess Jugoslawiens, der erst im Februar 2008 mit der Unabhängigkeitserklärung des Kosovo sein (vorläufiges) Ende fand, bildete die Ursache für die erschütterndsten Ereignisse der europäischen Geschichte nach 1945. Ethnische Säuberungen, Massenmorde („Srebrenica") und andere Kriegsgräuel machten schließlich das Eingreifen ausländischer Kräfte notwendig.

Wie schon Jahrzehnte zuvor, als sich der Zusammenbruch des Osmanischen Reiches auf europäischem Boden abzeichnete, geriet auch im Zuge des Zerfalls Jugoslawiens der gesamte Westbalkan in einen erbarmungslosen Wettkampf um Territorien, je nach Bedarf begründet mit „historischen Rechten" oder dem Selbstbestimmungsrecht der Völker, und durchgesetzt mittels gewaltsamer Grenzkorrekturen. Und wie damals galt die nationale Befreiung als Voraussetzung für eine bessere Zukunft, „quasi als entwicklungspolitische Überwindungsstrategie" (Calic 2014, 34).

Erneut traf es Bosnien-Herzegowina am härtesten. Hier, im Herzen des Westbalkans, wo die Gemengelage der Ethnien eine allseits befriedigende Grenzziehung nicht zuließ, wurde zwischen 1992 und 1995 ein brutaler Krieg geführt, der erst durch das Eingreifen von NATO und EU beendet werden konnte. Doch auch heute noch ist der Ethnonationalismus hier die dominierende Macht- und Herrschaftstechnik, nicht zuletzt ermöglicht durch das Abkommen von Dayton von 1995, welches zwar nicht die völkerrechtliche Teilung Bosnien-Herzegowinas, wohl aber seine Trennung in zwei an nationalen Kriterien orientierte politische Einheiten – die bosnisch-kroatische Föderation Bosnien-Herzegowina und die serbisch dominierte Republika Srpska – festlegte und damit den Ethnonationalismus verfassungsmäßig verankerte. Im Ergebnis wird die Innenpolitik Bosnien-Herzegowinas immer noch maßgeblich bestimmt durch die von den politischen Eliten heraufbeschworene vermeintliche Bedrohung durch den „Anderen" und die daraus resultierenden Konflikte zwischen der Republika Srpska und dem bosnischen Zentralstaat.

Bis heute konnten weder NATO und Europäische Union noch deren internationale Friedenstruppen (EUFOR in Bosnien-Herzegowina und KFOR im Kosovo) den Westbalkan vollständig befrieden. Das Erbe der jugoslawischen Zerfallskriege stellt auch gegenwärtig noch eine schwere Hypothek für die bilateralen und regionalen Beziehungen in der Region dar, und selbst kleine zwischenstaatliche Unstimmigkeiten führen oftmals zu harschen Reaktionen.

Das Verhältnis Serbiens zu Kroatien durchläuft immer wieder schwierige Phasen, noch mehr jedoch sind die Beziehungen zwischen Belgrad

Bettina Poller

und Pristina belastet, denn nach wie vor betrachtet die serbische Regierung den Kosovo lediglich als politisch und rechtlich autonomen Teil Serbiens, statt die Unabhängigkeit des Kosovo, der wegen der Schlacht auf dem Amselfeld 1389 als Wiege der serbischen Identität und damit als unverzichtbares Territorium betrachtet wird, anzuerkennen.

Tatsächlich hatte es die internationale Gemeinschaft am Beginn der neunziger Jahre angesichts des Zerfalls Jugoslawiens versäumt, die entscheidenden Fragen zu stellen: Was kommt danach? Wie kann die destruktive Macht historischer Verklärung bekämpft werden? Und welche Strukturen braucht es, um die gesamte Region zu stabilisieren, statt bloß eine Reihe von *failed states* zu erzeugen? Während der Zerfallskriege war die EU verständlicherweise gerade damit beschäftigt, die Folgen des Mauerfalls und die deutsche Wiedervereinigung zu bewältigen. Darauf zielten die Beschlüsse von Maastricht 1991, welche die Wirtschafts- und Währungsunion sowie eine gemeinsame Außen- und Sicherheitspolitik vorsahen. Sie sollten die Ängste beruhigen, die das neue mächtige Deutschland auszulösen drohte, und das befürchtete Wiederaufleben des Nationalismus mittels einer „Vertiefung" der Gemeinschaft verhindern.

Man mag es als Ironie der Geschichte oder als tragische Pointe betrachten, dass die in Maastricht beschlossene Vertiefung der europäischen Integration nicht nur in der EU selbst keinen nachhaltigen Erfolg zeitigte. Auch im Westen der Balkanhalbinsel wirkten die Verträge als Katalysator für den Zerfall, da die Teilrepubliken nun versuchten, auf einen abfahrenden Zug – die immer enger zusammenwachsende Europäische Gemeinschaft – aufzuspringen. Die Dekonstruktion Jugoslawiens war somit nicht nur das Ergebnis des wiederauflebenden Ethnonationalismus; sie war auch der von den einzelnen jugoslawischen Teilrepubliken gewählte Weg, nach Europa zu gelangen, um die eigene wirtschaftliche Rückständigkeit zu überwinden. Der Zusammenbruch des südslawischen Bundesstaats stand somit in direktem Zusammenhang mit dem Fall des Eisernen Vorhangs, dem Untergang der Sowjetunion und dem – vermeintlichen – Sieg des Westens. Und er war in seinen Ursprüngen nicht so sehr das Ergebnis „ewigen ethnischen Hasses", sondern der Gespenster des Abstiegs, der Armut, der zunehmenden Unsicherheit und Angst.

Seit einigen Jahren tritt auch Russland durch seine Unterstützung Serbiens, der Republika Srpska und Montenegros wieder verstärkt als regionaler Player auf dem Balkan in Erscheinung. Dass Moskau damit in Rivalität zur ohnehin krisengeschüttelten und zunehmend gespaltenen Türkei kommt, an der sich die muslimische Bevölkerung in Bosnien zunehmend orientiert, erschwert die Situation noch zusätzlich.

Die Völker des Westbalkans haben im Verlauf des 20. Jahrhunderts auf der Skala zwischen Fremdherrschaft, nationaler Einigung und Staatszerfall alle Stufen durchlaufen – mit bitteren Konsequenzen für Millionen von Menschen.

Und auch heute noch sind die Probleme dieser Region ungelöst. Ihre Hoffnung und ihr Bestreben, die aus wirtschaftlicher Rückständigkeit, sozioökonomischen Spannungen und historischen Altlasten resultierenden Probleme hinter sich zu lassen, indem sie Mitglieder der Europäischen Union werden, hat sich bisher nur für einen Teil der Nachfolgestaaten Jugoslawiens – und auch für diese nur begrenzt – erfüllt.

In jenen Ländern, die (noch) nicht Mitglieder der EU geworden sind, allen voran Bosnien-Herzegowina, wächst aktuell der innen- wie außenpolitische Druck – und dies just zu einer Zeit, in der nicht nur die EU-Mitgliedschaft in weite Ferne gerückt ist, sondern auch die Europäische Gemeinschaft selbst in vielen ihrer Mitgliedstaaten mit alten und neuen Nationalismen konfrontiert wird. Von Großbritannien, das seinen Austritt aus der EU bereits beschlossen hat („Brexit"), über die Niederlande, Polen, Ungarn, Österreich und Frankreich – um nur einige zu nennen – zieht sich der Bogen, wo nationalistisch-reaktionäre Kräfte die EU zu sprengen drohen.

Die Habsburgermonarchie, das Osmanische Reich und auch beide jugoslawischen Staaten wurden von den Nationalisten als „Völkerkerker" wahrgenommen und sind letztlich an der Nationalitätenfrage gescheitert. Allerdings führten nicht die nationalen Konflikte an sich schon zur Zerstörung der Staaten: Das Habsburger- und das Osmanische Reich etwa wurden vor ihrem Untergang durch militärische Niederlagen und daraus resultierende Wirtschaftskrisen erschüttert. Im Falle anderer gescheiterter Staatsbildungen – etwa dem zweiten Jugoslawien – hat die ökonomische, politische und auch moralische Krise der kommunistischen Herrschaft eine bedeutende Rolle gespielt. Immer jedoch ist erkennbar, dass ethnisch-nationale Konflikte in Zeiten wirtschaftlicher Krisen und sozialer Ängste an Macht und Dynamik gewinnen.

In Verbindung mit der zunehmenden Globalisierung sowie dem damit einhergehenden steigenden Konkurrenzdruck und angeheizt durch skrupellose Demagogen erweisen sich diese Kräfte immer wieder als Treiber des Nationalismus. Denn nicht nur gilt der Nationalstaat immer noch vielen als bester Garant dafür, das eigene Gemeinwesen vor dem globalisierten Wettbewerb zu schützen („Protektionismus"), sondern der Nationalismus bietet auch jene „emotionale Heimat", welche die Menschen in unsicheren Zeiten suchen. In diesem Angebot einer Orientierung und Sicherheit (vor-) gebenden Gemeinschaftsideologie liegt die entscheidende sozialpsychologische Funktion des Nationalismus. Ethnische Spannungen und Konflikte

Bettina Poller

sind somit nicht die Ursache, sondern die Folge von wirtschaftlichen und sozialen Krisen.

Die Europäische Union läuft mittlerweile Gefahr, in einen ähnlichen Strudel aus Wirtschaftskrise, Abstiegsängsten, Verunsicherung und Orientierungslosigkeit zu geraten und an den dadurch genährten nationalistisch-reaktionären Bewegungen zu zerbrechen. Die EU muss sich daher jene Frage stellen, auf die tatsächlich bisher noch keine abschließende Antwort gefunden wurde: Wie muss ein politisches Gebilde organisiert sein, damit sich Bürger unterschiedlichster Ethnien, Kulturen, Traditionen und Religionen zugehörig und gleichberechtigt fühlen und es auch sind. Oder wie es der ungarische Minister für Nationalitätenfragen von 1918/19, Oscar Jászi, formulierte: „Wie ist es möglich, nationale Individualitäten mit sehr verschiedenen Idealen und Traditionen in einer solchen Art und Weise zu vereinen, dass jede von ihnen ihr eigenes besonderes Leben fortsetzen kann, während zur selben Zeit sie ihre nationale Souveränität hinreichend begrenzt, um eine friedliche und wirkungsvolle internationale Zusammenarbeit möglich zu machen?" (Zit. n. Jahn 2008, 348)

„Geschichte", so hat Mark Twain einst geschrieben, „wiederholt sich nicht, aber sie reimt sich." Um nicht wie die Habsburgermonarchie, das Osmanische Reich und die beiden jugoslawischen Staaten am Nationalismus zu zerbrechen, muss die EU somit erkennen, wie „jugoslawisch" ihre Probleme tatsächlich heute schon sind. Dabei sollten die Worte des bosnischen Intellektuellen Emin Zulfikarpašić Braca als Warnung gelten: „Nichts ist, wie es einmal war. Und nichts ist anders" (Calic 2014, 332).

1918

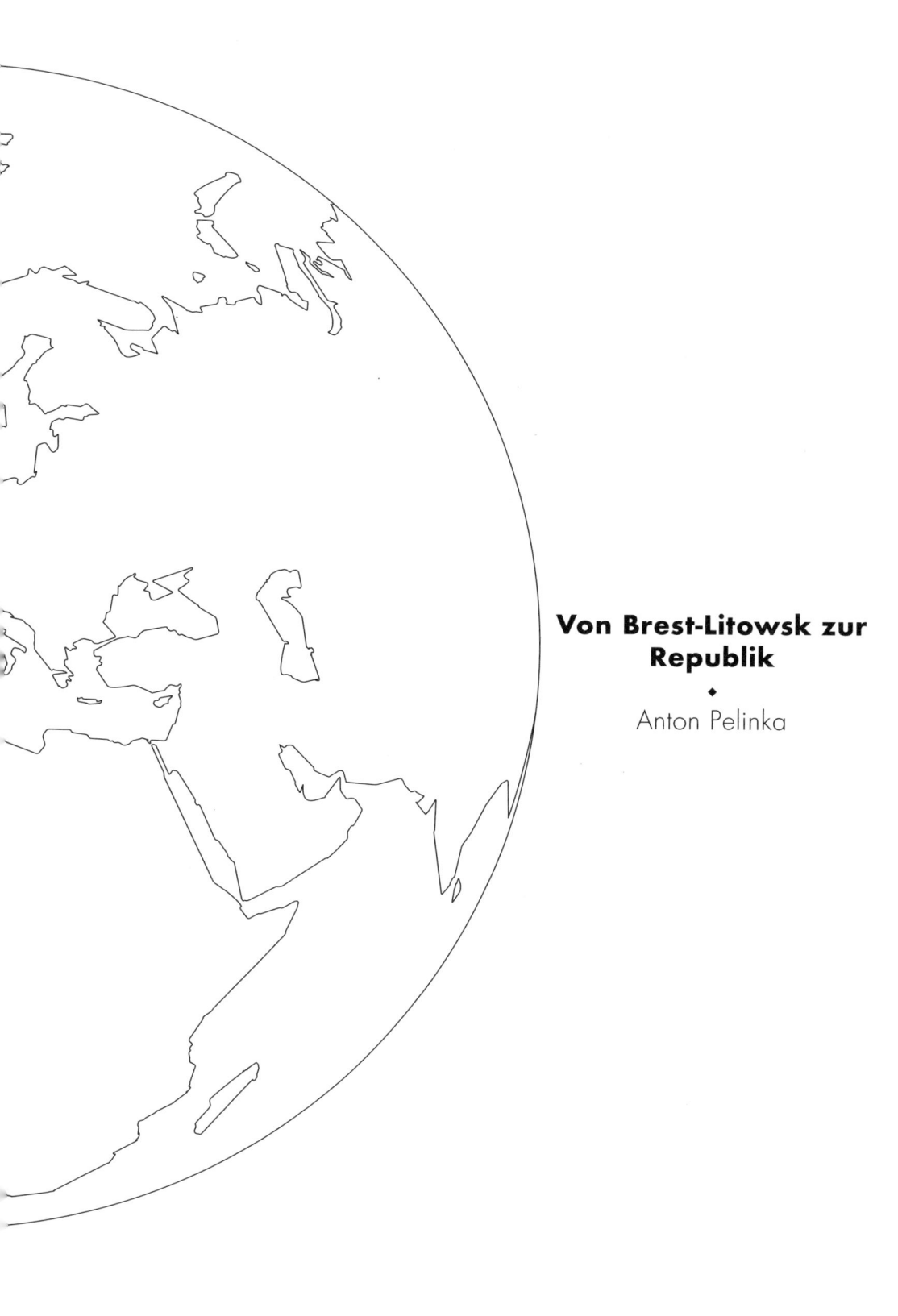

Von Brest-Litowsk zur Republik

◆

Anton Pelinka

Das Jahr 1918 hat – natürlich – seine Vor- und seine Nachgeschichte. 1918 endete der 1914 unter der Mitverantwortung einer extrem leichtfertigen Politik Österreich-Ungarns begonnene Krieg, der „Great War", der bald zum „Ersten Weltkrieg" werden sollte, weil das Jahr 1918 bereits die Ursachen für das Jahr 1939 in sich trug – für den „Zweiten Weltkrieg".

Österreich-Ungarn war in einer unverantwortlichen Hurrastimmung im Sommer 1914 in den Krieg gegen Serbien gezogen und hatte damit sein eigenes Ende eingeleitet. Die Mächte, die sich gegen das Deutsche Reich, Österreich-Ungarn, das Osmanische Reich und Bulgarien verbündet hatten, wussten 1918 zwar offenkundig, wie sie den Krieg gewinnen konnten; sie wussten aber nicht, wie sie einen dauerhaften Frieden gestalten konnten. Der Krieg, der – vorgeblich – geführt wurde, um den Krieg als Mittel der Politik aus derselben zu verbannen, führte zu einem Frieden, der keiner war.

Österreich-Ungarn war 1918 am Ende: Militärisch besiegt, hatte die k.u.k. Armee am 3. November 1918 kapituliert. Doch es war nicht nur eine militärische Katastrophe. Österreich-Ungarn hörte 1918 zu bestehen auf. Ungarn hatte sich noch vor der Kapitulation von der „Doppelmonarchie" gelöst, die Tschechoslowakei (das österreichische Böhmen und Mähren und die ungarische Slowakei) hatte sich für selbständig erklärt. Das wiedererstandene Polen war geografisch noch nicht klar definiert; dass es aber wesentliche Teile des alten Österreich umfassen würde, stand faktisch ebenso außer Frage wie das Aufgehen Triests und Trients im Königreich Italien sowie das der vornehmlich südslawischen Regionen der Habsburgermonarchie im zum Königreich der Serben, Kroaten und Slowenen umgewandelten Serbien (siehe auch den vorangegangenen Beitrag von Bettina Poller).

Was Ungarn war, stand prinzipiell außer Streit – ein um wesentliche Teile reduzierter Kern des Königreiches. Was hingegen Österreich war, das war völlig unklar. Denn die Terminologie des alten Reiches kannte zwar eine ungarische, nicht aber eine österreichische Nationalität. Und im herrschenden Verständnis des „Selbstbestimmungsrechts der Völker", wie es Woodrow Wilson zur ideologischen Überhöhung des Kriegseintrittes der USA 1917 verkündet hatte, waren Völker ethnisch-kulturell definierte Nationalitäten (Watson 2014, 561 f.). Für ein posthabsburgisches Österreich schien da kein Platz zu sein.

Doch die Existenz eines Staates Österreich wurde letztlich doch gesichert – durch die Realpolitik Frankreichs, die sich gegen die Idealpolitik der USA durchsetzte. Um eine Stärkung des besiegten Deutschen Reiches zu verhindern, wurde der „Rest" des alten Österreich gegen den erklärten Willen der deutschen Nationalität im Land zur Selbständigkeit gezwungen (Macmillan 2003, 243–256).

Anton Pelinka

1918 war das Jahr der Neuerfindung Österreichs: Entgegen der eigenen Überzeugung musste eine 1911 gewählte Gruppe von Parlamentariern einen Staat namens Österreich neu gestalten. Sie taten dies, und sie taten dies zunächst auch erfolgreich: Sie stellten die Weichen für eine demokratische Republik. Diese sollte sich im Laufe der folgenden eineinhalb Jahrzehnte zunächst selbst zerstören.

Erst nach dem „Zweiter Weltkrieg" genannten Massenmorden konnte die Republik sich als Demokratie stabilisieren. 1918 war das Jahr einer Gründung, deren dauerhafter Erfolg sich erst nach mehr als einer Generation erweisen konnte.

Brest-Litowsk – der scheinbare Triumph

„The First War Failed to End" (Gerwarth 2016). Der Krieg, der nicht zu Ende ging – das war der Krieg, der 1914 mit der Kriegserklärung Österreich-Ungarns an Serbien begonnen hatte, teilweise als Fortsetzung der Balkankriege von 1912 und 1913. Der erste umfassende Friedensvertrag des Krieges, unterzeichnet 1918, zeigte bereits die Defizite einer Friedensordnung, die keine war. Die Verträge von Versailles mit Berlin, Saint-Germain mit Wien, Trianon mit Budapest, Sèvres mit Istanbul und Neuilly mit Sofia sollten das fortsetzen, was Brest-Litowsk vorgezeichnet hatte: Alle diese Verträge waren Diktate der Mächte, die sich als Sieger fühlten und die Verlierer für den Krieg zahlen lassen wollten. Kurzfristige Kalküle standen im Vordergrund – langfristige Perspektiven mussten zurückstehen.

In Brest-Litowsk wollten die Mittelmächte die Trümmer des Russischen Reichs als Nachschubquelle nutzen: Russische Rohstoffe, russische Nahrungsmittel sollten den Mittelmächten in ihren entscheidenden, letzten Großoffensiven zum Sieg verhelfen. Millionen Soldaten des Deutschen Reiches und Österreich-Ungarns konnten nun von der Ostfront abgezogen werden, um im Westen oder im Süden das für einen Sieg notwendige Übergewicht herzustellen. Brest-Litowsk war nicht ein Instrument des Friedens, sondern der militärischen Überwältigung.

Österreich-Ungarn trat in Brest-Litowsk nur als Sekundärmacht in Erscheinung. Innerhalb des Bündnisses der Mittelmächte nahm das Deutsche Reich eine Vorrangstellung ein, die sich auf die Erfahrungen auf den verschiedensten Kriegsschauplätzen stützen konnte: Im Osten, Südosten und Süden hatte deutsches Eingreifen die militärischen

Rückschläge Österreich-Ungarns, des Osmanischen Reiches und Bulgariens auffangen müssen. Deutsche Interessen standen daher im Vordergrund, als die Vertreter Sowjetrusslands den Abgesandten der Mittelmächte, neben den genannten noch Bulgarien, gegenübersaßen.

Die Verhandlungen in Brest-Litowsk, die für Österreich-Ungarn Außenminister Ottokar Czernin leitete, dominierten deshalb die deutsche und die sowjetrussische Führung. Als sich die russische Seite gegenüber den deutschen Forderungen nicht gefügig genug zeigte, griff die deutsche Heeresleitung wieder zu den Waffen. Wladimir I. Lenin musste aus Petrograd, der Hauptstadt, dem sowjetrussischen Verhandlungsführer Leo Trotzki eine klare Weisung senden, den deutschen Forderungen nachzugeben. Österreich-Ungarn, das so rasch wie möglich einen Vertragsabschluss haben wollte, kam in diesem deutsch-russischen Poker keine besondere Bedeutung zu. Es erwies sich in der Stunde des scheinbaren Erfolges als zweitrangig.

Das Deutsche Reich diktierte. Neben der unmittelbaren militärischen Interessenlage, die auf die Überführung von Armeen von der Ost- an die Westfront konzentriert war, stand – als geopolitisches Muster – ein Konzept zur Gestaltung des Raumes im Mittelpunkt: „Mitteleuropa" – eine imperiale deutsche Vorstellung von einer durch *soft power* beziehungsweise ökonomische Verflechtungen sichergestellten deutschen Hegemonie im gesamten Territorium zwischen Berlin und Petrograd.

Diese Vision ließ für Österreich wenig Raum. „Mitteleuropa" war „imperiale deutsche Geografie" (Johnson 2011, 156). Im geopolitischen Konflikt zwischen einem deutschen und einem russischen Anspruch auf Vorherrschaft konnte Österreich keine eigenständige Rolle finden. Was immer auch aus Österreich-Ungarn hätte werden können, es sollte gerade durch den Sieg über Russland im Schatten Deutschlands bleiben – wie es auch 1941 durch einen möglichen Sieg des zum NS-Staat mutierten Deutschland über das in die Sowjetunion verwandelte Russland verschwunden geblieben wäre.

Brest-Litowsk demonstrierte die Unfähigkeit Österreich-Ungarns, ein klares Konzept für die Gestaltung und damit Rettung der in den Nationalitätenkonflikten intern gelähmten Doppelmonarchie zu entwickeln. Die Zukunft Polens blieb in Brest-Litowsk offen: Das deutsche Interesse, in Osteuropa ein Ensemble von Kleinstaaten zu schaffen und diese in Abhängigkeit von deutschen Interessen zu halten, kollidierte mit den österreichisch-ungarischen (und speziell österreichischen) Interessen, sich der Loyalität der einzelnen Nationalitäten zu versichern, um so dem Vielvölkerstaat Stabilität zu verleihen.

Anton Pelinka

Die Repräsentanten polnischer Interessen konnten sich mit den Bestimmungen von Brest-Litowsk jedenfalls nicht identifizieren: Was mit der „polnischen Frage" geschehen sollte, wo die Grenzen eines wiederhergestellten Polen zur in Brest-Litowsk als unabhängig anerkannten Ukraine verlaufen sollten, betraf das österreichische Galizien massiv. Österreich-Ungarn konnte mit dem „Brotfrieden" von Brest-Litowsk keinen Ausgleich zwischen den polnischen und ukrainischen Interessen finden.

Ausdruck dieses Ungenügens war, dass die zweite Brigade der Polnischen Legion – die im Sinne der Politik Józef Piłsudskis zuerst aufseiten der österreichisch-ungarischen Armee gekämpft hatte – sich gegen diese wandte und sich mit polnischen Einheiten der zerfallenen Russischen Armee vereinte. Österreichs „polnische Karte" ging in Brest-Litowsk verloren: Die Gebiete West-Galiziens mit Krakau und Ost-Galiziens um Lemberg (Lwów, Lwiw) hatten innerhalb Österreichs ja viel mehr Autonomie als die polnischen Gebiete unter preußisch-deutscher oder unter russischer Herrschaft. Doch das konnte Österreich-Ungarn 1918 nicht zu seinem Nutzen verwenden.

In der Stunde des – scheinbaren – Sieges, bei der Unterzeichnung des Vertrages von Brest-Litowsk, blieb Österreich-Ungarn gefangen im Nationalitätenkonflikt. Um Nahrungsmittellieferungen aus der Ukraine sicherzustellen, versuchte Österreich-Ungarn den ukrainischen Positionen entgegenzukommen – und stieß damit die polnischen Interessen vor den Kopf. Der Gegensatz zwischen ukrainischen (ruthenischen) und polnischen Ansprüchen hatte ja schon vor 1914 im Raum von Lemberg die Politik Österreichs vor große Herausforderungen gestellt – wollte man den einen Ansprüchen nachgeben, musste man die anderen verletzen, und umgekehrt.

Der von österreichisch-ungarischer Seite als „Brotfrieden" geplante Vertrag von Brest-Litowsk brachte letztlich weder Brot noch Frieden. Nicht anders bewiesen die im folgenden Jahr rund um Paris geschlossenen Verträge, dass von der hehren Vorstellung, der „Große Krieg" sei zur Beendigung aller Kriege geführt worden, nichts übrig blieb.

Die Bedeutung von Brest-Litowsk besteht auch darin, dass Zustandekommen und Inhalt des Vertrages die Einseitigkeit der Empörung enthüllten, mit der Versailles, Saint-Germain und Trianon aufseiten der Besiegten in den kommenden Jahren wahrgenommen wurden. Insbesondere das deutsche und das ungarische Opfernarrativ, aber auch das österreichische – etwa mit Bezug auf die Brenner-Grenze –, gelten nicht Verträgen, die sich als erst- oder einmalig bösartig einordnen ließen. Diese schließen in ihrer Unfähigkeit, ein größeres Bild einer dauerhaften Friedensordnung zu zeichnen, an eine Vorgeschichte an – und Brest-Litowsk war Teil dieser Vorgeschichte. Die Verantwortung für Brest-Litowsk aber hatten diejenigen, die bald darauf die großen Verlierer waren, und damit auch Österreich.

Brest-Litowsk erwies sich für Österreich-Ungarn, aber auch für die übrigen Mittelmächte als ein doppeltes Desaster: Der Vertrag brachte letztlich weder militärisch noch wirtschaftlich die Vorteile, die sich Österreich-Ungarn erhofft hatte. Und die Form des Friedensschlusses – Friede durch Diktat der militärischen Sieger ohne Rücksicht auf weiterführende Perspektiven – nahm der dann bald nach 1918 einsetzenden Empörung über die behauptete Besonderheit, ja Einmaligkeit des Diktatfriedens der anderen Seite letztlich jede Glaubwürdigkeit.

Auch militärisch konnte Österreich-Ungarn Brest-Litowsk nicht nutzen: Das Ende des Krieges an der Ostfront ermöglichte zwar die deutsche Offensive an der Westfront und die österreichisch-ungarische im Süden, doch der Angriff der k.u.k. Truppen am Piave kam bald zum Stehen. Darüber hinaus wurden die politischen Widersprüche innerhalb Österreich-Ungarns, das sich in den Gegensätzen der Nationalitäten und Nationalismen festgefahren hatte, nur noch vertieft. Brest-Litowsk, zunächst als die große Chance für einen Frieden ohne Niederlage gesehen, konnte ebendiese doppelte Niederlage nicht abwenden – die militärische nicht, und die politische erst recht nicht.

In der k.u.k. Armee schien die Disziplin insgesamt noch zu halten – trotz der Versuche, slawische Truppenteile zum Aufgeben, zur Desertion zu motivieren. Tschechoslowakische Einheiten kämpften auf der Seite der Entente und standen tschechischen und slowakischen Soldaten in k.u.k. Uniform gegenüber; polnische Einheiten kämpften für den Zaren gegen die Polnischen Legionen, die nach Piłsudskis primär antirussischer Orientierung ihre nationalen Hoffnungen bis 1917/18 auf Österreich gesetzt hatten. Die k.u.k. Armee hatte 1918 vermehrt mit Auflösungstendenzen zu kämpfen, wurde aber letztlich militärisch besiegt, sie löste sich nicht einfach auf.

Der Zerfall im Innern

Die sich abzeichnende militärische Niederlage beschleunigte die politische Auflösung. Die letzte, am 25. Oktober 1918 vom Kaiser bestellte österreichische Regierung unter Heinrich Lammasch verstand sich als „Exekutivkomitee vereinigter nationaler Regierungen" (Watson 2014, 544). Doch dieser Versuch, Österreichs Umwandlung in eine Union weitgehend selbständiger, auf dem Nationalitätenprinzip aufbauender Staaten, erfolgte nicht fünf

Minuten vor, sondern fünf Minuten nach zwölf. Woodrow Wilson hatte schon am 20. Oktober mit der Anerkennung des tschechoslowakischen Nationalkomitees die wohl letzte Hoffnung auf ein Weiterbestehen eines multinationalen Österreich zerstört, wie es der Kaiser in seinem Manifest vom 16. Oktober skizziert hatte.

Die ungarische Regierung hatte bereits erklärt, sich nicht mehr an den „Ausgleich" von 1867 gebunden zu fühlen, und damit das mühsam ausgehandelte Gleichgewicht zwischen den beiden Hälften der Doppelmonarchie beziehungsweise die Verbindung mit Österreich beendet. Das wiedererstandene Polen wurde am 7. Oktober proklamiert, am 28. Oktober erklärte die Tschechoslowakei ihre Unabhängigkeit, die Ausrufung des Königreichs der Serben, Kroaten und Slowenen folgte am 1. Dezember.

Was schließlich, als Ergebnis des Zerfalls der alten Ordnung, die Republik Österreich werden sollte, war der Rest des Reiches, der nicht von den sich lösenden Nachfolgestaaten beansprucht werden konnte. Das neue Österreich war definiert durch eine Summe von Verlegenheiten, die wiederum Folge mehrerer Katastrophen waren. Dieser „Rest" verstand sich als deutsch – im Einklang mit der Begrifflichkeit von Nationalität, die auf die Sprachen abgestellt war. Und dieses Rest-Österreich wollte sich auch auf das von Woodrow Wilson offensiv vertretene Selbstbestimmungsrecht der Völker berufen, als es die neu gegründete Republik nicht nur als „deutsch", sondern auch als Teil der deutschen Republik definierte.

Das war, vor dem Hintergrund des Jahres 1918, nur konsequent und auch demokratisch legitim: Wenn die Tschechen und Slowaken ihre Republik bekamen, wenn Brest-Litowsk eine unabhängige Ukraine geschaffen hatte und alle Mächte ein unabhängiges Polen anstrebten, wenn auch ohne klar definierte Grenzen, aber unter Berufung auf das nationale Selbstbestimmungsrecht – warum sollte den Deutschen in Österreich, die in der Monarchie ebenso deutsch gewesen waren wie die Tschechen tschechisch und die Polen polnisch, ebendieses Recht vorenthalten werden?

Ex post kann nicht festgestellt werden, bis wann der Zug, der das alte Österreich in den Untergang führte, noch hätte angehalten werden können. Als die Sprachenreform unter Ministerpräsident Kasimir Badeni zwar 1897 im Reichsrat beschlossen, dann aber nicht umgesetzt werden konnte? Oder hatte man bereits beim „Ausgleich" mit Ungarn die letzte Gelegenheit vertan, als ein magyarischer Nationalstaat entstand, der jede Reform, die unvermeidlich auf eine Besserstellung der nicht-deutschen und nicht-ungarischen Nationalitäten hätte hinauslaufen müssen, als Gefährdung seiner Interessen sehen musste? Oder war angesichts des Siegeszuges, den der Nationalismus als das Staat und Politik gestaltende Prinzip im 19. Jahrhundert angetreten hatte, ein Vielvölkerstaat ganz einfach nicht zu retten?

69

Der Weltkrieg hatte zum Ende dreier Reiche geführt. Alle drei – das Russische Reich, das Osmanische Reich und eben Österreich-Ungarn – standen dem aufsteigenden Nationalismus im Wege. Österreich-Ungarn wurde nicht primär oder zumindest nicht nur vom Krieg zerstört – den hatte ja das nationalstaatlich organisierte Deutsche Reich ebenso verloren, aber ohne dass seine staatliche Existenz damit am Ende gewesen wäre. Es war die innere Lähmung, die Österreich-Ungarn zum Untergang verurteilte – sein Unvermögen, aus einem aus dynastischem Denken kommenden Reich einen demokratisch legitimierten Bund der Völker zu machen. Der Krieg war der letzte Anstoß. Die Ursachen hatten sich schon viel früher abgezeichnet.

Bevor dem alten Österreich der Kaiser abhandenkam, verlor es bereits seine Nationalitäten: Ungarn versuchte, sich vom sinkenden Schiff der habsburgischen Ordnung zu retten, indem es noch kurz vor der Kapitulation der k.u.k. Truppen die 1867 vereinbarten Bande mit „Cisleithanien" durchschnitt. Tschechische und slowakische Politiker im Exil hatten sich bereits mit den westlichen Alliierten auf die Gründung eines neuen Staates geeinigt, der in seiner Multinationalität eine zweite Schweiz zu werden versprach – sich dann aber in den Augen vieler als Weiterführung des alten Habsburgerreiches unter den Vorzeichen neuer nationaler Hegemonien erweisen sollte. Italien pochte auf die Umsetzung der geheimen Zusagen im Londoner Vertrag von 1915, der das Königreich zur Kriegserklärung an Österreich-Ungarn veranlasst hatte. Und schließlich meldete das wiedergegründete Polen seine Gebietsansprüche an.

Österreich-Ungarn taumelte seinem Ende entgegen: Brest-Litowsk hatte nicht den militärischen Umschwung ermöglicht und auch die Versorgungskrise nicht gelöst. Hungerunruhen in allen Teilen des Reiches führten zu einer Erosion der politischen Legitimität. Der neue Kaiser Karl I., der Ende 1916 seine „Herrschaft" angetreten hatte, konnte mit dieser immer weniger anfangen. Er versuchte, durch die Einberufung des Reichsrates die Basis des Regimes wieder zu verbreitern und das Potenzial der Sozialdemokratie als loyale Opposition ins Spiel zu bringen. Und ein Teil der Sozialdemokratie war dazu auch bereit. Karl Renner ging noch weiter – er verschloss sich auch nicht der Möglichkeit, kaiserlicher Minister zu werden, doch die Parteilinke hinderte ihn an der Übernahme einer solchen Funktion.

Kaiser Karl hatte auch versucht, sich von der immer stärker spürbaren Abhängigkeit von der deutschen Politik, die bis zum Spätsommer 1918 auf einen „Siegfrieden" aus war, frei zu machen. Karls Versuche, durch geheime Kontakte mit Frankreich Friedensmöglichkeiten auszuloten, waren allerdings schon 1917 gescheitert. Eben auch deshalb war 1918 in Brest-Litowsk

Anton Pelinka

das politische und militärische Gewicht Österreich-Ungarns auf einem Tiefpunkt.

Was Wunder, wenn sich nun die Strategie des „Rette sich, wer kann" durchsetzte: Wer wollte mit dem alten Reich untergehen? Nicht die Ungarn und nicht die Tschechen und nicht die Slowaken und nicht die Polen Galiziens und erst recht nicht die Italiener in Triest oder Trient. Letztlich stand niemand für die alte Ordnung ein, auch nicht die 1918 gegründete Republik, die sich ab 1920 Österreich nennen musste. Sie sollte in Saint-Germain einen Staatsvertrag unterzeichnen – nicht etwa einen Friedensvertrag. Denn diese neue Republik sah sich, aus gut nachvollziehbaren Gründen, nicht in der Rechtsnachfolge des alten Reiches. Außenpolitisch kaum handlungsfähig, militärisch entscheidend geschwächt und innenpolitisch mit einer Reformpolitik, die wohl am besten mit „auf halbem Weg und mit halben Mitteln" zu umschreiben ist, war das alte Österreich 1918 an seinem Ende angelangt.

Die Republik

Am 21. Oktober 1918 erklärten deutschsprachige Abgeordnete des 1911 gewählten Abgeordnetenhauses des österreichischen Reichsrates sich zur „Provisorischen Nationalversammlung". Dieses parlamentarische Gremium gliederte sich in drei Fraktionen: Sozialdemokraten, Christlichsoziale, Deutschnationale. Damit waren die internen Strukturen der weiteren, zur Republik Österreich führenden Entwicklungen vorgegeben. Es waren diese aus der Monarchie kommenden Parteien, die nun die politischen Weichen stellen würden anstelle der vom Kaiser ernannten Regierung, anstelle der k.u.k. Bürokratie, anstelle der im Kriege auch politisch so einflussreichen Militärführung.

Am 3. November kapitulierten die Streitkräfte Österreich-Ungarns – fast im Gleichklang mit der Kapitulation der Streitkräfte Bulgariens, des Osmanischen Reiches und schließlich auch des Deutschen Reiches. Am 11. November zog Karl, Kaiser von Österreich und König von Ungarn, die Konsequenz aus der Niederlage und der Auflösung des Reiches in die verschiedenen Nachfolgestaaten: Er dankte ab beziehungsweise verzichtete auf die Ausübung der Amtsgeschäfte. Am 12. November rief die Provisorische Nationalversammlung die „Republik Deutschösterreich" aus und erklärte diese zu einem „Bestandteil der Deutschen Republik". Die drei Parteien bildeten eine Konzentrationsregierung mit dem Sozialdemokraten Karl Renner als Staatskanzler.

Damit war eine Republik gegründet, deren Grenzen nicht feststanden und die sich erst an die Definition ihres Charakters heranzutasten hatte. Die

Provisorische Nationalversammlung am 21. Oktober 1918: Die Zukunft Rest-
Österreichs wurde in der Zugehörigkeit zu Deutschland gesehen. Am 12. November 1918 wurde die „Republik Deutschösterreich" ausgerufen (Bild unten: Szene
vor dem Parlament, Darstellung von Wilhelm Gause). Ein Anschluss wurde aber
1919 im Vertrag von Saint-Germain untersagt.

Republik war – zunächst, zuallererst – ein Produkt geopolitischer Gegebenheiten: Österreich-Ungarn hatte kapituliert, Ungarn hatte sich von Österreich gelöst und die nicht-deutschen Nationalitäten der österreichischen Reichshälfte bildeten, mit Unterstützung der Siegermächte, Nachfolgestaaten. Der Anschluss an die zeitgleich gegründete Weimarer Republik wurde den österreichischen Republikgründern aber verwehrt, wie bald klar wurde, als die Siegermächte 1919 in Versailles Deutschland die Bedingungen diktierten. Das „Selbstbestimmungsrecht der Völker" musste hinter den geostrategischen Interessen der Sieger zurückstehen.

Diese in Paris definierten Interessen der Sieger sollten nicht nur den Handlungsspielraum von „Deutschösterreich" einschränken, sondern diesem auch die mit Berufung auf das Selbstbestimmungsrecht beanspruchten Gebiete verweigern. Die mehrheitlich von deutschsprechenden Bürgern des alten Österreich bewohnten Gebiete Böhmens und Mährens und des südlichen Tirol fielen schließlich nicht an die neue Republik.

Diese Einschränkungen waren im Moment der Republikgründung noch nicht so eindeutig sichtbar. Die Regierung Renner ging an die Arbeit der Gestaltung einer politischen Ordnung, deren äußere Grenzen noch nicht geklärt waren. Es gab freilich einige Grundwerte, die unumstritten blieben: Die Republik sollte demokratisch sein. Deshalb beschloss die Provisorische Nationalversammlung die Wahl der Konstituierenden Nationalversammlung – und sie legte auch fest, dass für diese erste republikanische Wahl ein neues Wahlrecht gelten sollte: Das allgemeine Männerwahlrecht, das für die Wahl des Abgeordnetenhauses des alten Österreich ab 1907 gegolten hatte, wurde zu einem allgemeinen (und gleichen) Frauen- und Männerwahlrecht erweitert. Und das Mehrheitswahlrecht, das in der Monarchie auf der Grundlage von Einerwahlkreisen bestand, wurde durch den Grundsatz der Verhältniswahl ersetzt. Beide Weichenstellungen wurden, weil als selbstverständlich akzeptiert, auch in das 1920 beschlossene Bundes-Verfassungsgesetz übernommen und bilden seither die demokratische Grundlage der Ersten wie auch der Zweiten, 1945 wiedergegründeten Republik.

Doch in anderen Bereichen dominierte Ratlosigkeit. Denn um die Jahreswende 1918/19 war überhaupt nicht klar, wohin sich der europäische Großraum, der bis 1914 vom Deutschen, Russischen und vom österreichisch-ungarischen Reich bestimmt gewesen war, entwickeln würde. Auf den Trümmern des Zarenreiches hatte sich eine Sowjetrepublik etabliert, deren Zukunft Ende 1918 völlig offen erscheinen musste: Würde sie den Bürgerkrieg gegen die „weißen", antikommunistischen Armeen und die militärischen Interventionen der Entente überstehen? War das marxistisch-leninistische Einparteiensystem ein Modell für die Zukunft Europas, ja der Welt?

In Mitteleuropa entstanden 1919 „Räterepubliken" – in Ungarn mehr, in Bayern weniger am sowjetrussischen Modell orientiert. Beide scheiterten, auch und wesentlich an der militärischen Übermacht ihrer Feinde. Aus der Sicht des November oder des Dezember 1918 war all dies aber nicht vorhersehbar. In Österreich existierte eine noch vor der Kapitulation gegründete Kommunistische Partei, die sich an der russischen Oktoberrevolution orientierte, und die den Anspruch der Sozialdemokratischen Arbeiterpartei, für die Arbeiterklasse schlechthin zu sprechen, infrage stellte. Dass die Sozialdemokratie sich für den parlamentarischen Weg entscheiden und ihre dominante Stellung auf der Linken verteidigen würde, war im November 1918 nicht vorherbestimmt. Die Absage der Sozialdemokratie an den sowjetrussischen Weg und ihre Fähigkeit, sich als hegemoniale Arbeiterpartei zu behaupten, war für die Überlebensfähigkeit der von der Sozialdemokratie mit gegründeten Republik entscheidend – aber eben zunächst alles andere als gesichert.

Die Sozialdemokratie hatte jedenfalls entscheidenden Anteil daran, dass die Republik als eine parlamentarische Ordnung, als ein liberal-demokratisches Mehrparteiensystem verstanden wurde, nicht als eine Räterepublik. In dieser Abgrenzung waren sich der „rechte" Flügel um Karl Renner und der „linke" Flügel, dem Otto Bauer zugerechnet wurde, einig.

Otto Bauer kam bei der Grenzziehung gegenüber dem sowjetischen beziehungsweise dem rätedemokratischen Modell besondere Bedeutung zu: Er war als Leutnant der österreichisch-ungarischen Armee in russische Kriegsgefangenschaft geraten und konnte daher eine direkte Erfahrung mit den Bedingungen des russischen Revolutionsjahres 1917 beanspruchen. Er wurde 1918 (und in den Jahren danach) gebraucht, um der evolutionären Politik der Sozialdemokratie eine revolutionäre Rhetorik zu verleihen und die Partei insgesamt „linker" erscheinen zu lassen, als sie tatsächlich war.

Alle Gründungsparteien der Republik verstanden sich in Übereinstimmung mit der vor 1914 herrschenden Begrifflichkeit von Nationalität als „deutsch". Und gerade weil die Zukunft der „Sudetengebiete" und Südtirols 1918 unklar war, gab es in der Provisorischen Nationalversammlung einen breiten Konsens darüber, dass die Zukunft von Rest-Österreich nur in der Zugehörigkeit zu Deutschland bestand, das ja, trotz zu erwartender Gebietseinbußen, als großer Staat weiterbestehen würde. Freilich: Mit welcher Intensität Rest-Österreich auf dem Anschluss an die neu geschaffene deutsche Republik beharren sollte, das war nicht klar.

Anton Pelinka

Otto Bauer, der in Nachfolge des kurz nach der Republikgründung verstorbenen Viktor Adler Außenminister der Provisorischen Regierung geworden war, weigerte sich, das „Anschlussverbot" zu akzeptieren. Er trat schließlich zurück, als Renner am 10. September 1920 als Staatskanzler den Vertrag von Saint-Germain unterzeichnete. Bauer hatte sich bereits im Vorfeld geweigert, nach Paris zu fahren. Er wollte nicht mit einer Politik identifiziert werden, die den Kleinstaatscharakter der neuen Republik zementierte.

Am Ende des Jahres 1918 schien Rest-Österreich in jeder Hinsicht ein Provisorium zu sein. Es war zur Republik gezwungen, weil ihm der Kaiser abhandengekommen war. Auch die Entscheidung gegen eine Räterepublik und für eine liberal-demokratische, parlamentarische Republik – eine Entscheidung, die sich 1918 schon abgezeichnet hatte, bevor sie 1920 in der Verfassung festgeschrieben wurde – war eher ein pragmatisches Reagieren als ein aktives Gestalten: Eine parlamentarische Demokratie schien ganz einfach die einzige Option, die im November 1918 Sozialdemokraten, Christlichsoziale und Deutschnationale gemeinsam vertreten konnten.

Und der „Anschluss"? Diese Idee sollte durch die nächsten zwei Jahrzehnte das klein gewordene Österreich belasten: zunächst als demokratisch legitime Konzeption, der die geopolitischen Interessen der Großmächte entgegenstanden, dann als Aktionsprogramm des Nationalsozialismus, der sich ab 1933 anschickte, seine totalitäre Herrschaft auch auf Österreich auszudehnen.

War die Gründung der Republik in einer „Stunde null" erfolgt, war sie ein Neuanfang? Ja und nein. Die Gründer der Republik, des republikanischen Rest-Österreich, waren tief verwurzelt im alten, in Großösterreich. Die Parteien trugen die Erfahrungen, aber auch den Ballast einer untergegangenen Ordnung mit sich; die Erfahrungen, auch den Ballast eines Scheiterns politisch gestalteter Multinationalität und Multikulturalität. In diesem Sinne war die Gründung der Republik nur ein Nachspiel zur Geschichte des Reiches von gestern.

Dass die 1919 gewählte Verfassungsgebende Nationalversammlung sich zwar über das Bundes-Verfassungsgesetz, nicht aber über die Formulierung eines Grundrechtskatalogs einigen konnte und daher die 1867 im Staatsgrundgesetz kodifizierten Normen einfach übernahm, war ein deutliches Signal für die Ambivalenz der Republikgründung: Sie übernahm mit den liberalen Grundrechten nicht den schlechtesten Teil der alten Ordnung. Es brachte aber auch zum Ausdruck, dass die Republikgründer nicht in der Lage waren, auf der Grundlage eines breiten Konsenses einen eigenen Rechtekatalog zu formulieren.

Das Jahr 1918 war aber auch ein Neuanfang: Aus Verlegenheit, aber auch in einem professionell umgesetzten Pragmatismus wurde eine Republik auf den Weg gebracht, die zwar zunächst scheitern sollte, die aber wenige Jahre nach ihrem Untergang neu entstehen konnte und zu dem erfolgreichsten Österreich werden sollte, das es je gab. Dieser Erfolg, gemessen an der Garantie individueller politischer Freiheit und am Ausmaß sozialer Sicherheit, war auch der Erfolg der Republikgründer von 1918.

1918: Alles und das Gegenteil von allem

Die Weichenstellungen, die in Wien 1918 vorgenommen wurden, waren taktische Meisterleistungen. 1911 gewählte Parlamentarier, die bis dahin im Schatten einer alten Ordnung gestanden hatten und vom Kaiser und seiner Regierung nur dann respektiert wurden, wenn sie ihm nützlich sein konnten, hatten das aus der Kapitulation der Streitkräfte und der Abdankung des Kaisers entstandene Vakuum zu füllen verstanden. In einer Atmosphäre, in der sich alles aufzulösen schien, verschafften sie sich Autorität und gaben dem Rest, den die anderen Nachfolgestaaten übrig gelassen hatten, eine politische Struktur.

Die Parteien, gegliedert in die Fraktionen des alten Reichstages, schufen einen Nachfolgestaat neben den anderen Nachfolgestaaten. Sie erklärten sich zur Provisorischen Nationalversammlung. Und sie leiteten einen Prozess politischer Konstruktion ein: 1919 wurde auf der Grundlage eines nunmehr auch die Frauen einschließenden allgemeinen Wahlrechtes eine Verfassungsgebende Nationalversammlung gewählt, die eine Verfassung zustande brachte, eine Verfassung, die sich als die beständigste aller geschriebenen Verfassungen Europas erweisen sollte.

Zwar reichte das nicht aus, um diese stabile Verfassung – das Bundes-Verfassungsgesetz von 1920 – mit einem stabilen demokratischen Inhalt zu füllen. Doch der Versuch wurde gemacht. Und für diesen Versuch standen vor allem zwei Politiker, die für den flüchtigen Schein demokratischer Stabilität verantwortlich waren: Ignaz Seipel und Karl Renner.

Was die Parteien, was die aus dem alten Österreich kommenden Politiker wie Seipel und Renner erreichten, war vor allem durch das definiert, was nicht möglich war: Die Monarchie war zu Ende, den Abgeordneten war der Kaiser abhandengekommen. Die Konstruktion eines transnationalen, eines multinationalen Reiches war versperrt: Ungarn war unabhängig, die Tschechoslowakei war bereits gegründet, die italienische Armee stand in Triest und südslawische Truppen schickten sich an, die gemischt- oder slowenischsprachigen Gebiete der Steiermark und Kärntens zu besetzen. Die Republikgründer des November 1918 hatten zur Kenntnis zu nehmen, dass eine ihr Handeln bestimmende und einengende Tatsache das Ende Österreichs als Vielvölkerstaat war.

Seipel und Renner hatten gemeinsam, dass sie im alten Österreich verwurzelt und ihre politischen Karrieren in der konstitutionellen Monarchie schon weit fortgeschritten gewesen waren: Seipel hatte in der Schlussphase der Monarchie als kaiserlicher Minister amtiert und Renner war als Minister im Gespräch gewesen. Die Überlegung der kaiserlichen Regierung, mit Renner einen Sozialdemokraten in die Regierungsverantwortung zu nehmen, scheiterte am Widerstand des linken Flügels von Renners Partei.

Seipel und Renner stellten 1918 die Weichen in Richtung Republik – nicht weil sie damit eine bestimmte Programmatik umsetzen wollten; nicht weil sie so ihre eigenen Grundsätze in politische Realität verwandeln hätten können. Sie wurden zu Republikgründern, weil sie vor allem Pragmatiker waren und weil sie zu erkennen vermochten, was unter den Rahmenbedingungen der Niederlage und des Zerfalls des alten Österreich möglich und was nicht möglich war.

Ignaz Seipel war 1918 die Schlüsselfigur der Christlichsozialen Partei. Er sorgte dafür, dass die sowohl in ihrer bäuerlichen wie auch bürgerlich-städtischen Komponente Habsburg-treue Partei den Übergang zur Republik mittrug. Seipel, der Priester-Politiker, war ein von der Tradition katholischer Scholastik geprägter Akteur. Er wurde 1918 nicht Republikaner aus Überzeugung, er akzeptierte die Republik als das kleinste Übel unter allen realen Optionen: Die Republik, beschlossen im Schulterschluss mit der Sozialdemokratie, versprach, das größere Übel – eine Räterepublik nach russischem oder ungarischem oder bayerischem Muster – vermeiden zu helfen. Der kaiserliche Minister wurde zum Republikaner, weil Habsburg nicht zu retten war und weil alle anderen Möglichkeiten für die Interessen Seipels (und seiner Kirche) bedrohlicher als die Republik waren.

Seipel war Republikaner auf Zeit – sobald sich das Kräfteparallelogramm europäischer Politik zu verschieben begann, um 1930, sollte er schrittweise Abstand von der demokratischen Republik nehmen, deren Strukturen er mit entworfen hatte. Er sprach sich immer deutlicher für eine „wahre" Demokratie aus, die vage blieb, deren Konturen aber **77** immer mehr dem Faschismus à la Mussolini glichen. 1933 und 1934, kurz nach Seipels Tod, wurde Österreichs „wahre" Demokratie etabliert: „Im Namen Gottes, des Allmächtigen", wie es in der Präambel der Verfassung vom 1. Mai 1934 hieß. Der Seipel der jungen Republik war derselbe Seipel wie der in ihrer Endphase. 1918 half er mit, die Republik zu errichten; um 1930 half er mit, die Republik zu untergraben. Seipel war eben ein scholastischer Politiker – die Inhalte seines politischen Wirkens passten sich den geänderten Rahmenbedingungen an.

Karl Renner war, wie Seipel, im November 1918 nicht deshalb Republikaner, weil er zuvor ein Gegner der Monarchie gewesen wäre. In der Auflösungsphase der Monarchie hatte er – im Widerspruch zu weiten Teilen seiner eigenen Partei – sich gegen die Absolutsetzung des Selbstbestimmungsrechtes der Nationalitäten und damit für den Weiterbestand eines übernationalen Österreich ausgesprochen. Er hielt seinen innerparteilichen Gegenspielern, darunter Otto Bauer, vor, nicht an Karl Marx, sondern an Giuseppe Mazzini orientiert zu sein und damit den Nationalitätenkampf über den Klassenkampf zu stellen. Renner signalisierte damit, dass er die Monarchie (noch) nicht abgeschrieben hatte; dass er für eine reformierbare und reformierte Monarchie eine Zukunft sah, durchaus im Sinne der letzten kaiserlichen Regierung unter Heinrich Lammasch. Und Renners Pragmatismus zeigte sich auch, als er, im Unterschied zu Otto Bauer, 1919 im Namen der Provisorischen Staatsregierung den Staatsvertrag von Saint-Germain unterzeichnete.

Renners Argumentation war ungewöhnlich: Er, der als Vertreter des „rechten" Parteiflügels galt, versäumte es nie, seine Positionen marxistisch zu rechtfertigen. Damit gelang es ihm, bei allen innerparteilichen Auseinandersetzungen im Rahmen dessen zu bleiben, was in der „austromarxistischen" Partei für legitim gehalten wurde. Aber Renner erreichte durch seinen marxistisch überhöhten Pragmatismus auch, dass er in den entscheidenden Tagen des Herbstes 1918 für die anderen Parteien – die Christlichsozialen und die Deutschnationalen – ein akzeptabler Kompromisskandidat für das Amt des Regierungschefs war.

Im Chaos des Kriegsendes, im Zeichen des zerfallenden Reichs und der allgemeinen Versorgungskrise zeichnete sich 1918 doch so etwas wie ein Hauch von demokratischer Stabilität ab. Die sich als Provisorische Nationalversammlung deklarierenden Abgeordneten handelten im Konsens. Die politisch-weltanschaulichen Lager in Form der drei Parteien waren 1918 in der Lage, gemeinsame Interessen zu artikulieren und eine gemeinsame Politik zu formulieren. Dieser Grundkonsens

Ein Priester-Politiker und Republikaner auf Zeit: Ignaz Seipel war 1918 und danach die Schlüsselfigur der Christlichsozialen Partei.

sollte auch noch bis zum Herbst 1920 stabil bleiben, als die Parteien einvernehmlich das Bundes-Verfassungsgesetz beschlossen und die Wahl des ersten Nationalrates so etwas wie die Normalität eines demokratischen Parlamentarismus einkehren ließ. Doch dann ging es bergab – der Konsens von 1918 war zu schwach, um die demokratische Republik auf Dauer zu stabilisieren.

Der zeitweilige Konsens von 1918 konnte nicht zudecken, dass die Grundwerte der neu gegründeten Republik diffus blieben, ja bleiben mussten, weil ein Konsens über den Augenblick hinaus gar nicht möglich gewesen wäre. Was war die Republik? War sie mehr als die Abwesenheit des Kaisers? Was war die Demokratie? War sie mehr als ein Mittel zu einem höheren Ziel wie dem des Sozialismus? Oder doch

79

Anton Pelinka

wie der „wahren" Demokratie, die jedenfalls nicht die war, auf die sich die Parteien in der Provisorischen und dann in der Verfassungsgebenden Nationalversammlung hatten verständigen können? Und Österreich – war es mehr als eine nostalgische Erinnerung an ein Reich, das von Czernowitz bis Triest reichte?

Das alles wurde 1918 nicht beantwortet und konnte auch gar nicht beantwortet werden, weil Zusammenbruch und Zerfall dazu zwangen, an das Heute zu denken und die Gestaltung des Morgen zu vertagen. Am Anfang des Jahres hatte die Illusion gestanden, dass der Friedensvertrag mit Russland das alte Österreich noch einmal retten könnte. Am Ende des Jahres verhalf politische Professionalität dazu, das relativ Beste aus einer Katastrophe zu machen: einen Schritt in Richtung Demokratie und Stabilität.

1918 war ein Jahr der Zerstörung, ein Jahr der Katastrophe. Zwischen 1914 und 1918 hatte, so Karl Kraus, die Generalprobe des Weltuntergangs stattgefunden. Die Niederlage in einem nicht zuletzt von der österreichisch-ungarischen Führung mit verantworteten Weltkrieg bedeutete das Ende des alten Österreich, und so verstrich die Chance ungenutzt, aus der komplexen Vielfalt Mitteleuropas so etwas wie eine Union selbstbestimmter Nationalitäten zu machen.

1918 war das Jahr, in dem sich ein *window of opportunity* geöffnet hatte, eine Chance, ein neues Österreich auf demokratische Weise zu bestimmen. Ein erster Schritt in diese Richtung wurde getan, in Richtung auf eine demokratisch verfasste Republik, die all die völkischen Verengungen, die ethnischen Nationalismen hinter sich hätte lassen können, die Europa 1914 in den Abgrund geführt hatten – und es 1939 noch tiefer stürzen lassen sollten.

1918 war eine Chance, sich diesem Taumel der Selbstzerstörung zu entziehen. Dem ersten Schritt – dem schon 1918 vorbereiteten, mit breitem Konsens erfolgten Beschluss über eine demokratisch-republikanische Verfassung 1920 – sollten aber zunächst keine weiteren Schritte folgen. Erst die noch größere Katastrophe des Zweiten Weltkrieges erlaubte einem neu errichteten Österreich, das schon 1918 sichtbare Potenzial zu nutzen. Die Ereignisse des November 1918 ließen die Konturen dieses neuen Österreich immerhin erahnen, doch ließ es sich erst ab 1945 schrittweise verwirklichen.

1918 war es offenkundig noch zu früh für einen wirklich umfassenden Neuanfang – zu früh, als dass Österreich sich hätte neu definieren können, jenseits des alten Österreich und jenseits eines diffus deutschen Österreich. 1918 war es noch nicht möglich, den Wert der Demokratie zu erfassen: dass sie mehr sein kann als ein System von Regeln des Machterwerbs und der Machtkontrolle. 1945 war es dann so weit – aber der Weg, den Österreich nach 1918 beschritt, führte zunächst von einer großen in die größte aller Katastrophen.

1938

Zwei bahnbrechende Erfindungen

◆

Rudolf Taschner

Im Jahr, als die Geschichte der Ersten Republik nach nicht einmal zwanzig Jahren endete, trugen sich zwei die Weltgeschichte verändernde Ereignisse zu, deren wortwörtlich epochaler Bedeutung man sich erst Jahre und Jahrzehnte später bewusst wurde. An beiden hatten zwei Gelehrte erheblichen Anteil, die aus der alten Donaumonarchie stammten, die aber ihre ursprüngliche Heimat längst verlassen hatten: John von Neumann und Lise Meitner.

Welche waren diese beiden Entdeckungen? Zum einen stellte Konrad Zuse, nachdem er zwei Jahre zuvor ein Patent für binäre Schaltelemente eingereicht hatte, das erste frei programmierbare Rechenwerk her, das auf elektromechanischer Basis mit Bits arbeitete. Zum anderen entdeckten gegen Ende des Jahres 1938 Otto Hahn und Fritz Straßmann den Zerfall von Uran durch Neutronenbeschuss.

Beide Ereignisse fanden in Berlin statt. Die ihnen innewohnende Sprengkraft – dem erstgenannten im metaphorischen, dem zweitgenannten im buchstäblichen Sinn – wurde gottlob von den damaligen Machthabern Deutschlands nicht erkannt. Sie muteten im Gegenteil höchst unscheinbar an. Erahnt wurden deren Tragweiten vom Mathematiker von Neumann und der Physikerin Meitner.

Im Übrigen wurden wesentliche Voraussetzungen der beiden Ereignisse in Österreich geschaffen, wo einige der weltweit herausragendsten Forscher und akademischen Lehrer der Jahrzehnte zwischen 1870 und 1930 tätig waren – Wien war damals ein einzigartiges geistiges Zentrum. Dass eine solche Glanzzeit in Europa wohl so bald nicht wiederkehren dürfte, ist einer der Wermutstropfen, welche die folgenden Erläuterungen begleiten.

1938 erfindet Konrad Zuse den Computer Z1

Wie bei der Erfindung des Buchdrucks werden auch bei der Erfindung des Computers viele Namen genannt. Zweifellos hatte Gottfried Wilhelm Leibniz mit der Entdeckung des Dualsystems, mit seinen – wohl nur eingeschränkt funktionsfähigen – Rechenmaschinen sowie der Idee des Calculus ratiocinator wesentliche Vorarbeiten geleistet. Sie wurden – zum Teil von seinen Vorleistungen unabhängig – in England von George Boole, Charles Babbage und Ada Lovelace vorangetrieben.

Allein, die dafür erforderlichen mechanischen und elektrischen Bauteile standen nicht in der nötigen präzisen Fertigung zur Verfügung. Es war die genuine Leistung des damals fünfundzwanzigjährigen Ingenieurs Konrad

Zuse, die bereits von Babbage und Lovelace ins Spiel gebrachte Idee einer „Analytic Engine", einer programmierbaren Rechenmaschine, zu verwirklichen. Und dies, obwohl Zuse erst lange nach dem Zweiten Weltkrieg zum ersten Mal von Charles Babbage hörte.

Im Jahr 1935, so erzählt Konrad Zuses Sohn Horst, „kündigte Zuse seine aussichtsreiche Stelle bei den Henschel-Flugzeugwerken in Berlin und teilte seinen verblüfften Eltern mit, dass er das Wohnzimmer benötige, um eine vollautomatische Rechenmaschine zu bauen. Die Ursache für seinen spontanen Beschluss war die Vision, die stupide Arbeit des Rechnens durch eine vollautomatische Maschine erledigen zu lassen." Konrad Zuse verfügte über die Gabe, Menschen mit seiner Begeisterung so anzustecken, dass sie ihm immer wieder Geld gaben. Sein Vater ließ sich sogar aus dem Ruhestand reaktivieren, um die Entwicklung mitzufinanzieren.

„Konrad Zuse", berichtet sein Sohn weiter, „wollte binär arbeitende Rechner bauen, sie sollten mit bistabilen Bauelementen arbeiten. Nicht nur die Zahlen wollte er binär darstellen, sondern die gesamte Maschine sollte auf diesem Prinzip, dem der Aussagenlogik, arbeiten" (Zuse 2017). Dazu schuf er ein binär arbeitendes Gleitkommarechenwerk, mit dem sehr große und sehr kleine Zahlen mit hinreichender Genauigkeit verarbeitet werden konnten. Er baute einen Speicher für beliebige Daten und eine Steuerung auf Grundlage von Lochstreifen, die das Programm enthielten. Schließlich erdachte er Ein- beziehungsweise Ausgabeeinheiten im Dezimalsystem.

Die erste Maschine dieser Art, die Z1, konstruierte er von 1936 bis 1938. Sie konnte 64 Wörter mit je 22 Bits speichern und war die erste programmgesteuerte Rechenmaschine der Welt. Es flossen ausschließlich private Mittel in ihre Finanzierung; die Eltern, die Schwester, Studenten des Akademischen Vereins Motiv in Berlin und der Rechenmaschinenfabrikant Kurt Pannke trugen zu ihr bei.

Die 1938 fertiggestellte Maschine Z1 war ein Unikum: Rund 30.000 von Zuse fein säuberlich zugeschnittene Bleche wurden in ihr bewegt, die Taktfrequenz betrug ein Hertz. Drei Sekunden dauerte es, bis eine Addition durchgeführt wurde, als Antrieb für das Maschinenwerk diente ein Staubsaugermotor, das Gewicht betrug eine Tonne. Da immer die Gefahr bestand, dass sich Bleche verklemmten, war eine beständige Zuverlässigkeit der Maschine nicht gegeben.

Schon bei der Herstellung der Z1 erkannte Zuse, dass er die mechanische Schaltung durch eine elektromechanische Relaistechnik ersetzen sollte. Einen so verbesserten Prototyp, die Z2, stellte er dem technischen Direktor der Deutschen Versuchsanstalt für Luftfahrt Günther Bock vor. Dieser erklärte sich bereit, die Entwicklung einer Rechenmaschine mitzufinanzie-

John von Neumann verließ Deutschland bereits 1930. Dreimal lud er in den 1930ern Kurt Gödel zu sich nach Princeton ein.

ren, die mit einem Speicher und einer Zentralrecheneinheit aus Telefonrelais vollautomatisch und in binärer Gleitkommarechnung arbeiten sollte.

Erst 1998 bewies Raúl Rojas, dass die von Konrad Zuse und seinem Mitarbeiter Helmut Theodor Schreyer 1941 fertiggestellte, später bei einem Bombenangriff zerstörte Z3 „universell programmierbar" war. Dies bedeutet, dass jedes denkbare Computerprogramm in die „Eingabelogik" von Zuses Gerät hätte übersetzt werden können und die Rechenmaschine zuverlässig, wenn auch bei komplexen Programmen extrem umständlich, diesem Computerprogramm gefolgt wäre. Eingesetzt wurde die Rechenmaschine Zuses, um kritische Flatterfrequenzen bei Flugzeugen zu ermitteln. Der Einsatz des Rechners wurde aber von den deutschen Behörden und maßgebenden Stellen im Zweiten Weltkrieg nicht als dringlich eingestuft, sodass es nie zu einem Routinebetrieb kam.

Die Erfindung von Colossus und ENIAC

Es war nicht das von Adolf Hitler beherrschte Deutschland, sondern es waren die späteren Siegermächte Großbritannien und die Vereinigten Staaten von Amerika, in denen die enorme Bedeutung von Rechenmaschinen wahrgenommen wurde.

Im Sommer 1938 wurde der als Genie und Sonderling verrufene Experte für mathematische Algorithmen Alan Turing von der britischen GCCS, der Government Code and Cipher School, dazu gedrängt, sich mit Verfahren zur Entschlüsselung codierter Botschaften zu beschäftigen. Ein Jahr später, zu Kriegsbeginn, trifft Turing in Bletchley Park ein, wo er mithilfe

Rudolf Taschner

von ihm konzipierter elektronischer Maschinen, von den dort arbeitenden Mathematikern und den mit Eingabearbeiten beschäftigten Frauen salopp „Bomben" getauft, den Code der deutschen Kriegsmarine entschlüsseln soll. Tatsächlich bestand die von Turing „Colossus" genannte Rechenmaschine aus 1500 Röhren, die 25.000 Bits pro Sekunde verarbeiten konnten. Die von Turing emsig vorangetriebenen Bemühungen zeitigten schließlich Erfolg. Nach dem Krieg wurde der Codeknacker von Winston Churchill als Held belobigt. Der Kriegspremier vermutete zu Recht, dass Turings Computer einen entscheidenden Beitrag zum Sieg der alliierten Mächte bedeutet hatte.

Nach der Auflösung von Bletchley Park verfolgte Turing sein großes Ziel weiter, ein „elektronisches Gehirn" zu bauen. Am National Physical Laboratory konstruierte er den Computer ACE als Abkürzung für Automatic Computing Engine, einen der ersten britischen Rechner. Diese verheißungsvolle Entwicklung kollabierte nach dem tragischen Selbstmord Alan Turings 1954; er hatte die ihm richterlich aufgezwungene „Therapie" seiner Homosexualität nicht länger ertragen können.

Auf der anderen Seite des Atlantiks war man nicht feindlichen Codes auf der Spur, sondern wollte die Flugbahnen von Geschossen berechnen. Für Artillerieeinheiten notwendige komplexe Berechnungen, vor allem für das Schießen auf bewegte Ziele, lassen sich mit Bleistift und Papier nur mühevoll und mit zuweilen unzulässigen Vereinfachungen durchführen.

Die stete Weiterentwicklung der Waffensysteme überzeugte die amerikanischen Militärs, dass der am Princeton Institute for Advanced Study tätige Mathematiker John von Neumann recht hatte: Die Simulation der Wirkung von Waffen war nicht mehr ohne die technische Hilfe von „Computern" denkbar. Um die von ihm geplanten Rechner den Offizieren noch schmackhafter zu machen, nannte von Neumann weitere Vorteile: Man könne Gezeitenwellen, Angriffe und die Feindantwort, Wetterbedingungen für Angriffe, logistische Probleme und die bis dahin schwer zu berechnenden Bahnen von Unterwassergeschossen bestimmen. Damit war die amerikanische Marine schnell als Geldgeber gewonnen.

Nach der von John von Neumann ersonnenen und nach ihm benannten „Rechner-Architektur" wurde 1942 bis 1946 der ENIAC, der Electronical Numerical Integrator and Computer, entwickelt und gebaut. Die führenden Köpfe hinter dem Projekt waren der Ingenieur John Presper Eckert, der Mathematiker Herman H. Goldstine und der Physiker John Mauchly; unterstützt wurden sie von Mitarbeitern der Moore School of Electrical Engineering der University of Pennsylvania.

Dieser Röhrenrechner erforderte wohl wegen seiner unglaublichen Größe eine Bauzeit von vier Jahren: Mit 18.000 Elektronenröhren, 1500 Relais, **87**

7200 Dioden, 70.000 Widerständen, 10.000 Kondensatoren und einem Stromverbrauch, der demjenigen von 3000 60-Watt-Glühbirnen entsprach, stand das Ungetüm auf einer Fläche von 140 Quadratmetern, hatte ein Gewicht von dreißig Tonnen, war mehr als fünf Meter hoch, 24 Meter lang und beanspruchte eine Kühlanlage, die so groß war wie ein Haus. Heute befindet sich ein weitaus aufwendigeres elektronisches Gerüst in einem handlichen Smartphone.

Die Eloquenz, das Prestige und die Hartnäckigkeit John von Neumanns überzeugte alle, die von ihm in den maßgebenden politischen Gremien der Vereinigten Staaten hörten, dass mit dem Computer ein neues Zeitalter einsetze. Noch auf dem Totenbett – John von Neumann starb 1957 mit 54 Jahren an einem inoperablen Tumor – schrieb er an seinem Buch *Die Rechenmaschine und das Gehirn*, in dem er den Besonderheiten des menschlichen Denkens nachging. Wiewohl er voraussah, dass der Computer das Leben der Menschen in ungeahnter Weise beeinflussen würde, hielt er an prinzipiellen Unterschieden zwischen menschlichem Denken und maschinellem Rechnen fest.

John von Neumann und Kurt Gödel

John von Neumann hieß in seiner Jugend Margittai Neumann János, denn er wurde im Habsburgerreich in Budapest geboren. Sein Vater, der Bankier und königlich ungarische Regierungsrat Neumann Miksa, wurde 1913 von Franz Joseph mit dem erblichen Namen Margittai in den ungarischen Adelsstand erhoben. Der Sohn beharrte auch in Amerika auf dem „von" in seinem Namen. Drei Jahre jünger als von Neumann war sein Kollege Kurt Gödel, der im cisleithanischen Brünn das Licht der Welt erblickte. Während Johann von Neumann, wie er sich in seiner Berliner und Hamburger Zeit bis 1930 nannte, bereits drei Jahre vor Hitlers Machtergreifung Deutschland verließ und in Princeton am Institute for Advanced Study Fuß fasste, blieb Gödel bis 1940 in Wien, wo er studierte und sich habilitierte.

John von Neumann bewunderte Gödel, weil dieser einen höchst unerwarteten und zugleich tiefsinnigen Beitrag zu einem „Programm" über die Grundlegung der Mathematik leistete, das David Hilbert, in der ersten Hälfte des 20. Jahrhunderts der unbestritten bedeutendste Mathematiker der Welt, initiiert hatte und an dem von Neumann mitarbeitete. Er lud bereits 1933, 1935 und 1938 Gödel zu sich nach Princeton ein. Nach dem dritten Aufenthalt 1938 wieder nach Wien zurückgekehrt, erfuhr Gödel vom Verlust seiner Dozentur an der Universität Wien, deren damalige

Rudolf Taschner

Leitung ihn als einen Vertreter der – in deren Wortwahl – „stark verjude-
ten Mathematik" sah.

Auf Betreiben John von Neumanns wurde Gödel erneut in die Vereinigten Staaten eingeladen, und der Umsicht von Gödels Frau Adele ist es
zu verdanken, dass er, da die westliche Route durch den bereits entflamm-
ten Krieg versperrt war, nach Moskau, mit der Transsibirischen Eisenbahn
nach Wladiwostok und weiter über Japan, den Pazifischen Ozean und von
der amerikanischen West- an die Ostküste bis nach Princeton gelangen
konnte. „Wie kann irgendeiner von uns Professor sein, wenn Gödel es nicht
ist?", waren John von Neumanns Worte, mit denen er vor seinen Kollegen
am Institute for Advanced Study seiner Wertschätzung für Kurt Gödel
Ausdruck gab.

Diese Hochachtung des Computerpioniers John von Neumann
ist wohl der fundamentalen Erkenntnis Gödels geschuldet ist, dass
uns mit keinem Computer, weder mit der urtümlichen Rechenmaschine Z1 noch mit irgendeinem anderen, hochraffinierten Gerät die
kalkulatorische Berechenbarkeit aller Probleme gelingen wird. Was
genau ist damit gemeint?

Um in der verwirrenden Vielfalt dessen, was Computer vermögen, ein wenig
Orientierung zu schaffen und um das Wesentliche der nachfolgenden Über-
legungen möglichst präzise herauszuarbeiten, betrachten wir im Folgenden
vorrangig Computerprogramme. Solche Programme können sehr einfach
sein: Die Aufgabe, die Zahlen 19 und 38 zu addieren, ist zum Beispiel ein
derartiges Programm, und es liefert als Ausgabe die Zahl 57. Diese beiden
Zahlen zu multiplizieren, ist ein unerheblich komplizierteres Programm mit
722 als Ausgabe.

Es gibt jedoch auch aufwendigere Programme. Eines von ihnen nennt
zum Beispiel den Quotienten und diejenigen Dezimalziffern, die man bei der
Division von 19 durch 38 erhält: Weil 19:38 mit dem Resultat 0,5, genauer:
mit dem Resultat 0,50000000000000... eine unendliche Dezimalzahl ergibt,
besteht die vom Programm gelieferte Ausgabe in einer unendlichen Folge
von Ziffern, die mit dem ganzzahligen Quotienten 0 beginnt, auf den die
erste Dezimalstelle 5 folgt, woran unendlich viele Nullen anzuschließen
sind.

Um alle möglichen Ausgabevarianten von Programmen in einem einheitlichen Schema darstellen zu können, vereinbaren wir, dass die Ausgabe
immer aus einer unausgesetzten Folge von Zahlen besteht. Bevor das
Programm sein Resultat notiert, soll diese Folge

$$0, 0, 0, 0, 0, 0, 0, 0, 0, 0, 0, 0, 0, 0, 0, \ldots$$

lauten, das heißt, aus lauter Nullen bestehen. Wenn das Programm nur eine
einzige Zahl als Resultat bekannt gibt, wie dies bei den beiden einfachen

Programmen der Berechnung der Summe beziehungsweise des Produktes von 19 und 38 der Fall ist, wird nur die erste dieser Nullen durch das erhaltene Ergebnis ersetzt, also erhält man

57, 0, 0, 0, 0, 0, 0, 0, 0, 0, 0, 0, 0, 0, 0, …

beziehungsweise

722, 0, 0, 0, 0, 0, 0, 0, 0, 0, 0, 0, 0, 0, 0, …

Wenn das Programm jedoch mehrere Zahlen als Resultat bekannt gibt, wie dies bei dem Divisionsprogramm 19 durch 38 der Fall ist, werden von links beginnend entsprechend viele dieser Nullen durch die Zahlen ersetzt. Beim Divisionsprogramm können wir uns zum Beispiel darauf einigen, dass die erste Null durch den ganzzahligen Quotienten ersetzt wird, der beim Ergebnis der Division aufscheint, und die weiteren Nullen jeweils durch die Ziffern, die beim Ergebnis der Division nach dem Komma aufscheinen. Im Falle der Division 19:38 mit dem Ergebnis 0,5 lautet dementsprechend der Output des Computers

0, 5, 0, 0, 0, 0, 0, 0, 0, 0, 0, 0, 0, 0, 0, …

Wenn man hingegen 1 durch 938 dividiert, bekommt man das auf den ersten Blick unübersichtliche Resultat 1:938 = 0,00106609808102…; darum lautet dieser Output

0, 0, 0, 1, 0, 6, 6, 0, 9, 8, 0, 8, 1, 0, 2, …

Benennen wir diese vier Programme sinnfällig mit „19+38", „19·38", „19:38" und „1:938", ergibt sich eine Tabelle mit diesen Benennungen und Resultaten in der Ausgabe:

Name	Ausgabe
19+38	57, 0, 0, 0, 0, 0, 0, 0, 0, 0, 0, 0, 0, 0, 0, …
19·38	722, 0, 0, 0, 0, 0, 0, 0, 0, 0, 0, 0, 0, 0, 0, …
19:38	0, 5, 0, 0, 0, 0, 0, 0, 0, 0, 0, 0, 0, 0, 0, …
1:938	0, 0, 0, 1, 0, 6, 6, 0, 9, 8, 0, 8, 1, 0, 2, …

Gödels Rückführung aller Programme auf Zahlen

Entscheidend für Gödels Gedankengang aber ist, dass Programme nicht bloß mit Namen versehen werden können, sondern dass jedes Programm eine ganz bestimmte Zahl als „Programmzahl" besitzt. Es liegt im Wesen des Computers, dass in ihm alles, und damit auch

Rudolf Taschner

jedes Programm, in eine Zahl verwandelt wird. Das Programm 19+38, welches die Addition der Zahlen 19 und 38 bewerkstelligt, ist im Arbeitsbereich des Rechners möglicherweise von der Gestalt 13579...8642, wobei die drei Punkte eine dazwischenliegende wirre Folge von Ziffern bezeichnen.

Der im Arbeitsbereich fest vorgegebene Übersetzungsmechanismus versteht diese riesige Zahl als Vorschrift, die erste Null der vor Durchführung des Programms aus lauter Nullen bestehenden Zeile mit der Ausgabe der Zahl 57 zu ersetzen und an den darauf folgenden Nullen dieser Zeile nichts zu ändern. Mit anderen Worten: Der Computer decodiert die Programmzahl 13579...8642 so, als ob er die Zahlen 19 und 38 addierte. Bei den drei anderen Programmen 19·38, 19:38 und 1:938 ist es genauso.

Diese Einsicht führt umgekehrt zur Erkenntnis, dass wir mit der Aufzählung der Zahlen

$$0, 1, 2, 3, 4, 5, 6, 7, 8, 9, 10, 11, \ldots$$

zugleich alle nur denkbaren Programme aufzählen. Zu Programmen mit für den Rechner unverständlicher Programmzahl würden in der gesamten Zeile Nullen als Resultat aufscheinen, wie auch schon vor Durchführung des Programms. Dies nennt man „Default".

Die vier Programme 19+38, 19·38, 19:38 und 1:938 sollen zum Beispiel vom Arbeitsbereich des Computers als die (von uns hier willkürlich genannten) Zahlen 3, 5, 8 und 9 gelesen werden. (Die Annahme, diese Programmzahlen seien wirklich so klein, ist selbstverständlich hoffnungslos unrealistisch. In Wahrheit wird sogar bei diesen sehr einfachen Programmen die Codierung als Zahl zu gigantischen Zahlenmonstern führen – für die folgende Überlegung ist es aber einfacher, von diesen übersichtlichen Programmzahlen auszugehen.)

Wir ergänzen daher die obige Tabelle um die Spalte, welche diese Programmzahlen nennt (siehe Tabelle S. 92).

Die mit Punkten versehenen Zeilen der Tabelle stehen für die übrigen Programme mit den Programmzahlen 0, 1, 2, 4, 6, 7, 10, 11, 12, das heißt für alle restlichen denkbaren Computerprogramme.

Eine Erläuterung sei noch eingefügt: Die Einführung der Ziffer 0 hat – jedenfalls für die mit dem Computer arbeitenden Mathematiker – zu der Konvention geführt, jedes Aufzählen mit 0 beginnen zu lassen. Wir sprechen daher im Folgenden nicht nur vom „nullten" Programm (nämlich jenem Programm mit der Programmzahl 0), sondern auch von der „nullten" Zahl in der Ausgabezeile – das ist jene Zahl, die ganz links aufscheint. In der Tabelle ist zum Beispiel die nullte Zahl in der Ausgabezeile zur Programmzahl 5 die Zahl 722 und dementsprechend die erste Zahl in der Ausgabezeile zur Programmzahl 8 die Zahl 5.

Name	Programm-zahl	Ausgabe														
		0	1	2	3	4	5	6	7	8	9	10	11	12	13	14
.	0	.	.	.	.	.	.	.	.	.	.	.	.	.	.	.
.	1	.	.	.	.	.	.	.	.	.	.	.	.	.	.	.
.	2	.	.	.	.	.	.	.	.	.	.	.	.	.	.	.
19+38	3	57	0	0	0	0	0	0	0	0	0	0	0	0	0	0
.	4	.	.	.	.	.	.	.	.	.	.	.	.	.	.	.
19·38	5	722	0	0	0	0	0	0	0	0	0	0	0	0	0	0
.	6	.	.	.	.	.	.	.	.	.	.	.	.	.	.	.
.	7	.	.	.	.	.	.	.	.	.	.	.	.	.	.	.
19:38	8	0	5	0	0	0	0	0	0	0	0	0	0	0	0	0
1:938	9	0	0	0	1	0	6	6	0	9	8	0	8	1	0	2
.	10	.	.	.	.	.	.	.	.	.	.	.	.	.	.	.
.	11	.	.	.	.	.	.	.	.	.	.	.	.	.	.	.
.	12	.	.	.	.	.	.	.	.	.	.	.	.	.	.	.

Gödels Erkenntnis der Grenzen des Computers

Nun aber zum eigentlichen Argument, auf das wir zielen: Eines dieser Programme wollen wir, zu Ehren seines geistigen Vaters, nach dem griechischen Philosophen Eubulides von Milet benennen. Das Programm EUBULIDES funktioniert folgendermaßen: Seine nullte ausgegebene Zahl ist die um 1 vermehrte nullte ausgegebene Zahl des Programms mit der Programmzahl 0. Seine erste ausgegebene Zahl ist die um 1 vermehrte erste ausgegebene Zahl des Programms mit der Programmzahl 1. Seine zweite ausgegebene Zahl ist die um 1 vermehrte zweite ausgegebene Zahl des Programms mit der Programmzahl 2. So läuft dies ununterbrochen weiter: Beispielsweise ist die neunte ausgegebene Zahl von EUBULIDES die um 1 vermehrte neunte ausgegebene Zahl des Programms mit der Programmzahl 9, was konkret zu 8+1 = 9, also zum Ausgabewert 9 führt.

Allgemeiner formuliert: EUBULIDES durchläuft die Zahlen 0, 1, 2, 3, 4, …, addiert dabei gleichzeitig zur nullten, ersten, zweiten, dritten, vierten, … Zahl in der Ausgabezeile des von ihm gerade gezählten Programms die Zahl 1 und notiert diese Ergebnisse in der eigenen Ausgabezeile als nullte, erste, zweite, dritte, vierte, … Zahl.

Obwohl die Funktionsweise von EUBULIDES auf den ersten Blick skurril scheint – das Programm hat keinen erkennbaren Nutzen –, ist

92

Rudolf Taschner

EUBULIDES kaum aufwendiger zu programmieren als zum Beispiel die Programme, welche Divisionen durchführen. Es ist klar, dass auch das Programm EUBULIDES eine Zahl als Programmzahl besitzt. Wie diese Zahl genau lautet, hängt vom Übersetzungsmechanismus des Computers ab und ist für unsere Überlegung unerheblich – der Einfachheit halber nehmen wir an, die Programmzahl von EUBULIDES wäre 11. Dann sieht die obige Tabelle, in der wir auch EUBULIDES mit seiner Programmzahl und Ausgabezeile notieren, folgendermaßen aus:

Name	Programm-zahl	Ausgabe														
		0	1	2	3	4	5	6	7	8	9	10	11	12	13	14
.	0	.	.	.	.	.	.	.	.	.	.	.	.	.	.	.
.	1	.	.	.	.	.	.	.	.	.	.	.	.	.	.	.
.	2	.	.	.	.	.	.	.	.	.	.	.	.	.	.	.
19+38	3	57	0	0	0	0	0	0	0	0	0	0	0	0	0	0
.	4	.	.	.	.	.	.	.	.	.	.	.	.	.	.	.
19·38	5	722	0	0	0	0	0	0	0	0	0	0	0	0	0	0
.	6	.	.	.	.	.	.	.	.	.	.	.	.	.	.	.
.	7	.	.	.	.	.	.	.	.	.	.	.	.	.	.	.
19:38	8	0	5	0	0	0	0	0	0	0	0	0	0	0	0	0
1:938	9	0	0	0	1	0	6	6	0	9	8	0	8	1	0	2
.	10	.	.	.	.	.	.	.	.	.	.	.	.	.	.	.
EUBULIDES	11	.	.	.	1	.	1	.	.	1	9	.		.	.	.
.	12	.	.	.	.	.	.	.	.	.	.	.	.	.	.	.

Die Punkte in der Ausgabezeile von EUBULIDES für die nullte, erste, zweite, vierte, sechste, siebente und zehnte Zahl stehen für jene Zahlen, die wir durch Addition von 1 aus der nullten Zahl in der Ausgabezeile des nullten Programms, aus der ersten Zahl in der Ausgabezeile des ersten Programms und so weiter erhalten – diese haben wir in der Tabelle nicht angeführt, und darum lassen wir auch die Eintragungen bei EUBULIDES offen, obwohl sie natürlich genauso leicht zu ermitteln sind wie die eingetragenen Zahlen 1, 1, 1 und 9, welche jeweils um 1 größer als die oben grau unterlegten Ausgabewerte sind.

Das schwarze Feld für den elften Ausgabewert von EUBULIDES hingegen birgt ein unlösbares Problem in sich. Denn wie wird der elfte Ausgabewert von EUBULIDES erhalten? EUBULIDES kontrolliert den elften Ausgabewert des Programms mit der Programmzahl elf und zählt zu diesem 1 hinzu. Nun ist aber das Programm mit der Programmzahl 11 das Programm EUBULIDES selbst! EUBULIDES müsste daher seinen eigenen elften Ausgabewert verändern – ein glatter Unsinn! Zu diesem Unfug, dass EUBULIDES mit sich selbst in Konflikt gerät, kann es nicht kommen.

Was aber verhindert ihn, wo doch EUBULIDES so glasklar formuliert ist?

Kurt Gödel, und nach ihm Alan Turing, fanden darauf die Antwort: Bei einem der Programme mit einer kleineren Programmzahl als jener von EUBULIDES, z.B. beim Programm mit der Programmzahl 10, tritt das folgende Phänomen zutage: Eine Millisekunde, eine Zehntelsekunde und eine Sekunde nach Rechenbeginn spuckt der Computer als erste drei Ausgabezahlen 3, 1, 4 aus, zehn Sekunden später liefert er als dritte Ausgabezahl 1, eine Minute später kommt es zur vierten Ausgabezahl 5, zehn Minuten danach errechnet er die fünfte Ausgabezahl 9. Bis zur sechsten, siebenten und achten Ausgabezahl 2, 6 und 5 müssen wir schon eine Stunde, danach zehn Stunden, danach zwei Tage warten. Auf die neunte Ausgabezahl harren wir fünf Tage lang, erst dann bequemt sich die Maschine zur Bekanntgabe von 3. Danach rechnet der Computer die zehnte Ausgabezahl des Programms mit der Programmzahl 10 aus, er rechnet und rechnet und rechnet. Tagelang, wochenlang, monatelang, jahrelang. Wir fragen uns: Wird ihm je die Berechnung der zehnten Zahl in der Ausgabe des Programms mit der Programmzahl 10 gelingen?

Es ist nämlich denkbar, dass in diesem Programm eine sogenannte Schleife verborgen ist, welche dafür sorgt, dass der Computer, ohne zu einem Ziel zu gelangen, unendlich lang seine internen Zahlenverschiebungen bewerkstelligt. Wenn dies bei der Berechnung der zehnten Ausgabezahl tatsächlich der Fall ist, dann kommt es nie mehr zu weiteren Ausgaben von Zahlen, und es verbleibt 3, 1, 4, 1, 5, 9, 2, 6, 5, 3, 0, 0, 0, 0, 0, 0, … als Ausgabezeile.

Es ist aber auch denkbar, dass die Berechnung der zehnten Zahl in der Ausgabe des Programms mit der Programmzahl 10 keine Schleife in sich trägt, dass nach zwölf oder zwölftausend oder zwölf Milliarden Jahren ununterbrochenen Rechnens schließlich das Ergebnis 5 ausgegeben wird und als zehnte Eintragung aufscheint.

Im erstgenannten Fall würde EUBULIDES den Default-Wert 0, der als zehnte Zahl in der zehnten Zeile auftaucht, um 1 vermehren, daher 1 als zehnte Zahl bei sich eintragen und zur elften Zeile voranschreiten, bei der sich unabwendbar der Unfug einstellte. Im zweitgenannten Fall würde EUBULIDES den endlich erhaltenen Wert 5, der als zehnte Zahl in der zehnten Zeile auftaucht, um 1 vermehren, daher 6 als zehnte Zahl bei sich eintragen und zur elften Zeile voranschreiten, bei der sich unabwendbar der Unfug einstellte. Beides darf sich nicht ereignen.

Name	Programm-zahl	Ausgabe												
		0	1	2	3	4	5	6	7	8	9	10	11	12
.	0	■	.	.	.	.	.	.	.	.	.	.	.	.
.	1	.	■	.	.	.	.	.	.	.	.	.	.	.
.	2	.	.	■	.	.	.	.	.	.	.	.	.	.
19+38	3	57	0	0	0	0	0	0	0	0	0	0	0	0
.	4	.	.	.	.	■	.	.	.	.	.	.	.	.
19·38	5	722	0	0	0	0	0	0	0	0	0	0	0	0
.	6	.	.	.	.	.	.	■	.	.	.	.	.	.
.	7	.	.	.	.	.	.	.	■	.	.	.	.	.
19:38	8	0	5	0	0	0	0	0	0	0	0	0	0	0
1:938	9	0	0	0	1	0	6	6	0	9	8	0	8	1
xyz	10	3	1	4	1	5	9	2	6	5	3	?	.	.
EUBULIDES	11	.	.	.	1	.	1	.	.	1	9	?	.	.

EUBULIDES, so erkannten Gödel und nach ihm Turing, funktionierte nur dann, wenn ein „Schleifen-Erkennungsprogramm" zur Verfügung stünde, wenn es also ein Verfahren gäbe, das bei jedem Computerprogramm für jede seiner Ausgaben mit den Mitteilungen 0 beziehungsweise 1 feststellt, ob das Programm zu einem Resultat gelangt oder ob es in eine nie endende Schleife gerät. Denn nur dann könnte EUBULIDES entscheiden, ob es bei der Berechnung der zehnten Zahl des Programms mit der Programmzahl 10 bis zur Bekanntgabe dieses Resultats zu warten hat oder ob es wegen des Vorliegens einer endlosen Schleife den Default 0 um die Zahl 1 vermehren muss. Gäbe es ein solches „Schleifen-Erkennungsprogramm", würde EUBULIDES erfolgreich bis zu seiner eigenen Programmzahl vordringen, bei der sich der oben geschilderte Unfug einstellte.

Jedoch: In der formalen Logik des Denkens in Null und Eins kommt kein Unfug zustande. Dies zwingt unausweichlich zu der Einsicht, dass es eben kein „Schleifen-Erkennungsprogramm" gibt. Die Logiker und Computerexperten nennen diese Einsicht in ihrer Sprache „Gödels Unvollständigkeitssatz" oder „Turings negative Lösung des Halteproblems": Es gibt kein universelles, von einer Rechenmaschine durchführbares Verfahren, das für alle Computerprogramme zu entscheiden vermag, ob diese ein Ergebnis ausgeben oder ob sie in einer Endlosschleife laufen.

Dies ist die vom beinahe religiösen Glauben an die Allwissenheit und die Allmacht des Computers erlösende Botschaft: Wie raffiniert eine Rechenmaschine auch konzipiert sein mag, immer bleibt eine für sie unknackbare Nuss, mit der konfrontiert, alle ihre Künste versagen.

Nur scheinbar marginale Erkenntnisse

Man mag argwöhnen, dass die Beweisführung Gödels auf ein völlig abseitiges Problem zielt, dem eine unübersehbare Menge theoretisch möglicher Programme gegenübersteht – als ob es sich um eine lästige Ruhestörung handelte, die lediglich am vernachlässigbaren Rand aller algorithmischen Datenverarbeitung drohte. Das ist jedoch nicht der Fall.

Das Programm EUBULIDES bekam deshalb seinen Namen, weil Eubulides von Milet als Urheber des sogenannten „Lügner-Paradoxons" gilt. Seine verfängliche Frage: Spricht jemand, der „Ich lüge" sagt, die Wahrheit? Wäre dies der Fall, würde seine Aussage „Ich lüge" stimmen, also lügt er. Wäre dies hingegen nicht der Fall, wäre seine Aussage „Ich lüge" unzutreffend, also spricht er die Wahrheit. So formuliert, besitzt das Paradoxon keine Lösung. Dieses Paradoxon beruht darauf, dass Aussagen über jemanden getroffen werden, der etwas über sich selbst aussagt. Solche Selbstverweise sind keineswegs am Rande unseres menschlichen Denkens, sie sind alles andere als vernachlässigbar, sondern sie stellen einen Wesenszug unseres Daseins dar. Von Søren Kierkegaard stammt das berühmte Wort, dass „das Selbst des Menschen ein Verhältnis ist, das sich zu sich selbst verhält und, indem es sich zu sich selbst verhält, sich zu einem anderen verhält." (Kierkegaard 1969, 13).

Die ständige Rückbezüglichkeit des menschlichen Denkens, das ständige Bezweifeln der eigenen Position verleiht dem menschlichen Denken eine Dynamik, die dem maschinellen Rechnen wesensfremd ist – selbst wenn es so aufwendig gestaltet ist, dass die Versuchung besteht, der informationsverarbeitenden Maschine „künstliche Intelligenz" zuzusprechen.

Vor allem ist beeindruckend an Gödels Errungenschaft, dass er diese prinzipielle Grenze maschinellen Rechnens entdecken konnte, bevor selbst einfachste Prototypen programmierbarer Rechner verwirklicht waren. Umso einschneidender für die weitere Entwicklung der Theorie der

Rudolf Taschner

Datenverarbeitung in Europa war der Weggang Gödels aus Wien.

Eingeläutet wurde dessen Aufbruch durch zwei Ereignisse: 1934 verstarb der Mathematiker Hans Hahn, einer der Gründerväter des Wiener Kreises und Betreuer von Gödels Dissertation und Habilitation, während einer Operation am Magen. Zwei Jahre später wurde der von Gödel verehrte Philosoph Moritz Schlick, der Leiter des interdisziplinären, dem Logischen Empirismus verschriebenen Wiener Kreises, von einem ehemaligen Studenten im Hauptgebäude der Universität Wien kaltblütig erschossen. Als Gödel 1938 die Grundlage seines Wirkens an der Universität entzogen wurde, fiel es ihm umso leich-

Eine der ersten Frauen, die an der Universität Wien promovierten, 1938 von Deutschland nach Schweden geflohen: Lise Meitner.

ter, seine Zelte abzubrechen. Außerhalb des akademischen Betriebs und seiner eigenen Arbeit interessierten ihn die Zeitumstände übrigens nur wenig. Der politische Hintergrund und die brutalen Verfolgungen der Juden und der Regimegegner blieben dem verschrobenen Gelehrten weitgehend verborgen; soweit er damit konfrontiert war, nahm er eine eigenartig neutrale Position ein.

Die sich in Princeton entwickelnde Freundschaft zwischen Kurt Gödel und Albert Einstein ist legendär. Im Unterschied zu Gödel hatte Einstein sofort nach Hitlers Machtergreifung in Deutschland die für ihn glasklare Konsequenz gezogen und dem Land endgültig den Rücken gekehrt. Wenige Wochen später rief ihm Joseph Goebbels in einer Rede anlässlich der Bücherverbrennungen höhnisch nach: „Der jüdische Intellektualismus ist tot."

In einer bemerkenswerten Parallele zu Gödel hatte Einstein, lange bevor sich irgendjemand auch nur die geringste Vorstellung von ihrer Bedeutung für technische Anwendungen machen konnte, seine berühmte Formel $E = mc^2$ bewiesen. Ihr zufolge schlummert in der Masse m eines Körpers eine gewaltige Energie E, weil das Quadrat der Lichtgeschwindigkeit $c^2 =$ **97**

89 875 517 873 681 764 m²/s², also fast 90 Billiarden, einen unerhört großen Faktor darstellt (jedenfalls in menschlichen Proportionen, in denen ein Meter und eine Sekunde als gut fassbare Längen- und Zeiteinheit gelten). So wie Gödel durch seine Forschungen jene Grenze absteckte, über die ein Computer nie hinausdringen kann, lieferte in ähnlicher Weise Einstein mit seiner Formel eine grundsätzliche Einsicht über das Wesen von Energie.

Hahn und Straßmann spalten Atomkerne

Als Einstein bereits fünf Jahre in Princeton weilte, wurde in Berlin ein Experiment durchgeführt, dessen Tragweite den beiden Beteiligten nicht bewusst war, weil sie nicht erkannten, dass sich dahinter Einsteins Formel verbarg. Erst eine kurz zuvor emigrierte, aus Wien stammende Physikerin klärte sie darüber auf.

Die Flucht Lise Meitners aus Deutschland am 13. Juli 1938 ist ein in mehrfacher Hinsicht symbolträchtiges Ereignis: 1878 in Wien geboren, war sie eine der ersten Frauen, die an der Universität Wien promovierten. Sie studierte Physik und war Schülerin des in einem Atemzug mit Isaac Newton und James Maxwell zu nennenden Ludwig Boltzmann. Bei Franz Serafin Exner, einem Pionier der modernen Physik, dem es unter anderem zu verdanken ist, dass man sich in Österreich bereits früh mit dem aufkommenden Thema der Radioaktivität beschäftigte, schrieb sie ihre Doktorarbeit und begann sich intensiv mit der Erforschung der Strahlung radioaktiver Stoffe auseinanderzusetzen.

Nach einer kurzen Beschäftigung am Institut für Theoretische Physik in Wien ging sie 1907 nach Berlin, um Vorlesungen von Max Planck zu hören. Dort traf sie den jungen Chemiker Otto Hahn, mit dem sie während der folgenden dreißig Jahre höchst erfolgreich zusammenarbeiten sollte. 1922 habilitierte sie sich und erwarb damit das Recht, als Dozentin zu arbeiten. 1926 wurde sie außerordentliche Professorin für experimentelle Kernphysik an der Berliner Universität; sie war Deutschlands erste Professorin für Physik.

Erst kurz vor Hahns epochemachender Entdeckung der Spaltung von Uranatomkernen musste sie aus Deutschland fliehen, weil nach Hitlers Überfall auf Österreich ihr Pass die Jüdin nicht mehr vor Verfolgung schützte. Bis dahin konnte sie einigermaßen unbehelligt mit Hahn experimentieren, weil das 1933 erlassene Gesetz zur Wiederherstellung des Berufsbeamtentums am Kaiser-Wilhelm-Institut für Chemie, an dem die beiden beschäftigt waren, als privater Institution nicht griff. Die Professur wurde ihr allerdings aufgrund dieses Gesetzes bereits 1933 entzogen. Erst im Exil in Schweden erfuhr sie von dem Experiment, das Otto Hahn und der ihm nun zur Seite stehende Fritz Straßmann am 17. Dezember 1938 durchgeführt hatten.

Nachdem 1896 Henri Becquerel entdeckt hatte, dass Uransalze fotografische Platten schwärzen, und zwei Jahre später Marie und Pierre Curie weitaus stärker strahlende Substanzen isoliert hatten, die sie Radium und Polonium tauften, analysierte Ernest Rutherford die Strahlen radioaktiver Materie. Er fand heraus, dass sie aus drei Komponenten besteht: erstens Strahlung von positiv geladenen Teilchen, die sich später als die Kerne von Heliumatomen erweisen sollten, die sogenannten Alpha-Strahlen, zweitens Strahlung von negativ geladenen Teilchen, den Elektronen, die sogenannten Beta-Strahlen, und drittens die ungeladenen Gamma-Strahlen, eigentlich Licht von sehr hoher Frequenz, im Spektrum über das sichtbare Licht und die Röntgenstrahlen hinausgehend.

Als Rutherford 1911 Alpha-Strahlen auf eine dünne Goldfolie richtete und feststellte, dass fast alle Strahlen diese scheinbar ungehindert durchdrangen, einer von rund achttausend Strahlen jedoch scharf abgelenkt, manchmal sogar zurückgeworfen wurde, schloss er daraus, dass Goldatome, ja Atome überhaupt, zum Großteil aus einer durchlässigen Hülle bestehen, die auf geheimnisvolle Weise von den negativ geladenen Elektronen gebildet wird. Nur im Inneren der Atome befindet sich der positiv geladene Kern, in dem praktisch die gesamte Masse des Atoms konzentriert ist.

Der Beschuss eines Materials mit Alpha-Strahlen änderte nichts an den Atomkernen des Materials, weil Atomkerne wie auch Alpha-Strahlen positiv geladen sind und schon vor einem möglichen Eindringen in den Kern eine Ablenkung bewirken. Als 1932 James Chadwick, ein Schüler Rutherfords, eine neue Art von Strahlung entdeckte, die aus elektrisch ungeladenen Neutronen besteht, ergab sich für Strahlenphysiker die faszinierende Möglichkeit, mit diesen Neutronen in den Atomkern einzudringen.

Im Übrigen stellte man zu dieser Zeit fest, dass ein Atom aus drei Teilchensorten zusammengesetzt ist: Im Atomkern befinden sich positiv geladene Protonen und die Neutronen des James Chadwick, beide ungefähr gleich schwer. Die Hülle des nach außen hin elektrisch neutralen Atoms wird von gleich vielen Elektronen gebildet, wie sich Protonen im Kern befinden; dabei ist ein Elektron fast zweitausendmal leichter als ein Proton – zur Masse des Atoms trägt seine Hülle so gut wie nichts bei.

Die Anzahl der Protonen im Kern bestimmt die Position des von dem Atom dargestellten Elements im Periodensystem: Der Wasserstoffkern besteht nur aus einem Proton, der Heliumkern aus zwei Protonen und zwei Neutronen, und dies zieht sich fort bis zum Urankern, der im Normalfall aus 92 Protonen und 146 Neutronen besteht – im Normalfall deshalb, weil knapp ein Prozent des natürlich vorkommenden Urans ein sogenanntes Isotop ist, dessen Kern aus 92 Protonen und 143 Neutronen besteht, das sogenannte Uran-235 (235 deshalb, weil 92 und 143 diese Summe ergeben). Allgemein können bei gleicher Protonenzahl im Kern zuweilen mehr, zuweilen weniger Neutronen als im Normalfall vorliegen; weil es sich trotzdem um das gleiche Element handelt, das den gleichen „Topos", den gleichen Ort im Perioden-system, einnimmt, spricht man von „Isotopen".

Vor allem Enrico Fermi war von der Idee begeistert, Atomkerne mit Neutronen zu beschießen: Dringt das Neutron in den Kern, wobei dieser als Reaktion darauf einen Beta-Strahl, also ein Elektron, absondert, hat sich das Neutron quasi in ein Proton verwandelt und der Kern steht für ein anderes Element im Periodensystem. Metaphorisch gesprochen, könnte man auf diese Weise den Traum der Alchemisten wahrmachen und aus Blei Gold gewinnen. Tatsächlich beschoss Fermi Uranatomkerne mit dem Ziel, daraus noch schwerere Elemente als Uran herzustellen, welches das schwerste in der Natur vorkommende Element ist.

Als am 17. Dezember 1938 Otto Hahn und Fritz Straßmann ähnlich wie zuvor Fermi Uran einem Neutronenstrahl aussetzten, entdeckte der mit unerhörter Experimentierkunst gesegnete Hahn durch einen radioche-mischen Nachweis, dass Spuren von Barium und Krypton aus dem Uran hervorgegangen waren. Das erhaltene Barium-139 hat 56 Protonen und 83 Neutronen im Kern, das erhaltene Krypton-95 hat 36 Protonen und 59 Neu-tronen im Kern. Die Uranatomkerne schienen, so drückte sich Hahn aus, „zerplatzt" zu sein. Hahn und Straßmann standen vor dem Rätsel, wie das Experiment zu erklären sei.

Lise Meitner und Otto Frisch analysieren die Kernspaltung

Lise Meitner, und nur sie, informierte Otto Hahn in einem Brief nach Schweden über seine Entdeckung. Da zufällig zu dieser Zeit ihr Neffe, der beim Atom- und Quantentheoretiker Niels Bohr tätige Otto Robert Frisch, bei ihr weilte, diskutierten die beiden während eines Spaziergangs im schnee-bedeckten Kungälv über den von Hahn und Straßmann erzielten Befund.

Man darf sich, wie Frisch bei Bohr gelernt hatte, den Atomkern eines schweren Elements nicht wie den harten Kern einer Frucht denken. Vielmehr ähnelt er in seinen Eigenschaften einem Wassertropfen, wobei insbesondere bei Uran-235 mit seinen 92 Protonen und 143 Neutronen dieser „Tropfen" sehr „liquide" ist. Trifft ihn, so überlegten sich Meitner und Frisch, ein Neutron, wird der „Tropfen" zu so intensiven Schwingungen angeregt, dass

Rudolf Taschner

er sich in zwei ähnlich große Teile spaltet: in das etwas schwerere Barium-139 mit 56 Protonen und 83 Neutronen und in das etwas leichtere Krypton-95 mit 36 Protonen und 59 Neutronen. Addiert man die Protonenzahlen 56 und 36 der beiden Spaltelemente, erhält man tatsächlich die Protonenzahl 92 von Uran. Addiert man hingegen die 83 Neutronen und 59 Neutronen der beiden Spaltelemente, erhält man nur 142 Neutronen – ein Neutron weniger als im Uranatomkern, und auch das für den Beschuss verwendete Neutron war „verschwunden". Folglich müssen nach der Spaltung neben dem Barium- und dem Kryptonkern zwei Neutronen abgestoßen worden sein, die weitere Kernspaltungen auslösen könnten. Träfen auch diese auf Atomkerne von Uran-235, würden vier weitere Neutronen auf die Reise geschickt, danach acht, dann 16, und so weiter. Mit anderen Worten: Sobald eine sogenannte „kritische Masse" von Uran-235 vorliegt, wäre einer Kettenreaktion der Kernspaltung Tür und Tor geöffnet.

Doch dies ist nur der erste Teil dessen, was Meitner und Frisch schlussfolgerten. Wenn man einerseits die Masse eines Atomkerns von Uran-325 und die eines Neutrons addiert und wenn man andererseits die Massen der Atomkerne von Barium-139 und Krypton-95 zusammen mit den beiden Massen der beiden abgespaltenen Neutronen addiert, erhält man bei der zweiten Summe einen geringfügig kleineren Wert als bei der ersten Summe. Die Differenz zwischen den beiden Summen nennt man den „Massendefekt" – ein gut gewähltes Wort, denn beim Spaltprozess ist offenkundig ein kleiner Teil der Ausgangsmasse „verloren gegangen".

Die berühmte Einstein-Formel $E = mc^2$ lehrt uns, dass sie sich in Energie verwandelt hat. Diese Energie wird einerseits in Form von Gamma-Strahlen an die Umgebung abgegeben, andererseits als Bewegungsenergie: Beide Bruchstücke und die frei gewordenen Neutronen fliegen mit sehr hoher Geschwindigkeit auseinander. Im umliegenden Material werden sie abgebremst und erzeugen dabei „Reibungswärme", indem sie ihre Bewegungsenergie in einzelnen Stößen ungeordnet nach und nach auf viele Atome des umgebenden Materials übertragen.

Die dabei frei werdende Energie ist enorm groß. Bei der Spaltung von einem Kilogramm Uran gewinnt man so viel Energie wie beim Verbrennen von knapp dreitausend Tonnen Steinkohle. Oder in einem anderen Vergleich: Bei vollständiger Verbrennung von zwölf Gramm Kohlenstoff kann man im besten Fall einen Liter Wasser zum Sieden bringen. Bei der Kernspaltung von 235 Gramm reinem Uran-235 sieden 50.000 Kubikmeter Wasser.

In einer Würdigung ihres Kollegen Otto Hahn betont Lise Meitner: „Hahns folgenreichste Leistung ist zweifellos die Entdeckung der Uranspaltung, die zur Erschließung einer fast unerschöpflichen Energiequelle mit sehr eingreifenden Anwendungsmöglichkeiten – zum Guten oder Bösen – geführt hat. Wie sehr Hahn die Beschränkung auf friedliche Ausnutzung der Atomenergie am Herzen liegt, geht aus vielen seiner Reden und Vorträge hervor" (Meitner 2005, 39). Doch ergänzend dazu darf man die Worte lesen, die sie in einem Brief an ihre Freundin Birgit Broomé-Aminoff schrieb: „Hahn hat sicher den Nobelpreis für Chemie voll verdient, da ist wirklich kein Zweifel. Aber ich glaube, dass Frisch und ich etwas nicht Unwesentliches zur Aufklärung des Uranspaltungsprozesses beigetragen haben – wie er zustande kommt und dass er mit einer so großen Energieentwicklung verbunden ist, lag Hahn ganz fern" (Sexl/Hardy 2002, 119).

Die Gewinnung von Kernenergie

Meitner und Frisch fassten ihre Erkenntnisse in einem kurzen Artikel zusammen, der Mitte Februar 1939 in der Zeitschrift *Nature* erschien. Otto Hahn erhielt zuvor eine Kopie des Manuskripts. Otto Frisch fuhr sogleich zu Niels Bohr zurück und erzählte ihm von dem Gespräch mit seiner Tante. Als dieser davon hörte, schlug er sich mit der Hand an die Stirn und rief: „Was für Idioten wir alle waren! ... Wie haben wir das so lange übersehen können?" (Hoffmann 1995, 62).

Darum ist es nicht verwunderlich, dass Bohr beim Besuch seines Freundes Werner Heisenberg sofort begriff, was dieser offensichtlich anzudeuten versuchte: Der überragende, in Deutschland gebliebene Physiker wies ihn darauf hin, dass man sich im von Hitler regierten Deutschen Reich um die Nutzung der Kernenergie, wohl auch für Kernwaffen, bemühe. Über Inhalt und Verlauf des Gesprächs weiß man nichts Genaues, doch war Niels Bohr danach bestürzt. Es wird auch für immer ein Rätsel bleiben, ob die deutschen Physiker bei der nicht zu Ende gebrachten Entwicklung ihrer „Uranmaschine" zu wenig Unterstützung von staatlicher Seite erhielten, ob sie diese Entwicklung aus Unvermögen nicht vorantreiben konnten oder ob sie diese aus Gewissensgründen nicht schneller vorantreiben wollten. Jedenfalls reiste Niels Bohr in die Vereinigten Staaten und machte die dort wirkenden, zumeist aus Europa emigrierten Physiker auf die prekäre Lage aufmerksam. Enrico Fermi, der 1938 dem faschistischen Italien den Rücken gekehrt hatte, berichtete darüber:

„Ich kann mich noch sehr lebhaft an den ersten Monat, den Januar 1939 erinnern, in dem ich begonnen habe, in den Pupin-Laboratorien zu arbeiten, weil die Dinge sich damals sehr schnell zu entwickeln begannen. Damals hielt Niels Bohr Vorlesungen an der Princeton University, und eines Abends kam Willis Lamb begeistert zurück und erzählte,

Rudolf Taschner

dass Bohr große Neuigkeiten verkündet hatte. Dabei handelte es sich um die Entdeckung der Kernspaltung und eine Übersicht, was die Entdeckung zu bedeuten hatte. [...] Etwas später in diesem Monat gab es ein Treffen in Washington, D.C., [...] auf dem die mögliche Wichtigkeit des neuen Phänomens der Kernspaltung zum ersten Mal halb ernst als potentielle Quelle von Kernenergie diskutiert wurde" (Cronin 2004, 72).

Tatsächlich gelang Fermi 1942 mit dem Bau des „Chicago Pile 1" die Errichtung des ersten Kernreaktors. Dieser wurde unter einer stillgelegten Tribüne eines Football-Stadions auf dem Campus der University of Chicago aufgebaut. Er bestand aus einer fast acht Meter hohen, kugelförmigen Aufschichtung von Blöcken aus mehr als fünf Tonnen Uranmetall, 45 Tonnen Uranoxid und 360 Tonnen Graphit. Zur Kontrolle der Reaktion wurden als Steuerstäbe Neutronen absorbierende Cadmium-Bleche verwendet. Die Anlage wurde höchst primitiv gesichert: Im Notfall hätte ein Monteur das Befestigungsseil eines über dem Uranstapel hängenden Regelelements mit einer Axt durchtrennt, das dann in den Reaktor gefallen wäre und so die Kettenreaktion unterbunden hätte.

Bis in die achtziger Jahre war man weltweit davon überzeugt, dass der Hunger nach Energie durch Kernkraft gestillt werden solle. Diese heute als naiv verschriene Überzeugung ist einer weitverbreiteten Skepsis gewichen. Allerdings ist es noch immer völlig rätselhaft, welche Alternative zur Kernkraft tatsächlich so nachhaltig und völlig frei von Risiken ist, dass sie diese angesichts des steigenden Energiebedarfs vollwertig ersetzen könnte. Allein Fusionskraftwerke würden eine noch zugkräftigere Energiequelle darstellen, doch ist deren Verwirklichung derzeit leider noch Zukunftsmusik.

Energie und Information

Die beiden geschilderten Ereignisse des Jahres 1938 stellen Wendepunkte dar, weil sie die beiden tragenden Säulen eines prosperierenden Staates und einer stabilen Gesellschaft betreffen: Energie und Information.

Sehr grob gesprochen, kann man die Ressourcen eines volkswirtschaftlichen Systems auf diese beiden höchst abstrakten Begriffe reduzieren. Sie stehen für die beiden von Aristoteles herrührenden Begriffe *hylē* und *morphē*, die man einst mit „Stoff" und „Form" übersetzte. „Energie" und „Information" sind die heute zeitgemäßen Übertragungen. Energie reicht von den Nahrungsmitteln, deren Nährwert in Kilokalorien gemessen wird, bis hin zur elektrischen Energie, die der Normalverbraucher aus der Steckdose bezieht, ohne zu fragen, woher sie kommt. Die in der Antike geführten Kriege dienten zu einem wesentlichen Teil der Energiegewinnung, nicht nur, weil man fruchtbares Land erobern konnte, sondern auch wegen der zusätzlichen Heere an Sklaven, die praktisch umsonst Arbeit leisteten.

Heute gipfeln die Errungenschaften der modernen Technik einerseits in möglichst effizienten Umformungen von Energie. Diese über elektrische Leitungen möglichst verlustfrei vom Kraftwerk zu den Verbrauchern zu liefern, ist eine höchst elegante Methode der Effizienzsteigerung. Zugleich zeigen sich die Leistungen der modernen Technik in der möglichst effizienten Gewinnung von Energie aus zur Verfügung stehenden Energiequellen.

Dass man trotzdem eher auf mittelalterlich anmutende Systeme wie Windräder setzt als auf ausgeklügelte und wirklich klimaneutrale Kraftwerksanlagen – und Kernkraft ist in der Tat sowohl permanent verfügbar als auch klima- und ressourcenschonend –, ist ein Anachronismus besonderer Art. Historiker des Jahres 3000 werden über die unzeitgemäße Energiepolitik Österreichs und Deutschlands nur ungläubig den Kopf schütteln. Eine moderne Volkswirtschaft wird sich um möglichst effektiv gestaltete Energieformen bemühen, nicht zuletzt, weil Energie zur Erzeugung, Speicherung, Verbreitung und Verwertung von Information vonnöten ist.

Information ihrerseits ist ein so weit gespannter Begriff, dass er sich einer definitorischen Einengung unausweichlich entzieht. Fakten werden erst dann als solche wahrgenommen, wenn sie in ein System von Informationen eingewoben sind. Dies betrifft Lebloses wie etwa die Geografie und die Geologie eines Landes, dies betrifft Lebendiges – nicht von ungefähr spricht man von der Information, die in der DNS einer Zelle ruht. Dies betrifft erst recht den Menschen, ein informationsverarbeitendes Wesen *sui generis*. Eigentlich besteht jede Arbeit, versucht man sie auf ihren abstrakten Gehalt zu reduzieren, auf der Schaffung der Möglichkeit, Information überhaupt zu erhalten, auf der tatsächlichen Gewinnung von Information, auf der Speicherung, Verbreitung und Verwertung von Information. Nur so ist es möglich, dass in der sogenannten „Industrie 4.0" in einem gewaltigen Ausmaß Arbeit vom Menschen auf die Maschine übertragen werden kann.

Jede Tätigkeit, die sich auf einen Algorithmus, also auf ein vorgegebenes, schematisch ablaufendes, in einer Programmiersprache formulierbares Regelsystem reduzieren lässt, wird von der Industrie 4.0 erfasst werden. Der Mensch, der diese Arbeit bisher erbrachte, wird durch eine Maschine vollends ersetzt werden. Dabei ist es einerlei, ob es sich dabei um die Herstellung, den Vertrieb oder die Entsorgung eines Produkts handelt oder um Dienstleistungen. Der elektronische Butler führt den Haushalt; mechanische Pflegeroboter kümmern sich um Kranke und Pflegebedürftige;

Rudolf Taschner

Schulungsprogramme ersetzen Unterrichtskräfte, die Lehrstoff eintrichtern; automatisierte Mobilitätssysteme regeln den Personen- und Warenverkehr und ersetzen Chauffeure, Lokomotivführer, Piloten. Fabriken arbeiten vollautomatisch und praktisch menschenleer; landwirtschaftliche Betriebe werden rein maschinell geführt – für jede schematisierbare Arbeit wird der Mensch elektromechanisch ersetzt.

Optimistische Vertreter der Industrie 4.0 nehmen an, dass Energie zwar nie im Überfluss, aber zumindest zu einem erschwinglichen Preis auch auf lange Sicht ausreichend verfügbar sein wird, um die Nachfahren jener Z1 des Konrad Zuse zu versorgen, die einst lediglich ein Staubsaugermotor antrieb. Doch lehrt uns Gödel, dass es neben der digitalisierbaren auch jene Informationen gibt, die sich der Reduktion auf null und eins widersetzen. Dies nährt die Hoffnung, dass menschliche Arbeit doch nicht vollständig maschinell ersetzbar sein wird.

Die dringendste Frage unserer Zeit

Es liegt im Wesen digitaler Information, unzerstörbar und beliebig oft in stets gleichbleibender Qualität kopierbar zu sein. Diese wird nur dann zu einem hohen Preis gehandelt, solange sie geheim bleibt und nur von den Käufern entschlüsselt werden kann. Sobald sie dem Markt frei zur Verfügung steht, ist sie praktisch zum Nulltarif zu haben. Deshalb wird es nie „digitale Antiquitäten" geben. Ein Handy der vorletzten Generation wirft man weg.

Dementsprechend wird man die Arbeit, die im Zuge der Industrie 4.0 vom Menschen zur Maschine wandert, als wertlose Arbeit einstufen. Genauso taten es die Griechen der Antike bei den Arbeiten, die ihre Sklaven verrichteten. Trotzdem waren die Griechen nicht untätig. Sie unterschieden klug zwei Arten von Arbeit: Die eine, *pónos* genannt, war die mit Plage, Mühe, Schweiß verbundene Sklavenarbeit. Die andere Arbeit ist hingegen mit dem Begriff *érgon* gekoppelt und steht für das kreative Werk. Darin ist das Handwerk genauso eingeschlossen wie die sorgfältig unternommene Tierzucht, die schöpferische Leistung eines Künstlers genauso wie das im lebendigen Dialog vollzogene Unterrichten junger Menschen. Wesentlich ist, dass man diese Arbeit nicht digitalisiert – nicht nur jene, die sich prinzipiell der Digitalisierung entzieht, sondern auch jene, die man ganz einfach nicht digitalisieren will. Weil man der Menschheit ihren Anteil an Information, die man mit Begriffen wie „Wissen", „Weisheit" und „Intuition" umschreibt, nicht entreißen möchte.

Das Beispiel der Uhr steht paradigmatisch für eine Legion anderer: Obwohl eine digitale Uhr mit einer weitaus größeren Präzision arbeitet und mit weitaus mehr Beiwerk ausgestattet ist als eine von Menschenhand hergestellte, mit Federn, Unruh, Zahnrädern und feinmechanischen Kunstwerken bereicherte Uhr – der Mensch will nicht davon ablassen, Zeiger so wandern zu sehen wie die Wandelsterne am Himmel, aller digitalen Anzeigen zum Trotz. Er ist bereit, für die Arbeit, die von Menschen geleistet wird, um der Uhr gleichsam Leben einzuhauchen, viel Geld zu bezahlen – zumal eine solche Uhr einen beständigen Wert darstellt. Die digitale Uhr hingegen, heute in der Regel identisch mit dem Mobiltelefon, wird zu Schrott: Man wirft sie weg, wenn ein neues Modell angeboten wird.

Somit führen die beiden geschilderten Ereignisse von 1938, auf die ferne Zukunft extrapoliert, dazu, dass digitale Maschinen viele Bedürfnisse befriedigen, die dabei hergestellten Waren aber im Marktgeschehen mit Einführung der nächsten Generation praktisch keine Rolle spielen werden, weil es sich nicht mehr auszahlt, sie zu kaufen oder zu verkaufen. Es handelt sich bei ihnen nicht mehr um knappe Güter. Die wertvollen Güter des Marktes hingegen sind jene im Sinne des *érgon* in menschlicher Arbeit hergestellten – seien es materielle Waren oder Dienstleistungen –, die der Digitalisierung entzogen sind.

Es ist die wohl dringendste Frage unserer Zeit, ob hinreichend viel Arbeit im Sinne des *érgon* zur Verfügung stehen wird. Die sich daraus ergebende Problematik liegt auf der Hand: Wäre dies nicht der Fall, würde die Gesellschaft zweigeteilt. Es bildete sich eine große Schar von Arbeitslosen heran, die zwar keine materielle Not litten, denen jedoch die kreative Teilnahme am Markt, reichend vom Handwerker bis zur Ärztin, versagt wäre. Sie empfänden die Segnungen der beiden Ereignisse von 1938 als Fluch. Denn sie ereilte das Schicksal, in ein nur zu Beginn als „dolce" empfundenes „far niente" zu stürzen. Einfach weil man sie nicht benötigte. Die Verhinderung einer solch düsteren Zukunft ist keine rein technische, sondern eine politische Aufgabe, die sehr bald auf uns zukommen wird.

Addendum
1938 – Finis Aetatis

War das Jahr 1938 für die Biografien von Gödel und Meitner als Wissenschaftler österreichischer Provenienz ein gravierender Einschnitt, so soll abschließend noch ihres Herkunftslandes gedacht werden. Denn zweifellos markiert das Jahr 1938, an dessen Iden des März Adolf Hitler den „Anschluss" Österreichs an seinen Verbrecherstaat verkündete, das endgültige Ende jener Epoche, in der Österreich mit Wien als seiner Hauptstadt als eines der großen geistigen Zentren der Welt angesehen werden darf.

Rudolf Taschner

Wie war es zu diesem geistigen Höhenflug just an dieser Stelle gekommen? Schlüssig lässt sich die Frage wohl nicht beantworten, wohl aber gibt es Hinweise, die sich zum Beispiel aus dem jüngst erschienenen Buch *The Habsburg Empire: A New History* von Pieter M. Judson herauslesen lassen – wie überhaupt der Blick von außen, zumal von brillanten Historikern des englischsprachigen Raumes wie Will Johnston, Allan Janik, Christopher Clark oder Tony Corn, aufschlussreicher sein kann als die Innensicht.

Nach der Festigung der Donaumonarchie als Großmacht durch die fulminanten Siege von Prinz Eugen wurde unter Kaiserin Maria Theresia und unter ihren beiden Söhnen Joseph und Leopold das Land aus dem Mittelalter geholt und von der Aufklärung durchdrungen. Neben dem Kaiseringemahl Franz Stephan seien Joseph von Sonnenfels, Gerard van Swieten und dessen Sohn Gottfried oder Ignaz von Born als nur wenige von vielen genannt, die den Keim für modernes Denken zu setzen verstanden. Selbst in der unter den Kaisern Franz und Ferdinand eintretenden Zäsur gab es, wie Judson betont, Entwicklungen, die das Wachstum aus diesem Keim beförderten.

In geradezu explosiver Weise zur Blüte gelangte es, als unter Kaiser Franz Joseph der Bau der Ringstraße in Angriff genommen wurde. Dabei war die politische Lage des Staates nach der bürgerlichen Revolution von 1848, nach der peinlichen Haltung im Krimkrieg und nach den schrecklichen Schlachten in Magenta und Solferino alles andere als gefestigt, die Zeichen des Verfalls standen an der Wand. All dem zum Trotz gestattete man sich eine einzigartige Generosität bei den Planungen dieses vom Staat getragenen Projekts, das in größter Distanz zu Begehrlichkeiten der Tagespolitik und lokalen Befindlichkeiten umgesetzt werden konnte. Im Vergleich zur Gegenwart wird einem schmerzlich bewusst, dass heute Fantasie oder Mut fehlen, ähnlich großzügig zu denken, unbeirrt zu entscheiden, auf Stil, Weitläufigkeit, Eleganz zu setzen.

Jedenfalls ging damit ein Aufschwung des gebildeten Bürgertums einher, insbesondere der sich der Aufklärung verbunden fühlenden jüdischen Bevölkerung, und es folgten Jahrzehnte einer von Ideenreichtum sondergleichen erfüllten Ära. Arthur Schnitzlers Komödie *Professor Bernhardi* steht im Beispiel der Medizin dafür als archetypisches Paradigma: Einerseits führt Schnitzler fast beiläufig vor, dass in diesem Lande der Exzellenz – „die Arbeiten von Wenger sind außerordentlich, richtunggebend" – dem Durchschnittlichen – „Hell hat ein paar Krankengeschichten geschrieben, in ziemlich fragwürdigem Deutsch nebstbei" – der Vorzug gegeben wird. Andererseits thematisiert Schnitzler die vielfältigsten Facetten des latenten Judenhasses, genährt von geiferndem Neid auf offensichtliche Leistungen: „Große Freude in Israel – wie?", höhnt Ebenwald, weil Bernhardi, wie von ihm zu erwarten, eine hellsichtige Diagnose gelang. Aber noch ist der

Dämon gezähmt; der Minister für Kultus und Unterricht Flint, eigentlich die spannendste Figur des Stückes, trägt Züge Karl Luegers, jenes den Neid auf den Erfolg von Juden schürenden Politikers, der erst nach mehrmaliger Wahlwiederholung und einer Verzögerung von zwei Jahren Wiener Bürgermeister wurde, da Kaiser Franz Joseph seine Ernennung wegen Luegers feindseliger Rhetorik gegen die Juden mehrfach abgelehnt hatte.

Die 1985 vom Historischen Museum der Stadt Wien im Künstlerhaus eingerichtete Sonderausstellung „Traum und Wirklichkeit, Wien 1870–1930", die auch im Pariser Centre Pompidou und im New Yorker Museum of Modern Art gezeigt wurde, dokumentierte in einzigartiger Weise diese singuläre Epoche der Wiener Jahrhundertwende, als in praktisch jedem künstlerischen Fach und in jeder wissenschaftlichen Disziplin eindrückliche Werke von Weltgeltung und bleibendem Wert geschaffen wurden. Es stimmt, was Robert Musil im *Mann ohne Eigenschaften* über „Kakanien" schrieb, dem „seither untergegangenen, unverstandenen Staat, der in so vielem ohne Anerkennung vorbildlich gewesen ist".

Tatsächlich war nach der Katastrophe des Ersten Weltkriegs der Untergang dieses Zeitalters unabwendbar. Zwar hofften einige wenige Weltoffene, über die Katastrophe der „letzten Tage der Menschheit" hinweg, den in den Jahrzehnten vor dem Krieg erreichten künstlerischen und wissenschaftlichen Standard bewahren, ja sogar noch weiter heben zu können: Hugo von Hofmannsthal sah das Projekt der Salzburger Festspiele als Fortsetzung einer bis auf Maria Theresia zurückgehenden, einzigartigen künstlerischen Tradition. Der von Hans Hahn, Otto Neurath und Moritz Schlick als prominentesten Protagonisten geführte Wiener Kreis sah sich in der Nachfolge von Ernst Mach mit Recht als Angelpunkt einer für die modernen Wissenschaften maßgebenden neuen Philosophie. Die von Carl Menger begründete moderne Nationalökonomie wurde von dessen Schülern immer noch mit Verve vorangetrieben. Nachdem Hans Kelsen, der eminenteste Jurist des 20. Jahrhunderts, dem letzten österreichischen Kaiser in der vergeblichen Hoffnung auf den Erhalt des alten Staatengebildes gedient hatte, schuf er für die neu gegründete Republik eine weltweit vorbildliche Verfassung. All dies und noch viel mehr Beispiele nährten die Hoffnung auf eine anhaltende Blüte.

Dennoch mehrten sich Zeichen, die diese Kontinuität als brüchig entlarvten: In dem von Katharina Kniefacz, Elisabeth Nemeth, Herbert Posch und Friedrich Stadler herausgegebenen Werk *Universität – Forschung – Lehre. Themen und Perspektiven im langen 20. Jahrhundert* schreibt Johannes Feichtinger, es habe sich aufgrund der prekären wirtschaftlichen Verfassung der nunmehr klein gewordenen Republik ein Missverhältnis zwischen den verfügbaren akademischen Stellen und der Vielzahl junger, talentierter

Universitätsabsolventen gebildet, welches diese schon lange vor 1938 zum Verlassen des Landes zwang. Und er fährt fort, dass solch schmerzliche Weggänge, wie zum Beispiel der von Ernst H. Gombrich oder von Max F. Perutz 1936 nach England, nicht allein auf fehlende staatliche Zuwendungen zurückzuführen gewesen seien, sondern die viel grässlichere Ursache des nun entfesselten Dämons hätten, was er mit einem Zitat des Physikers Franz Urbach aus dem Jahre 1934 unterlegt: „Als ich meine Studien (1921) begann, war in Österreich die akademische Laufbahn für einen Juden zwar etwas erschwert, aber durchaus zugänglich; als ich sie beendete (1926, also lange vor Ausbruch des deutschen Nationalsozialismus), war sie praktisch bereits fast unmöglich, und zwei Jahre nach dem Doktorat, als ich ‚habilitationsreif' war, war nicht mehr daran zu denken. Es war damals eine staatliche Anstellung für einen Juden so gut wie unerreichbar geworden, und besonders die Universität und die technische Hochschule waren Zentren des schärfsten Antisemitismus. Ich war so dem lautlosen österreichischen Hochschulantisemitismus ausgeliefert" (Feichtinger 2001, 140).

So gesehen ist 1938 das Fanal, das die oben genannte Hoffnung endgültig vernichtete. Allein von der Universität Wien wurden in diesem Jahr schlagartig über 2700 Personen aus „rassischen oder politischen Gründen" vertrieben: rasch und reibungslos; Ende des Jahres galt im Jargon der neuen Machthaber die Universität bereits als „judenfrei". An dieser Stelle die Namen einiger weniger zu nennen, die sich durch Flucht retten und in der Fremde reüssieren konnten, verbietet sich angesichts der Zahllosen, die – unabhängig davon, ob sie der künstlerischen oder der akademischen Elite angehörten oder nicht – Opfer des Infernos wurden.

1938 markiert das brutale, endgültige und unumkehrbare Ende jener Ära, die Österreich in einzigartiger und unvergleichlicher Weise als geistiges Zentrum der Welt prägte. Es ist das Jahr eines Finis Aetatis.

1968

Das unterschätzte Wendejahr

◆

Herbert Lackner

Was war das nun? Eine Revolution? Eine Zeitenwende? Oder vielleicht doch nur ein Sturm im Wasserglas?

Eine Wegmarke ist 1968 jedenfalls, sie hat ein „Davor" und ein „Danach". Vor 68 oder nach 68 – das machte einen Unterschied. Es gibt ihn bis heute.

Aber warum brach innerhalb relativ kurzer Zeit rund um den Globus Widerstand auf, wo doch gerade die schlimmen Folgen des großen Krieges einigermaßen beseitigt waren? Warum standen Millionen junger Leute auf und meinten, so ginge es nun nicht weiter, obwohl erstmals seit Jahrzehnten wieder bescheidener Wohlstand um sich griff?

68 hat viele Wurzeln. In den USA marschierten die Kids, weil sie nicht als Soldaten nach Vietnam wollten, in Deutschland die Studenten, die ganz andere Hochschulen, ganz andere Machtverhältnisse in einer ganz anderen Welt wollten. In Frankreich und Italien verbrüderten sich Studierende mit streikenden Arbeitern – ein Kunststück, das den jungen Intellektuellen in anderen Ländern nie gelang, sosehr sie auch den Anspruch erhoben, im Sinne der bisweilen vergötzten Arbeiterklasse zu sprechen. In Osteuropa rotteten sich Reformer in den herrschenden Staatsparteien zusammen und meinten, es könne doch auch Kommunismus „mit menschlichem Antlitz" geben. In der Tschechoslowakei ließ der Reformkommunist Alexander Dubček im „Prager Frühling" alle Blumen blühen. Auch im dösenden Österreich loderte es hoch, um Biedersinn, Spießertum und nicht aufgearbeitete Nazi-Vergangenheit auszuleuchten.

Wie aber hatte sich dieses Pulverfass gefüllt? Wer zündete die Lunte? Wer drückte anno 68 auf den Knopf? Und war danach alles aus oder legte die Bewegung nur ein anderes Kleid an: das der Hausbesetzer, der Friedensmarschierer, der Anti-Atom-Bewegung, der Grünen, der Globalisierungsgegner?

In Wahrheit ist 1968 gar kein Datum, es ist eine Chiffre, bestenfalls ein Zeitraum, dessen Ausdehnung jeder für sich selbst definieren kann. Vielleicht war 68 sogar nur ein Lebensgefühl, das bei manchen bloß kurz hochschäumte und bei anderen bis heute mitschwingt. *Wir haben sie so geliebt, die Revolution* war der treffende Titel eines 1968er-Erinnerungsbandes, den der grüne Europaabgeordnete Daniel Cohn-Bendit 1987 herausgab. 1968 hatte der „rote Dani" die Studenten in Paris angeführt.

Um „Lebensgefühl" war es auch früheren Jugendbewegungen gegangen, etwa den „Wandervögeln", die sich in Österreich 1911 zusammentaten. Arbeiter, aber auch Aristokraten hatten bei ihnen keinen Platz gehabt, hier waren die Söhne und Töchter von Beamten, Geschäftsleuten und erschrockenen Mittelständlern zugange gewesen, denen die allzu schnellen Zeitläufte nicht geheuer waren. Ihre heile Welt suchten die Wandervögel in der

Herbert Lackner

Dutschke und der Vietnamkrieg als Katalysatoren: Demonstration in der Wiener Mariahilfer Straße im April 1968.

freien Natur, sie nächtigten auf Bauernhöfen, sangen Volkslieder, übten Ertüchtigungs- und Kriegsspiele, pflegten altes Brauchtum. Das Jüdische war für sie fremdartig, zu wenig bodenständig, zu modern, sie lehnten es ab. Schon im zweiten Jahr ihres Bestehens beschloss die österreichische Wandervogel-Bewegung einen Arier-Paragrafen.

Nicht Lebensgefühl, sondern konkrete politische Forderungen trieben die Jugendbewegungen der Linken an. Der 1907 gegründete Verband jugendlicher Arbeiter war die Jugendorganisation der Sozialdemokraten. Schon 1920 setzten die jungen Sozialisten ein Verbot der Sonntagsarbeit und des Alkoholausschanks an Jugendliche durch. Wenige Jahre später fand der begeisterte Bürgersohn Bruno Kreisky zur roten Jugendbewegung.

Der Austrofaschismus und die NS-Zeit machten all dem ein Ende. Schon in der Zeit des Ständestaats hatten sich Gruppen von „Schlurfs" zusammengetan – meist Jugendliche aus der Arbeiterschicht, oft auch Arbeitslose. Ihr Credo war die Verweigerung der Teilnahme an den Institutionen von Staat, Parteien und Gesellschaft. Sie waren frühe Antiautoritäre, wie sie in den folgenden Jahrzehnten in immer neuen Erscheinungsformen auftreten sollten: in den unmittelbaren Nachkriegsjahren als „Halbstarke", kurz vor 1968 als **113**

Hippies, Gammler oder Kommunarden, in den achtziger Jahren als Punks und Hausbesetzer. Die Nationalsozialisten sahen die Schlurfs als ernstzunehmende Gefahr – das Beispiel der Verweigerung durfte nicht Schule machen. Tausende Schlurfs wurden in Erziehungsanstalten, Hunderte als „Asoziale" sogar in Konzentrationslager gesteckt.

Nach Kriegsende sortierten sich die Jugendorganisationen rund um ihre Parteien, um dort weiterzumachen, wo sie 1934 aufgehört hatten. Freilich waren Sozialdemokraten und Christlichsoziale jetzt nicht mehr einander bis aufs Blut bekämpfende politische Feinde, sondern Koalitionspartner. Die SPÖ rief nicht mehr zum Klassenkampf auf, die ÖVP schwor dem Antiparlamentarismus und Antisemitismus ihrer Vorgängerpartei ab. Die Kirche zog sich aus der Politik zurück.

Aber wurde wirklich neu gedacht? Selbst Funktionäre, die in der NS-Zeit wiederholt inhaftiert worden waren, wie etwa der erste Nachkriegsobmann der Sozialistischen Jugend, Peter Strasser, schienen bisweilen noch nicht in der neuen Zeit angekommen. In seiner Rede beim Parteitag der SPÖ im Jahr 1945 gestand er der Hitlerjugend zu, sie habe immerhin „den kollektiven Gedanken verkörpert". Strasser wörtlich: „Der Hitlerjunge ist für uns noch viel annehmbarer als der individualistische Schlurf und es ist schwer für uns, aus dieser Jugend eine wirklich sozialistische Jugend zu erziehen."

Mit den Achtundsechziger-Spontis kamen die SPÖ-Jugendorganisationen später ebenso wenig zurecht. Der Vorwurf blieb weitgehend unverändert: Individualismus.

Die SJ verschrieb sich denn auch bald der „Jugendpflege": Ausflüge, Tischtennis-Turniere, Tanzabende, Ski-Meisterschaften – das war in der Vor-Fernsehzeit durchaus gefragt. Die aufmüpfigeren roten Schüler- und Studentenorganisationen übten sich derweil in internen Fraktionskämpfen.

Und doch entdeckten Teile der politisierten Jugend den Internationalismus der Linken wieder, der 1914 so spektakulär gescheitert und danach nie wieder auf die Beine gekommen war. In den frühen 1950er Jahren galt die Zuneigung vor allem seitens der sozialdemokratischen Jugendorganisationen dem jungen Staat Israel, aufgebaut von aus Europa zugewanderten Nazi-Opfern, organisiert in Kooperativen und Gemeinschaftsfarmen – Sozialismus im erblühenden Wüstenstaat. Wie später nach Kuba und Nicaragua gingen Österreichs junge Linke zum Solidaritäts-Arbeitseinsatz in die Kibbuzim. Einer von ihnen hieß Heinz Fischer. Noch war es in Europa kein Thema, dass Hunderttausende nach der Staatsgründung geflohene Palästinenser in Flüchtlingscamps in den arabischen Nachbarstaaten vegetierten.

Herbert Lackner

So wie die Linken eine Generation später gegen den Vietnamkrieg auf die Straße gingen, zogen die jungen Sozialisten der fünfziger Jahre gegen den Kolonialismus ins Feld. Die Gegner hießen dabei Großbritannien und Frankreich. Ausgetragen wurde die „Solidaritätsarbeit" damals freilich weit abenteuerlicher als zu Zeiten von Vietnam: Eine Gruppe im Verband Sozialistischer Studenten (VSStÖ) um den späteren SPÖ-Innenminister Karl Blecha etwa hatte sich auf die Unterstützung der algerischen Befreiungsbewegung Front de Libération Nationale (FLN) konzentriert, die gegen die französischen Kolonialherren kämpfte. Blecha ließ sich 1958 durch den Minengürtel der Franzosen hindurch von Tunesien nach Algerien schleusen, um mit Vertretern der FLN zu beraten. Schließlich wurde eine amüsante Strategie entwickelt. Man hatte entdeckt, dass viele der österreichischen Fremdenlegionäre im Dienste Frankreichs durch Inserate in der *Illustrierten Wochenschau* Briefkontakt mit Frauen in der Heimat suchten. Die Mädchen der VSStÖ-Gruppe begannen nun den jungen Männern, die in der algerischen Wüste gegen die FLN kämpften, zu schreiben. Immer öfter ließen sie Zweifel über den Sinn dieses Krieges in Algerien in ihre Briefe einfließen. Von der FLN wusste man, an welchen Punkten die Fremdenlegionäre gefahrlos überlaufen konnten. Gleichzeitig wurde organisiert, dass die Aufständischen die Österreicher sofort in die Heimat überstellten. Hier war die Gruppe mit einem hohen Beamten des Außenministeriums namens Rudolf Kirchschläger in Kontakt, der die notwendigen Papiere besorgte. Zusätzliche Amtshilfe bei der streng geheimen Aktion kam vom Staatspolizisten und späteren Wiener Polizeipräsidenten Karl Reidinger, einem Cousin von Heinz Fischer. Insgesamt wurden so 142 Fremdenlegionäre nach Österreich zurückgeholt.

Also war die Linke der ersten Nachkriegsjahrzehnte in Österreich mitnichten gegen die Staatsmacht. Die Polizei wurde nach Kriegsende von den Kommunisten dominiert, wofür der kommunistische Innenminister Franz Honner und die sowjetischen Besatzer sorgten. Später achtete SPÖ-Innenminister Oskar Helmer darauf, dass auch Sozialdemokraten in die Stapo und die Polizeikasernen einziehen konnten.

Chef der Staatspolizei war in den ersten Nachkriegsjahren der Wiener Rechtsanwalt Heinrich Dürmayer, ein kommunistischer Widerstandskämpfer, der Auschwitz und Mauthausen überlebt hatte. Heinz Fischer, Mitte der 1950er Jahre Spitzenfunktionär bei den Sozialistischen Mittelschülern und später bei den roten Studenten, war eng mit der Tochter von Polizeipräsident Josef Holaubek befreundet, die derselben Mittelschüler-Gruppe angehörte wie er. Der junge Student Ferdinand Lacina stieß 1965 während der Affäre Borodajkewycz, bei der es während einer Demonstration zu gewaltsamen

Auseinandersetzungen zwischen Anhängern und Gegnern des antisemitischen Wirtschaftsprofessors gekommen war, auf den kommandierenden Polizeioffizier, der ihm sehr bekannt vorkam: Es war sein Schwiegervater in spe, ein hochrangiger KPÖ-Funktionär.

Anno 68 ff. als es auf den Straßen gegen die Bombardements der USA in Vietnam ging, war die Kooperationsbereitschaft der Staatsorgane mit den Demonstranten (und umgekehrt) schon eher beschränkt. Heute fährt die FPÖ ihre besten Wahlergebnisse in Wien in einem Polizisten-Wohnblock in Ottakring ein.

Nach den „langen fünfziger Jahren", dieser politisch bleiernen Zeit, kam nun Bewegung in die Jugend: Skandalöse Freisprüche von NS-Kriegsverbrechern, die erwähnte Affäre Borodajkewycz und das immer heftigere militärische Engagement der USA in Vietnam mobilisierten auch die Nachwuchsorganisationen der Parteien. Jene der SPÖ verweigerten die Teilnahme an den traditionellen Ostermärschen gegen Atom-Aufrüstung, weil dabei nicht explizit zur US-Politik in Südostasien Stellung bezogen wurde. Der junge Journalist Oscar Bronner deckte in einer Artikelserie in der Zeitschrift *Forum* auf, dass im sozialistisch geführten Justizressort zahlreiche Nazi-Richter und Nazi-Staatsanwälte untergeschlüpft waren.

Unübersehbar wurde das Wetterleuchten wenig später bei den 600-Jahr-Feiern der Wiener Universität im Jahr 1965. Der Protest kam dabei keineswegs von links, sondern – die Magnifizenzen konnten es kaum fassen – aus dem Cartellverband. Der spätere ÖVP-Abgeordnete Heribert Steinbauer und der junge Chirurg Werner Vogt, beide Mitglieder der CV-Verbindung Austria, hatten ein Gegensymposium zu den muffigen Jubiläumsfeierlichkeiten veranstaltet. Unter den Referenten: *Spiegel*-Herausgeber Rudolf Augstein, der Schriftsteller Manès Sperber und der marxistische Philosoph Ernst Bloch.

In der Folge übernahmen die Reformer auch das CV-Organ *Academia*. Den ersten Wirbel gab es, als der spätere Industrielle Manfred Leeb einen kritischen Artikel über das Wiener Priesterseminar schrieb. Wegen eines Beitrags von Werner Vogt über einen prominenten CV-Mitbruder, den späteren Bundesratspräsidenten Herbert Schambeck („Der U-Minister"), einen ultrakonservativen Katholiken, eskalierte die Situation. Vogt musste vor ein Ehrengericht und wurde einige Jahre später wegen einer Wahlempfehlung für Bruno Kreisky aus dem CV ausgeschlossen.

„Rutscht der CV nach links ab?", sorgte sich der stockkonservative Ex-Unterrichtsminister Heinrich Drimmel in einem Gastkommentar in der *Furche*. Aber selbst dieses katholische Wochenblatt war für Leute vom Schlage Drimmels kein sicherer Ort mehr. Unter der Leitung von Chefredakteur Kurt

Herbert Lackner

Skalnik – später Pressesprecher von Bundespräsident Rudolf Kirchschläger – hatten junge Redakteure wie Trautl Brandstaller und Anton Pelinka kritische Beiträge zur amerikanischen Vietnam-Politik und zur griechischen Obristen-Diktatur verfasst. Auch die Kirche war nicht mehr tabu. Skalnik, Brandstaller und Pelinka wurde kurzerhand gekündigt. Alle drei machten später schöne Karrieren: Skalnik als Pressechef der Präsidentschaftskanzlei, Brandstaller als TV-Journalistin und Pelinka als Politikwissenschaftler.

Einen weiteren publizistischen Versuch am kritischen Kirchenflügel startete Ende 1967 der Priester Adolf Holl, damals 37. In seinem Blatt *Das freie Wort – Meinungsblatt für den Klerus der Erzdiözese Wien* befasste er sich mit der lateinamerikanischen Befreiungstheologie und forderte eine Diskussion über den Zölibat. Zwei Jahre lang hielt Holl dem Druck der Kirche stand, dann musste er nach der Drohung mit dem Entzug seiner Lehrbefugnis aufgeben. Einige Jahre später war er diese dann wegen seines Buches *Jesus in schlechter Gesellschaft* endgültig los.

Der keineswegs immer liberale Kardinal Franz König gab in einer Predigt vor der Diözesansynode im November 1968 den Kurs vor: Die Kirche werde sich „nicht von der progressiven Jugend treiben lassen", die Demokratisierung habe Grenzen.

Besonders grotesk war die Lage des politischen Journalismus. Die Innenpolitik-Berichterstattung beschränkte sich in den sechziger Jahren meist auf die Wiedergabe von Parlamentsdebatten und den Abdruck von Stellungnahmen der Parteien. Pressekonferenzen gab es nur äußerst selten. Einen Politiker höchstpersönlich ans Telefon zu bekommen, war praktisch unmöglich. Interviews gab es nur für handverlesene Vertrauensleute aus den Redaktionen – und selbst diese mussten vorher artig ihre Fragen einreichen, die sie später glattgebügelt zurückbekamen.

Vor Fernseh- und Radiointerviews wurden sowohl die Fragen als auch die Antworten schriftlich genau festgelegt und dann einfach abgelesen. Bezeichnend war der vor einigen Jahren in einem ORF-Rückblick geschilderte Fall eines Fernsehreporters, der Mitte der sechziger Jahre einen ausnahmsweise extemporierenden Politiker interviewte. Der Rundfunkmann war schwer verunsichert. Nachdem er das Interview in großer Nervosität beendet und den Beitrag geschnitten hatte, ließ er sich das gesamte Rohmaterial aushändigen, um sich abzusichern, falls eine Rüge von oben kommen sollte. In der erwähnten Jubiläums-Rückschau des ORF wurde auch ein völlig sinnentleertes Interview mit der damaligen SPÖ-Frauensprecherin und späteren Wissenschaftsministerin Hertha Firnberg gezeigt. Der Grund für den grotesken Beitrag war nicht minder absurd: Es musste irgendetwas von der SPÖ gezeigt werden, weil in derselben Sendung die ÖVP vorkam.

Österreich vor 68: Im Strafgesetz waren noch Bestimmungen aus dem Jahr 1804 in Kraft, das Familienrecht stammte in großen Teilen aus dem Allgemeinen Bürgerlichen Gesetzbuch, niedergeschrieben 1811. Ehebrecher und Homosexuelle machten sich strafbar, uneheliche Kinder waren per Gesetz Menschen zweiter Klasse, Männer automatisch Familienoberhaupt und im Besitz der „väterlichen Gewalt". Mütter durften für ihre Nachkommenschaft ohne Unterschrift des Ehemanns nicht einmal einen Reisepass beantragen.

1962 wies die Bezirkshauptmannschaft Bregenz alle Gemeinden an, „Tanzunterhaltungen" streng zu kontrollieren, „weil der in letzter Zeit aufgekommene Modetanz ‚Twist' geeignet ist, das Sittlichkeitsgefühl weiter Kreise der Bevölkerung zu verletzen". Auch Bikinis waren in Vorarlberg verboten.

Alexander Van der Bellen berichtet in seinem Buch *Die Kunst der Freiheit* davon, wie er 1963 in Innsbruck das 1928 erschienene Buch *Lady Chatterley's Lover* des britischen Schriftstellers D. H. Lawrence kaufte: „In der Buchhandlung wurde mein Ansinnen mit einem misstrauischen Blick quittiert. Das Buch wurde verstohlen unter der Theke hervorgeholt und mir eher missbilligend verkauft." Der längst als Teil der Weltliteratur anerkannte Roman galt damals als purer Porno.

Das Bewusstsein der Massen war vorsintflutlich: Noch 1967 – da wüteten anderswo schon längst Mick Jagger und Keith Richards – meinten in Österreich laut einer Umfrage 65 Prozent der Frauen und 45 Prozent der Männer, es gehe zu weit, wenn Mann und Frau ohne Trauschein zusammenlebten. Hotelwirte, die Zimmer an unverheiratete Paare vermieteten, riskierten eine Anzeige wegen Kuppelei. In den Studentenheimen galt striktes Sexverbot, Zuwiderhandelnde wurden hinausgeworfen. Im Februar 1968 stellte die Stadt Wien ihre Lehrlinge vor die Alternative, entweder ihre langen Haare oder ihren Posten zu verlieren.

Österreich war 1970 unter 18 westeuropäischen Ländern das viertärmste, heute ist es das fünftreichste. Das Gesundheitssystem war – trotz medizinischer Spitzenleistungen – antiquiert. Österreich hatte eine der höchsten Säuglingssterblichkeitsraten Europas. Auf Schwangerschaftsabbruch standen bis zu fünf Jahre Haft. In den sechziger Jahren wurden im Schnitt zwölf Frauen pro Monat nach dem Paragrafen 144 verurteilt. Dutzende weitere starben nach Abtreibungsversuchen auf den Küchentischen von „Engelmacherinnen".

Beim Bundesheer (Dienstdauer: neun Monate, Alternative: keine) herrschten Kurzhaarzwang, Kadavergehorsam und selbst nach Dienstschluss Uniformpflicht. Im Rolling-Stones-Zeitalter war es eine tiefe Demütigung, in dieser Montur von Bekannten erblickt zu werden. Nur etwa

50 junge Männer pro Geburtsjahrgang schafften es, aus religiösen Gründen den Dienst im Heer ohne Waffe verrichten zu dürfen. Die Präsenzdiener marschierten zu denselben Liedern, die ihre Väter in der NS-Wehrmacht gesungen hatten, etwa das berühmte „Panzerlied", unter dessen Klängen Hitlers Armee 25 Jahre zuvor in die Sowjetunion vorgestoßen war:

> Ob's stürmt oder schneit,
> Ob die Sonne uns lacht,
> Der Tag glühend heiß
> Oder eiskalt die Nacht.
> Bestaubt sind die Gesichter,
> Doch froh ist unser Sinn,
> Ja unser Sinn;
> Es braust unser Panzer
> Im Sturmwind dahin.

Wenigstens die mittlere Strophe, in der die Ehre, für Deutschland zu sterben, besungen wurde, strich man aus dem Bundesheer-Liederbuch. In der letzten Strophe hieß es dann ohnehin todessehnsüchtig:

> Und lässt uns im Stich
> Einst das treulose Glück,
> Und kehren wir nicht mehr
> Zur Heimat zurück,
> Trifft uns die Todeskugel,
> Ruft uns das Schicksal ab,
> Ja Schicksal ab,
> Dann ist unser Panzer
> Ein ehernes Grab.

Die hohen Bundesheer-Offiziere hatten ja schließlich noch durchweg in der Wehrmacht gedient.

Bevor Gerd Bacher 1967 die Gründung des damals sensationell jungen Radiosenders Ö3 veranlasste, strömte aus den heimischen Apparaten für Jugendliche pure Tristesse. Tägliche Programm-Highlights: „Autofahrer unterwegs" um 11.45 Uhr, die Wunschsendung „Ein Gruß an Dich" um 14.10 Uhr und das „Traummännlein" um 18.45 Uhr.

Der Kabarettist Gerhard Bronner erklärte sich in seiner wöchentlichen Radiosendung „Schlager für Fortgeschrittene" zur Speerspitze im Kampf gegen die Beatles, die er für Wilde hielt. Zur Untermauerung seiner These, dass sich solche Musik nie durchsetzen werde – und wenn doch, dann nur zum Preis des Untergangs unserer Zivilisation –, legte er einige missglückte Coverversionen von Beatles-Hits auf. Wer aktuelle Nummern hören wollte, musste sein Gerät auf Radio Luxemburg einstellen, wo – allerdings durch sphärische Störungen schwer beeinträchtigt – die aktuelle Hitparade zu hören war. *Satisfaction* pur – in Österreich ein *No-Go*.

Auch das Fernsehen feierte Orgien der Betulichkeit. Beispiel eines Samstagabend-Programms im Juni 1966: 18 Uhr: „Besuch bei Franz Nabl", 19 Uhr: „Markt am Wochenende", 19.30 Uhr: „Zeit im Bild", 20.15 Uhr: „5000 Gulden Belohnung – Bauernschwank aus der Löwinger Bühne", 22 Uhr: Bundeshymne, Sendeschluss.

Die Hochschulen funktionierten nach dem neoabsolutistischen Regelwerk des Ministers Leo Graf Thun-Hohenstein von 1853. „Unter den Talaren herrscht der Muff von 1000 Jahren", lautete denn auch ein nicht unzutreffender Slogan der Achtundsechziger.

Das gesellschaftliche Klima an den Hochschulen wurde von bierseligen Burschenschaftern und mensurgeilen Schafsköpfen bestimmt. Die Bildungspolitiker bekämpften Bildung: Theodor Piffl-Perčević, Unterrichtsminister der ÖVP-Alleinregierung, verfügte 1967 eine Kürzung der Stundenzahl an den Gymnasien. Sollte diese nicht akzeptiert werden, wolle man die Klassenschülerhöchstzahl von 36 auf 40 erhöhen, drohte der Minister. Studiengebühren und magere Stipendien errichteten vor den Universitätstoren fast unüberwindliche Klassenschranken. Die Hochschulgebühren betrugen 2400 Schilling pro Semester – nach heutiger Kaufkraft etwa 900 Euro. Laut einer Studie aus dem Jahr 1965 gingen 45 Prozent der neuen Diplomingenieure mangels Arbeitsmöglichkeit sofort nach ihrem Abschluss ins Ausland, bei den Chemikern emigrierten sogar mehr als die Hälfte.

Bei den Hochschülerschafts-Wahlen 1965 erreichten die ÖVP-Studenten 57 Prozent der Stimmen. Weitere 29 Prozent entfielen auf den Ring Freiheitlicher Studenten, einer stramm rechten Truppe, in die auch namhafte Neonazis untergeschlüpft waren. Die Sozialistischen Studenten vom VSStÖ schafften gerade zwölf Prozent, die Studentenorganisation der KPÖ dümpelte ganz im Stile der Mutterpartei bei zwei Prozentpunkten.

Auch die internationale politische Lage war beklemmend: In Osteuropa unterdrückte die Sowjetmacht mit eiserner Faust alle Liberalisierungstendenzen. Im August 1968 überrollten die Panzer des Warschauer Pakts den „Prager Frühling". In Vietnam starben im selben Jahr rund 15.000 US-Soldaten – so viele wie in den vorangegangenen fünf Jahren insgesamt. Hunderttausende Vietnamesen kamen ums Leben, als die USA nordvietnamesische Städte bombardierten. In drei europäischen NATO-Staaten – Portugal,

120

Spanien und Griechenland – herrschten faschistische Regime. Spaniens Diktator Francisco Franco ließ Delinquenten noch bis 1974 mit der Garotte, dem Würgeeisen, hinrichten – ein langsames, qualvolles Ersticken.

Als die spätere griechische Kulturministerin, die Schauspielerin und Sängerin Melina Mercouri, 1967 in Wien bei einer Kundgebung gegen die griechische Militärjunta, eine Bande gnadenloser Folterknechte, auftrat, fragte die *Presse* spitz: „Waren jene gut beraten, die dafür die Staffage hergaben, dass auf österreichischem Boden zur Revolution in einem anderen Land aufgerufen wird?"

Der persönlich integre und humanistisch gebildete Bundeskanzler Josef Klaus (ÖVP), ein alpenösterreichisches Gemüt, das sich in den Bergen weit wohler fühlte als im unübersichtlichen Wien, hielt das alles für Normalität. Der gebürtige Kärntner war Landeshauptmann von Salzburg, bevor er Finanzminister wurde und 1964 den eher bedächtigen Alfons Gorbach als Bundeskanzler ablöste.

Als Klaus 1968 in die USA reiste (und dabei seinen Sekretär Thomas Klestil als Generalkonsul in Los Angeles installierte), zeigte sich der Kanzler von den Anti-Vietnamkrieg-Demonstrationen tief erschüttert: „Wird die von Präsident Nixon angesprochene schweigende Mehrheit nicht bald zu einer Umkehr und Besinnung führen?", fragte er besorgt. Noch in seinen 1971 verfassten Lebenserinnerungen gab sich der Konservative erstaunt über die Umbrüche in seiner Amtszeit: „Rote Zellen, Kontaktpersonen männlichen und weiblichen Geschlechtes, die diskutieren und demokratisieren", würden „die christliche Demokratie aushöhlen und aufweichen." „Zum liberalen Bürgertum hatte er ein etwas kompliziertes Verhältnis", befindet sein damaliger Sekretär Peter Marboe, später Wiener Kulturstadtrat, in der Rückschau milde.

Vielleicht waren die neuen Bewegungen für Männer vom Schlage Klaus' auch deshalb so schwer zu verstehen, weil sie zum Großteil nicht von Parteien getragen oder zumindest gesponsert wurden – in Österreich ein absolutes Novum.

Am 3. Oktober 1967 etwa trat erstmals die „Kommune Wien" auf. Sie bestand aus einem Freundeskreis von ehemaligen Kommunisten und freischwebenden Linken, den der junge Schriftsteller Robert Schindel im Café Hawelka um sich geschart hatte. Nach einem denkbar harmlosen „Love-in" in der Universitätsaula wurde der Kommunarde Günter Maschke verhaftet und einige Wochen später an die Bundesrepublik Deutschland ausgeliefert, wo er von der Bundeswehr desertiert war. Später wandte sich Maschke dem Rechtsextremismus zu.

Auch die knöcherne KPÖ blieb von den Spontiaktionen der Antiautoritären nicht verschont. Mit dem Ruf „Unser lieber Herr Koplenig spricht in letzter Zeit sehr wenig" stürmte die Kommune Wien den kommunistischen Parteitag. Richtig beobachtet: Johann Koplenig, der Altvorsitzende der Partei, war kurz davor gestorben.

Bei der Inauguration des neuen Rektors der Wiener Universität wurde Unterrichtsminister Piffl-Perčević von Studenten mit Tomaten beworfen. Selbst die gewöhnlich überaus artigen Schüler des noblen Wiener Lycée traten in den Streik. An den Universitäten wählten die Studierenden Institutsvertreter, die sich sofort in den Clinch mit den Ordinarien begaben.

Man las wie verrückt, Bildung war der Schlüssel. Zwischen den Aktivisten brach ein Wettstreit aus: Wer hielt beim Teach-in über Marx' *Kapital* das beste Referat? Wer verbuchte die klügste Wortmeldung bei Diskussionen über den Positivismusstreit in der deutschen Philosophie? Wer konnte die sozialhistorischen und sozioökonomischen Wurzeln des Vietnamkonflikts am treffendsten benennen?

Am 11. April 1968 wurde der deutsche Studentenführer Rudi Dutschke von einem Attentäter in Berlin angeschossen und schwer verletzt. Zuvor hatte die *Bild*-Zeitung monatelang eine Hetzkampagne gegen den damals 28-jährigen Soziologen geritten. Dutschke sollte zehn Jahre später an den Spätfolgen seiner Kopfverletzungen sterben. „Wer Establishment sagt und Autorität sowie Gesetzmäßigkeit meint, darf sich nicht wundern, wenn sein Radikalismus mit radikalen Mitteln beantwortet wird", mahnte die *Presse* nach dem Attentat.

Wenige Tage später erklangen aus dem traditionellen Fackelzug der jungen Sozialisten vor der Tribüne am Rathausplatz ungewohnte Parolen: „Ho-Ho-Ho Tschi-Minh" und „Sieg dem Vietcong". Am nächsten Tag, dem 1. Mai 1968, stürmten Kommunarden und VSStÖ-Aktivisten einen von der SPÖ am Rathaus veranstalteten Blasmusik-Nachmittag und forderten eine Diskussion über die Kündigungen im staatlichen Elin-Konzern. Die Polizei löste den Tumult gewaltsam auf und nahm einige der Demonstranten fest, darunter Bruno Aigner, den späteren Langzeit-Pressesprecher Heinz Fischers.

Im September 1968 erschien in *frontal*, der Zeitung der Sozialistischen Mittelschüler, ein Artikel mit dem Titel „Die Kirche und die Sexualität", der die Justiz auf den Plan rief. Der Autor Leander Kaiser wurde wegen „Reizung der Lüsternheit und Irreleitung der Geschlechtstriebe durch die Abbildung zweier unbekleideter Personen männlichen und weiblichen Geschlechts in Geschlechtsverkehrspose" zu drei Monaten Arrest unbedingt verurteilt.

Deftiger war es zuvor im Juni zugegangen, als der Sozialistische Österreichische Studentenbund, eine linke Abspaltung des VSStÖ, unterstützt durch Mitglieder der Kommune Wien und einer Abordnung von Aktionskünstlern, im Hörsaal 1 des Neuen Institutsgebäudes der Universität ein Teach-in über „Kunst und Revolution" abhielt. Bald hatten die eher unpolitischen Aktionisten das Kommando übernommen, wobei nebst anderen Einlagen ein Wettpinkeln veranstaltet wurde – unter dem Absingen von „Gaudeamus igitur" und der Bundeshymne. Zwei Monate nach der Veranstaltung wurden die Aktionisten Günter Brus und Otto Mühl zu mehrmonatigen Haftstrafen verurteilt.

Die publizistische Speerspitze gegen die Aktionisten war der damalige *Express*-Journalist Michael Jeannée, heute Kolumnist bei der *Krone*. „Die Polizei ist hinter ihnen her!", hatte er gejubelt, als die Hörsaal-1-Aktionisten festgenommen wurden. Die Proteste gegen den neuen Rektor quittierte er vergleichsweise gelassen: „Lauter bekannte Gesichter: die intellektuellen Lenin-Epigonen Wiens."

Auch Bruno Kreisky, damals seit einigen Monaten SPÖ-Vorsitzender, verurteilte die Vorfälle im Hörsaal 1: „Barbarische Exzesse" seien das gewesen, „Revolutionsharlekine" nannte er die neuen Linken auf dem SPÖ-Parteitag im Oktober 1968.

Dass ihn die eigene Parteijugend von links kritisierte, kam dem neuen SPÖ-Chef durchaus zupass. Die Sozialdemokraten hatten die Nationalratswahl 1966 nicht zuletzt deshalb verloren, weil sie sich nicht von einer Wahlempfehlung der KPÖ distanziert hatten. Freilich fuhr Kreisky eine Doppelstrategie: Er kritisierte die Linken öffentlich, lud aber deren Vertreter immer wieder zu Diskussionen in sein Büro in der Wiener Löwelstraße ein. Vielen ihrer Forderungen, etwa jenen nach Liberalisierung der Rechtsordnung und einer Neuordnung der Universitäten, stand er mit Sympathie gegenüber. Und er erkannte: Könnte er den Wind dieses Zeitgeistes unter die Flügel bekommen, wäre die Wende möglich.

Denn längst war das Korsett aus gesellschaftlichen Regulativen und antiquierten Gesetzen auch ein Hemmnis für die Weiterentwicklung der immer noch im Nachkriegsmodus operierenden Wirtschaft geworden. Die ÖVP, streng katholisch und allem anderen als der Zukunft zugewandt, konnte diese Fesseln nicht sprengen. Bundeskanzler Josef Klaus schaffte mit der Gründung des neuen ORF zwar ein wichtiges Etappenziel, die Moderne blieb ihm aber trotz einer Riege hochbegabter Sekretäre – Alois Mock, Josef Taus, Thomas Klestil, Heinrich Neisser, Michael Graff, Peter Marboe – auch in den Stürmen dieser Zeit fremd.

In der politischen Mitte war somit viel Platz. Kreisky, diesem *political animal*, war klar, dass er zusätzlich zu seiner Stammwählerschaft eine Allianz von jungen Aufmüpfigen, liberalen Bürgern und modernen Unternehmern schmieden musste, um an die Macht zu kommen.

Im März 1970 war es so weit. Die SPÖ errang die relative Mehrheit, die FPÖ sagte für ein Jahr die Unterstützung einer Minderheitsregierung als Gegenleistung für eine Wahlrechtsreform zu.

Der neue Kanzler Bruno Kreisky begleitete den abtretenden Josef Klaus vor das Amt, der Sekretär des scheidenden Regierungschefs, der spätere Außenamts-Protokollchef Gustav Ortner, fuhr den Klaus'schen Privatwagen vor. Doch das Auto sprang nicht an. So als wollte ein warnendes Geschick den für drei Jahrzehnte letzten Bundeskanzler, den die ÖVP stellen sollte, nicht aus der Macht entlassen, blieb Klaus an diesem 20. April 1970 am Ballhausplatz festgenagelt, bis ihn die stotternde Karosse endlich hinwegkutschierte.

Der urbane Intellektuelle Bruno Kreisky war ganz anders gepolt als sein konservativer Vorgänger. Wie Friedrich Engels und Viktor Adler, zwei andere Söhne aus wohlhabendem Haus, hatte es den jungen Fabrikantenspross in die Arbeiterbewegung gezogen. Sosehr er die Forderungen der Achtundsechziger nach Liberalisierung und Demokratisierung verstand – deren ungestümem Antikapitalismus konnte er nicht viel abgewinnen. Mit dem Präsidenten der Industriellenvereinigung, Franz Josef Mayer-Gunthof, in der SPÖ der Inbegriff des Kapitalisten, verbanden Kreisky seit den fünfziger Jahren respektvolle Zuneigung und ein regelmäßiger Briefwechsel. 1964 ersuchte Kreisky sogar die *Arbeiter-Zeitung*, zum 70. Geburtstag Mayer-Gunthofs eine Würdigung ins Blatt zu rücken – damals ein ungeheurer Tabubruch.

„Kreisky war immer der Ansicht: Die Industriellen gehören nicht zu dieser versumperten ÖVP, die sind keine Greißler, die brech' ich heraus", versuchte viele Jahre später Herbert Krejci, ehemaliger Generalsekretär der Industriellenvereinigung, eine Deutung. Seine Analyse deckt sich mit jener von Kreisky-Kennern auf sozialdemokratischer Seite: Das politische Schlüsselerlebnis des jungen Kreisky sei der Austrofaschismus gewesen; die Industrie – in der Ersten Republik zu einem nicht geringen Teil in der Hand von Juden – habe er zeit seines Lebens für „anti-christlichsozial" gehalten.

Gleichzeitig war Kreisky von großer Ehrfurcht für die Arbeiterschaft beseelt, mit der er sein Leben lang nie viel Kontakt gehabt hatte. Die proletarischen Genossen aus Wien-Favoriten hatten 1930 sogar die Wahl des „bürgerlichen" Bruno in den Vorstand der Sozialistischen Jugend hintertrieben. 1967, als Kreisky für den Parteivorsitz kandidierte, hatte er abermals den Gewerkschaftsflügel gegen sich. ÖGB-Präsident Anton Benya hielt am Wahl-Parteitag eine Brandrede gegen ihn.

Herbert Lackner

An seiner Überzeugung, dass eine sozialdemokratische Partei nur dann stark sein kann, wenn sie sich der „Arbeiterklasse" nicht entfremdet, konnte das nichts ändern. Kreiskys gesamte Amtszeit war von vorsichtiger Zurückhaltung gegenüber Anton Benya und oft unkritischer Bewunderung für Funktionäre vom „Arbeiterflügel" der SPÖ gekennzeichnet.

Ähnliche Reflexe zeigten einige der linksradikalen Gruppen, in denen sich die langsam ermattenden Achtundsechziger Anfang der 1970er Jahre sammelten: Auch sie beriefen sich in ihren spröden Agitationsblättern unverdrossen auf die Arbeiterklasse, deren Befreiung sie sich verschrieben. Sie verehrten Mao oder Trotzki, sie priesen Stalin oder agitierten gegen die letzten Stalinisten in Osteuropa. Manchen galt das bitterarme Albanien als Musterland. Andere hielten das Aushängen der Klotür in der Wohngemeinschaft für einen Beitrag zur Befreiung des Menschengeschlechts und sammelten sich um den nun als Oberkommunarden agierenden Otto Mühl.

Die Linksaußen-Listen überwanden bei den Wahlen der Studierendenvertreter selbst zusammengerechnet nie die Zehn-Prozent-Marke. Gleichwohl fanden sich in den Reihen der wilden Linken oft die Begabtesten und Belesensten ihrer Jahrgänge, heißhungrig auf Bildung und Erkenntnis – und manchmal eben ein wenig spinnert.

„Die hoffnungsvollsten Köpfe des Landes verbrachten ihre Lebenszeit mit dem Auslegen und Anwenden von Lenin-, Stalin- und Trotzki-Zitaten", schrieb der Autor Robert Schindel im vor einigen Jahren vom ORF-Korrespondenten Raimund Löw herausgegebenen Buch *Die Fantasie und die Macht – 1968 und danach* selbstkritisch. Löw war bei den Trotzkisten, Schindel bei den Maoisten. Letztere gaben die Hoffnung nicht auf, die „echte" Arbeiterklasse doch noch von der Notwendigkeit des Aufstands zu überzeugen, und versuchten Morgen für Morgen vergeblich, ihre Propagandablätter an den Fabriktoren zu verteilen. Die Arbeiter hatten die *Kronen Zeitung* in der Manteltasche, deren Auflage just 1968 erstmals jene des *Kurier* übertroffen hatte.

Der Hausphilosoph der Achtundsechziger-Bewegung, der in San Diego lehrende gebürtige Berliner Herbert Marcuse, hatte schon 1967 unzweideutig dargelegt, warum mit dem Proletariat nicht zu rechnen sei. Es sei von „repressiver Toleranz" verblendet, von einer „Bewusstseinsindustrie" vernebelt. Das verhindere, dass ihm seine wahren Bedürfnisse klar werden. Die Studentenbewegung müsse daher den Staat provozieren, damit dieser seine „Charaktermaske" fallen lasse und zum Mittel der echten Repression greife. Dann werde auch die Arbeiterklasse dessen eigentliche Natur erkennen.

Die Moderne blieb dem ab 1966 regierenden ÖVP-Bundeskanzler Josef Klaus trotz einer Riege hochbegabter Sekretäre – im Bild links: Thomas Klestil – fremd.

Herbert Lackner

Möglich, dass Marcuse seine Illusionen über die revolutionäre Kraft der Arbeitermassen einfach deshalb früher verloren hatte als die europäische Linke, weil er mit ansehen konnte, wie in amerikanischen Großstädten Bauarbeiter Anti-Vietnamkrieg-Demonstranten mit Dachlatten auseinandertrieben. Als Verbündete der fortschrittlichen Studenten und Intellektuellen kämen, so Marcuse, also nur die Entrechteten der Dritten Welt und geächteten Randgruppen in den Industrieländern infrage.

In Österreich zeigte sich bald, dass Marcuses Visionen eine Schimäre waren. Seit 1970 fand in einem ehemaligen Schlachthof in Sankt Marx der jugendliche Teil der Wiener Festwochen statt, die „Arena". 1976 sollten die alten Hallen geschleift werden, um dem Textilkonzern Schöps Platz zu machen, an den die Stadt das Areal verkauft hatte. Nach der letzten Veranstaltung, einem Konzert der linken Kultband „Schmetterlinge" (Bandleader: Willi Resetarits, später „Ostbahn-Kurti"), blieb das Publikum einfach da: Diese „Arena" wollte man nicht aufgeben, sie sollte zu einem ständigen, selbstverwalteten Kulturzentrum werden. Einen Sommer lang wurde auf dem weitläufigen Gelände gefeiert: Ambros, Danzer und sogar Leonard Cohen musizierten, Peter Turrini, Christine Nöstlinger und Axel Corti lasen – ein Mini-Woodstock in einem Wiener Glasscherben-Viertel. Die leitenden Aktivisten waren fast durchweg schon 1968 zugange gewesen.

Problematisch wurde es im Herbst. Die Hallen waren unbeheizt und die Stadt drängte auf Rückgabe. Fast ebenso große Probleme wie mit der Gemeindebürokratie gab es mit jungen Obdachlosen und aus Erziehungsheimen kommenden Problemjugendlichen, die sich in der „Arena" angesiedelt hatten und die linken Selbstverwalter zunehmend überforderten. Aber waren das nicht die „geächteten Randgruppen", die Marcuse für die logischen Verbündeten der aufständischen Intellektuellen hielt? War diese Bündnisoption also ebenso wenig tragfähig wie jene mit der Arbeiterklasse?

Schon bald nach dem Ende der Arena-Bewegung wurde klar, dass die neuen Themen auch völlig neue Koalitionen bedingen würden. Seit Längerem war in politischen Aktivistenkreisen mehr über die umweltbeseelten Reports des Club of Rome diskutiert worden als über den Stand der Klassenkämpfe im kapitalistischen Europa. Der Plan der Bundesregierung, ein Stück stromaufwärts von Wien, in Zwentendorf, ein Kernkraftwerk zu eröffnen, führte bei dieser neuen Themenlage zu bisher noch nie dagewesenen Allianzen, die nun gegen Atomkraft auftraten. Da waren die reif gewordenen Achtundsechziger, die inzwischen in Kammern, Ministerien und Redaktionen untergekommen waren, dazu kritische, aber weitgehend unpolitische und bisweilen etwas schrullige Naturwissenschaftler, christliche Frauenorganisationen und eine erschrockene Landbevölkerung. Für die Kernkraft mobilisierten praktisch alle Arbeitnehmer-Organisationen, die ganze Betriebsbelegschaften aufmarschieren ließen, außerdem die Industriellenvereinigung und die Unternehmerverbände sowie in erster Reihe die von Bruno Kreisky geführte Bundesregierung. Letztlich votierten 50,5 Prozent der Abstimmenden gegen die Inbetriebnahme des Kernkraftwerks.

Umweltfragen waren 1968 noch gar nicht thematisiert worden. Die Linke hatte keine gewachsenen Positionen dazu, das war ein neuer, komplexer Themenbrocken, mit dem sich selbst theoriefeste Haudegen von damals schwertaten: Waren diese Umweltmenschen nun Fortschritts- und Wachstumsfeinde oder waren sie modernere Kapitalismuskritiker?

Noch weniger vom alten Achtundsechziger-Geist war einige Jahre später zu erkennen, als es gegen den die Au gefährdenden Bau eines Donaukraftwerks bei Hainburg ging. Diesmal gab nicht mehr wie sonst üblich eine Plattform aus linken Jugend- und Studentenorganisationen, angereichert durch kritische Katholiken, die Richtung vor. In Hainburg hatte 1984 die von ÖVP-nahen Studenten dominierte Hochschülerschaft das Sagen. Sprecher nach außen war der gute alte Günther Nenning, der

Leistung, Aufstieg, Sicherheit: Mit Bruno Kreiskys erster Kanzlerschaft begann 1970 ein Jahrzehnt der Reformen.

schon oft dabei gewesen war: zuerst bei den Rechten in der SPÖ, dann bei den Linken in der SPÖ, bei den Achtundsechzigern, bei den kritischen Katholiken, in der Frauenbewegung („Ich bin ein Feminist") und nun eben bei den Umweltschützern. „Ein Fettauge auf der Suppe des Zeitgeistes" nannte ihn Anton Pelinka einmal. Und doch war Nenning ein Katalysator für alles Neue. Seiner Partei, der SPÖ, gefiel das oft nicht. Der ÖGB schloss den langjährigen Präsidenten der Journalistengewerkschaft aus.

Natürlich waren auch die Linken in Hainburg. Und selbst Gottfried Küssels rechtsradikale VAPO schaute vorbei. Aber bestimmend waren weder die einen noch die anderen. Die Gewerkschaften drohten, Arbeitertrupps mit Zaunlatten in die Au zu entsenden, um sie von den Besetzern zu säubern. Innenminister Karl Blecha ließ dann doch lieber die Gendarmerie zur Räumung ausrücken. Gebaut wurde das Kraftwerk nie.

Die Heterogenität des neuen grünen Lagers hatte sich ein Jahr vor Hainburg bei den Nationalratswahlen gezeigt, bei denen zwei verschiedene Listen kandidierten: die Vereinten Grünen Österreichs (VGÖ), die auf 1,9 Prozent

Herbert Lackner

kamen, und eine linke Alternative Liste Österreichs, die 1,3 Prozent schaffte. 1986 traten die beiden Parteien gemeinsam an und erreichten acht Mandate (4,8 Prozent). Die Vergabe der Sitze spiegelt die Geschichte seit 1968 wider: Klubobfrau Freda Meissner-Blau war mit dem SPÖ-Linken Paul Blau verheiratet, den Kreisky 1967 zum Chefredakteur der *Arbeiter-Zeitung* gemacht hatte. Peter Pilz kam von der „Gruppe revolutionärer Marxisten", einer trotzkistischen Achtundsechziger-Nachfolgeorganisation. Andreas Wabl als ländlicher Grüner, Manfred Srb als Sozialarbeiter und Karel Smolle als Kärntner Slowene vertraten angepeilte Wählersegmente. Walter Geyer, der als Staatsanwalt entsprechende Fälle behandelt hatte, wurde als Antikorruptionsexperte in den Nationalrat geholt. Josef Buchner und Herbert Fux verkörperten schließlich den Flügel der grünen Bürgerlichen, der nach der Anti-Atom-Bewegung Zulauf bekommen hatte.

Dass unter den acht grünen Parlamentariern sieben Männer und nur eine Frau waren, fiel damals noch nicht besonders auf. Wie die Umwelt- war auch die Frauenfrage 1968 nicht wirklich thematisiert worden. Als eine der Ersten griff die spätere RAF-Terroristin Ulrike Meinhof das Thema auf. Meinhof war eine erfolgreiche Journalistin und ab 1967 Chefredakteurin von *konkret,* der damals sehr angesagten Polit-Zeitschrift Deutschlands.

Im Dezember 1968 schrieb Meinhof einen programmatischen Artikel zum Frauenthema – natürlich im Jargon des Revolutionsjahrs –, in dem es auch gegen die eigenen linken Männer ging: „Die Frauen haben angefangen, die Privatsphäre, in der sie leben, zu analysieren. Sie fanden heraus, dass die Männer in dieser Privatsphäre objektiv die Funktionäre der kapitalistischen Gesellschaft zur Unterdrückung der Frau sind, auch dann, wenn sie es subjektiv nicht sein wollen." Im Manifest des Weiberrats des Sozialistischen Deutschen Studentenbundes (SDS) wurde die Parole ausgegeben: „Befreit die sozialistischen Eminenzen von ihren bürgerlichen Schwänzen." Auf Demonstrationen verhöhnten die linken Frauen die Polizisten: „Auf der Straße seid ihr Bullen, doch im Bett, da seid ihr Nullen."

Wirkungsmächtiger wurde der neue Feminismus in Deutschland und zunehmend auch in Österreich allerdings erst durch nachhaltigere Aktionen, etwa jenen zur Reform der Gesetze über den Schwangerschaftsabbruch. In Deutschland mobilisierte 1971 die spätere Gründerin der Zeitschrift *Emma*, Alice Schwarzer, 350 Frauen, die in einem Artikel im *Stern* bekannten: „Wir haben abgetrieben." Die 28 prominentesten kamen auf das Cover, darunter Romy Schneider, Senta Berger und Schwarzer selbst.

In Österreich entstand im Kampf gegen den Paragrafen 144 erstmals eine von den Parteien abgegrenzte Frauenbewegung, die Aktion Unabhängiger Frauen (AUF). 1974 wurde die Fristenregelung Gesetz. Da hatte sich Ulrike Meinhof schon dem bewaffneten Untergrundkampf der RAF verschrieben gehabt und war verhaftet worden. 1976 erhängte sie sich in ihrer Zelle in Stammheim.

Der einzige linksradikale Terrorakt in Österreich, die Entführung des Unternehmers Walter Palmers im Jahr 1977, war im Vergleich zu den RAF-Aktionen eher wie ein Bubenstück inszeniert und ging glücklich aus. 1968 hatten die drei Entführer, anders als fast alle deutschen RAF-Terroristen, keine Rolle gespielt.

Und die Arbeiter, um die es 1968 ja schließlich auch gegangen war und die sich in Frankreich sogar mit den aufständischen Jungen vereinigt hatten? Wie hatten sie in all diesen Jahren reagiert?

Der gewerkschaftliche Organisationsgrad lag in Österreich 1968 bei rund 55 Prozent und sank bis 1995 auf 35 Prozent. Heute liegt er bei etwa 26 Prozent – in dieser Zahl ist der besonders gut organisierte öffentliche Dienst bereits enthalten.

1968 lebten rund 65 Prozent der SPÖ-Wähler in Arbeiterhaushalten. 1983, beim letzten Antreten Bruno Kreiskys, stimmten immer noch etwa 60 Prozent der Arbeiter und Arbeiterinnen für die Sozialdemokraten. 30 Jahre später, bei den Nationalratswahlen 2013, kamen die Sozialdemokraten in dieser Wählergruppe auf bloß 24 Prozent, 33 Prozent wählten FPÖ, weitere zehn Prozent das Team Stronach. Im Dezember 2016 stimmten 85 Prozent der Arbeiter und Arbeiterinnen bei der Bundespräsidenten-Stichwahl für Norbert Hofer.

Ist im 50. Jahr nach 1968 also alles verpufft? Ist nichts geblieben von den großen Träumen von damals? War 68 doch nur ein – bisweilen durchaus interessantes und amüsantes – Zwischenspiel, eine Vignette der Zeitgeschichte?

Mitnichten. Der Geist von damals floss in die Reformen von Straf- und Familienrecht ein, das Heer wurde reformiert, die Wissenschaft und später die Frauen bekamen eigene Ministerien. Vielfältige Formen des Zusammenlebens werden als selbstverständlich akzeptiert, die Diskriminierung von Randgruppen wird geächtet. Gesellschaftliche Rollenmuster wurden infrage gestellt. Das politische System musste sich den Frauen öffnen. Die begabten und umfassend gebildeten Aktivisten von damals leisteten und leisten in Kammern, Forschungseinrichtungen, Hochschulen oder als Spitzenbeamte dem Staat gute Dienste. Der Journalismus schaut den Mächtigen auf die Finger, ob es denen passt oder nicht.

Herbert Lackner

130

Bei den „Women's marches" nach der Inauguration von US-Präsident Donald Trump trat im Januar 2017 geradezu symbolhaft die Bürgerrechtskämpferin Angela Davis auf, die seinerzeit als Dozentin am selben Institut wie Herbert Marcuse in San Diego gearbeitet hatte. Die rund um das Jahr 1968 bei Demonstrationen tausendfach skandierte Parole „Vietnam wird nie/Ami-Kolonie" hat sich bewahrheitet. Und die kommunistischen Regime Osteuropas, 1968 von großen Teilen der Linken hart kritisiert, sind untergegangen.

Die Welt ist ein Stück besser geworden.

1978

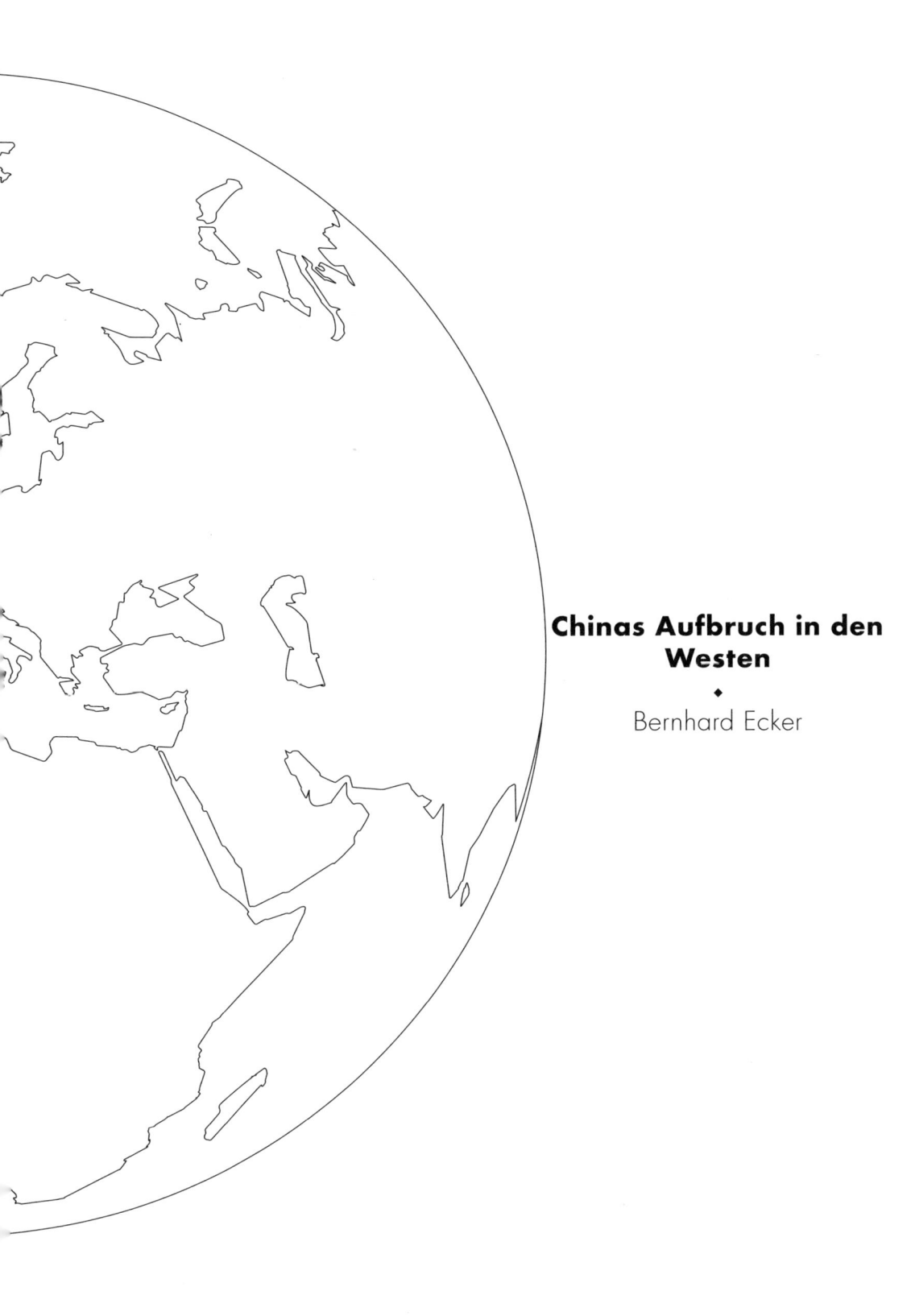

Chinas Aufbruch in den Westen

◆

Bernhard Ecker

In der Stadt Sandy City nahe Schanghai sitzen drei junge Freunde in einem Lokal namens Zhang & Wang, trinken Bier und erörtern ihre beruflichen Aussichten. Der Protagonist, Cheng Dong, hat eben den Job seines Vaters in der örtlichen Chemiefabrik übernommen, den dieser 30 Jahre lang ausgeübt hat. In dem Staatsunternehmen geht es reichlich unambitioniert zu: Die meisten Beschäftigten beginnen eine Viertelstunde später mit dem Dienst, sie lesen erst einmal ausführlich Zeitung, das Klima ist ungetrübt von Verkaufs- oder Effizienzzielen.

Cheng ahnt aber, dass es da draußen noch etwas anderes gibt. „Die Typen an der Spitze sagen, dass jetzt die Wirtschaft entwickelt werden soll", flüstert er seinen Kameraden zu: „Privatunternehmen sind legal, einige Leute können früher reich werden als andere, und wir werden eine Marktwirtschaft aufbauen."

Die Szene, die im Jahr 1981 angesiedelt ist, findet sich in *The Golden Road*, einem 2005 erschienenen Roman des ehemaligen Geschäftsmannes Zhang Da-Peng, der ab Ende der 1970er Jahre von Hongkong aus die radikalen Umbrüche der chinesischen Wirtschaft und Gesellschaft miterlebte. Das Buch, literarisch ohne Finesse, wird auf Internet-Verkaufsplattformen als „Roman der Deng-Xiaoping-Ära" angepriesen. *The Golden Road* ist ein klassischer Entwicklungs- und Bildungsroman, der den rasanten Aufstieg eines jungen Mannes bescheidener Herkunft zum erfolgreichen Entrepreneur und Investor skizziert.

Die „Typen an der Spitze", auf die der Jüngling in der fiktiven Stadt Sandy City Bezug nimmt, sind die Staatsführung rund um Deng Xiaoping, die China nach dem Tod von Staatsgründer Mao Zedong im September 1976 innerhalb kürzester Zeit in Richtung Westen geöffnet hat: Spätestens mit dem Dritten Plenum des elften Zentralkomitees der Kommunistischen Partei Chinas (KPCh) im Dezember 1978 hatten sich die reformorientierten Kräfte an der Spitze durchgesetzt. Was folgte, war ein wirtschaftlicher Aufstieg, den „historisch beispiellos" zu nennen bereits eine Floskel geworden ist – aber mehr denn je den Tatsachen entspricht.

Bis die chinesische Volkswirtschaft die US-amerikanische als größte der Welt überholt haben wird, werden nach allgemeiner Einschätzung nur noch einige Jahre vergehen. Der Anteil des Landes an der globalen Wirtschaftsleistung ist von vier Prozent im Jahr 1978 auf 18 Prozent im Jahr 2015 gestiegen, obwohl der Anteil an der Weltbevölkerung im selben Zeitraum von 22 Prozent auf 19 Prozent gesunken ist. Je nach Definition zwischen 300 und 700 Millionen Chinesen sind seit Beginn des Reformprozesses aus der Armut in Richtung Mittelschicht, ja auch in echten Wohlstand bugsiert worden. Das Bruttoinlandsprodukt pro Kopf ist, gemessen nach Kaufkraft, heute fast zehnmal so hoch als vor 40 Jahren. „Das dramatischste Beispiel in der Geschichte für eine

Bernhard Ecker

134

Besserstellung der Menschheit" nennt Branko Milanović, der serbisch-amerikanische Ungleichheitsforscher, das „chinesische Wunder".

Mit keiner Person verbindet man die Transformation des Riesenreichs mehr als mit jener von Staatslenker Deng, der gleich zweimal, 1978 und 1984, vom *Time Magazine* zum „Mann des Jahres" gekürt wurde. Er war zu Beginn des Reformprozesses bereits 73 Jahre alt und besaß die Autorität, die Durchsetzungskraft und den Pragmatismus, um die Weichen für eine völlige Neuausrichtung zu stellen, ohne das politische System selbst ins Wanken zu bringen.

Deng kam keineswegs aus dem Nichts. Er baute auf eine breit vorhandene Sehnsucht nach Veränderung. So wie Cheng Dong, die Hauptfigur aus *The Golden Road,* lechzten Millionen von Chinesen drei Jahrzehnte nach Gründung der Volksrepublik nach einem tiefgreifenden Wandel, um Armut und Apathie zu entkommen. Aus eigener Kraft – ohne Hilfe von außen – würde das nicht möglich sein, das hatten die beiden vergangenen Jahrzehnte gezeigt: Die Erinnerung an das gigantisch fehlgeschlagene Wirtschaftsexperiment des „Großen Sprungs nach vorn" zwischen 1957 und 1962 war noch frisch, und nach den zehn blutigen, ideologisch vergifteten Jahren der Kulturrevolution ab 1966 brauchte es nicht mehr viel, um sich einem neuen Weg zu öffnen. Viele Gründer der heutigen Weltunternehmen Chinas, beispielsweise des Computerherstellers Lenovo, des E-Commerce-Riesen Alibaba oder des Immobilienentwicklers Dalian Wanda, wurden in ihrer Jugend von den Erfahrungen der Mao-Jahre entscheidend geprägt, wie der österreichische Sinologe Martin Krott in einem noch unveröffentlichten Manuskript herausgearbeitet hat.

Häufig wird übersehen, dass bereits Maos unmittelbarer Nachfolger Hua Guofeng die Reformpolitik einleitete. In der Frage, ob und wie rasch man sich von Maos Glaubenssätzen distanzieren sollte, gerieten Hua und Deng, der während der Kulturrevolution in Ungnade gefallen war, zwar aneinander. Doch an der prinzipiellen Notwendigkeit einer ökonomischen Öffnung Richtung Westen hatte keiner der beiden Zweifel; die Unterschiede lagen eher in den Methoden, die diese Öffnung herbeiführen sollten. „Zu behaupten, es habe einen Riss zwischen Hua und Deng in ökonomischen Fragen gegeben, ist falsch", behaupten neuere Forschungen (Teiwes/Sun 2011, 21) und konterkarieren damit Henry Kissingers Einschätzung in seinem berühmten China-Buch (vgl. Kissinger 2011).

Sicher ist: Deng, der Kühnere, taktisch Versiertere und Charismatischere, wusste sich im überkommenen Machtapparat besser durchzusetzen. China wurde unter dem 1,58 Meter kleinen Mann Schritt für Schritt in die Weltwirtschaft und das globale Institutionengefüge integriert. An **135**

Äußerlichkeiten wurde diese Veränderung auch der Weltöffentlichkeit bewusst: Der hellgraue Mao-Anzug, den Deng selbst zeit seines Lebens trug, wurde sowohl an der Partei- als auch an der Staatsspitze bis Ende der neunziger Jahre von westlicher Businesskleidung verdrängt.

Die Öffnung begann mit dem Eingeständnis der eigenen Rückständigkeit. Nach den Jahrzehnten der Selbstblendung suchte Deng „Wahrheit durch Fakten", so eine seiner berühmten Losungen.

Dass auch unter den Parteikadern nach Maos Tod der Meinungsumschwung auf breiter Ebene in so kurzer Zeit gelang, ist den zahlreichen Delegationsreisen ins Ausland zu verdanken. Ihr Zweck war eine Art Benchmarking: „Je mehr wir sehen, umso klarer wird uns, wie sehr wir hinterherhinken", soll Deng gesagt haben. 21 solcher Missionen gab es allein 1978, in der Regel unter der Führung von Vizepremierministern. Hua selbst besichtigte in Rumänien und Jugoslawien wirtschaftliche Reformexperimente.

Keine dieser Tourneen hatte aber eine ähnlich weitreichende Wirkung wie eine fünfwöchige Reise unter Leitung von Vizepremier Gu Mu im Mai und Juni 1978, deren Teilnehmer den real existierenden Kapitalismus in Westeuropa in Augenschein nehmen sollten. Die 20-köpfige Delegation bereiste 15 Städte in Deutschland, der Schweiz, Frankreich, Dänemark und Belgien. Begeistert berichtete Gu bei seiner Rückkehr den Parteiobersten, was sie gesehen und erlebt hatten: wie freundlich und zuvorkommend sie, obwohl gemäß der Logik des Kalten Kriegs aus einem feindlichen Land stammend, überall behandelt worden seien; wie hoch der Lebensstandard von einfachen Arbeitern sei und wie wenig deren Arbeitsverhältnisse nach kapitalistischer Ausbeutung aussähen; wie weit entwickelt Fabriken, Forschungsinstitute, aber auch die Landwirtschaft in den europäischen Ländern seien. Besonders beeindruckt zeigten sich die Delegationsmitglieder vom Computereinsatz in einem Schweizer Kraftwerk und am Pariser Flughafen Charles de Gaulle, wo Start und Landung elektronisch koordiniert wurden. In Bremerhaven bestaunten die Besucher erstmals, wie moderne Container auf Schiffe gehoben wurden.

Das wichtigste Reisemitbringsel war folglich das von Deng und Hua intendierte: die Erkenntnis, dass der Westen überlegen war. Und beide Männer an der Staatsspitze wurden in diesen Wochen und Monaten nicht müde, diese schmerzliche Tatsache gegenüber westlichen Partnern, aber auch im eigenen Land wieder und wieder zu betonen.

Als der Leiter einer österreichischen Delegation, die im August 1978 China besuchte, ihn für die große Brücke über den Yangtse in Nanjing lobte,

Bernhard Ecker

replizierte Deng mit einem Hauch Sarkasmus: „Man hat Ihnen in China das Moderne gezeigt, aber nicht das viele Rückschrittliche. Altes gibt es viel, Neues nur wenig." 20 oder sogar 30 Jahre an Entwicklung verloren zu haben, galt in der Führungscrew des Landes bald als Konsens.

Der Kontrast zur legendären Macartney-Mission des Jahres 1793, die oft als Beleg für den verpassten Anschluss Chinas an die Modernisierung vorgebracht wird, könnte nicht größer sein. Der britische Sonderbotschafter George Macartney hatte den chinesischen Kaiser Qianlong in dessen Sommerresidenz nahe Peking mit der Absicht besucht, einen Handelsvertrag abzuschließen und die gegenseitige Einrichtung von Botschaften in Peking und London zu vereinbaren. Doch als der Gesandte dem Kaiser ausgeklügelte Gastgeschenke, unter anderem ein Fernrohr, eine Luftpumpe, einen modernen Globus und Uhren überreichte, machte Qianlong kein Hehl daraus, dass er damit schlicht nichts anfangen könne: „Wir haben alles. Wir haben niemals technische Spielereien geschätzt und nicht den geringsten Bedarf an euren Manufakturwaren."

Weniger als 50 Jahre später begann der erste Opiumkrieg, das Reich der Mitte wurde gewaltsam von außen geöffnet. Das – nach chinesischer Lesart – Jahrhundert der Demütigung und Fremdbestimmung hatte begonnen.

Dengs offizielle Aufforderung, die eigene Rückständigkeit einzugestehen, markierte zugleich den Beginn eines gigantischen Aufholprozesses. Denn nach der Gu-Mu-Mission ging es schnell. Der Vizepremier selbst, ein Revolutionär der dreißiger Jahre, besaß in der Führungsriege der KPCh enorme Reputation. Das frühere Misstrauen der Kader gegenüber allzu positiven Nachrichten aus dem Westen verflog rasch. Die Mitglieder des Politbüros kamen nach Anhörung von Gus Reisebericht zu dem Schluss: „Wenn andere Länder sich für Kapital und Vorprodukte aus dem Westen öffnen, um eine Exportwirtschaft aufzubauen, warum nicht auch wir?"

Gu selbst wurde verantwortlich für ein Programm, das sich als einer der Motoren für die Öffnung herausstellen sollte: die Errichtung kapitalistischer Enklaven auf dem chinesischen Festland, sogenannter Special Economic Zones (SEZ). In diesen Sonderwirtschaftszonen an der Küste sollten westliche Unternehmen mit chinesischen Partnern Joint Ventures bilden können. Die Anreize, sich in den SEZ anzusiedeln, um von hier aus zu exportieren, lagen auf der Hand – niedrigere Steuern, weniger Regulierung und deutlich geringere Arbeitskosten. China wollte die Erkenntnisse aus diesen Versuchslaboren, das heißt sowohl technologisches Know-how als auch Managementmethoden, für den Umbau des eigenen Wirtschaftssystems nutzen.

Offiziell etabliert wurden die ersten vier Sonderwirtschaftszonen, alle im Süden Chinas situiert, Ende August 1979. Die bekannteste wurde Shenzhen in der Provinz Guangdong – vor den Toren Hongkongs, das damals noch britische Kronkolonie war. Deng war bei einem Besuch in Guangdong darauf aufmerksam gemacht worden, dass Zehntausende junge Chinesen ins prosperierende Hongkong zu fliehen versuchten, indem sie schlicht über die Grenze rannten oder schwammen. In Hongkong gab es Arbeitsmöglichkeiten und westlichen Lifestyle inklusive Jeans und Coca-Cola. Das Regime hatte bis dahin mit Stacheldrahtzäunen und Haft für jene reagiert, die auf der Flucht gefasst worden waren. Deng hingegen erklärte, dass die Kluft zwischen den Lebensstandards beiderseits der Grenze zu groß geworden sei – und dass die Antwort darauf eine ökonomische sein müsse.

Diese Antwort fiel schlagkräftig aus. Industrie und Handel in den heute acht Sonderwirtschaftszonen boomten binnen kürzester Zeit; die geradezu fiebrigen Aktivitäten ebbten über Jahrzehnte hinweg nicht ab. In den ersten 30 Jahren ihres Bestehens wuchs die Wirtschaftsleistung von Shenzhen um durchschnittlich 25 Prozent pro Jahr. Aus der 300.000-Einwohner-Stadt im Perlflussdelta ist eine Megacity mit über zehn Millionen Einwohnern geworden. Der Bezirk Nanshan mit seinen vielen Industrie- und Hightech-unternehmen hat 2015 bei der Wirtschaftsleistung pro Kopf erstmals Hongkong überholt.

Anders als die Hafenstädte, deren Öffnung im Vertrag von Nanjing 1842 den Chinesen aufgezwungen worden war und in denen die Briten und Franzosen, später auch die Amerikaner einseitig die Regeln bestimmt hatten, wurden die Sonderwirtschaftszonen zu chinesisch kontrollierten Kooperations- und Austauschräumen zwischen den unterschiedlichen Wirtschaftssystemen. Und anders als die *fact-finding mission* von Hua Guofeng 1978 nach Rumänien und Jugoslawien, in der er die Reformmöglichkeiten innerhalb des sozialistischen Systems ausgelotet hatte, setzte sich bald die Erkenntnis durch, dass der Wandel nur durch eine Zusammenarbeit mit den Kernländern des Kapitalismus gelingen konnte.

Nach ähnlich experimentellem Muster wurde auch die Landwirtschaft transformiert, in der Mitte der 1970er Jahre 80 Prozent der Chinesen beschäftigt waren: Man ließ einen Versuchsballon auf lokaler Ebene steigen und wandte die positiven Ergebnisse schließlich im Ganzen an.

Fast zum selben Zeitpunkt, als Deng seine ungeschminkte Ursachen-analyse für die Massenflucht nach Hongkong formulierte, wagte sich ein

Bernhard Ecker

Reformer namens Wan Li an Erneuerungsversuche in der Binnenprovinz Anhui im Südosten Chinas. Der neue regionale Parteichef war schockiert über die allgegenwärtige Armut in dieser Region, in der als Folge des „Großen Sprungs nach vorn" 15 Jahre zuvor zwischen drei und vier Millionen Menschen verhungert waren.

Im Kern ging es Wan darum, auch private Initiativen zuzulassen und so die großen Kooperativen zu ergänzen, in denen er gleichzeitig die Mechanisierung vorantreiben konnte. Die Parteiführung unter Hua und Deng ließ den eifrigen Funktionär trotz erheblicher Widerstände draufloswerken.

Die erfreulichen Ernteresultate des Jahres 1978 in Anhui gaben den Reformern recht; ihre Ideen setzten sich schließlich auch auf höchster Ebene durch. Binnen vier Jahren verdoppelten sich in China die Bauerneinkommen. 1982 wurden die Volkskommunen abgeschafft; sukzessive traten die Gemeinden als unterste Verwaltungsebenen an ihre Stelle. Der Fokus auf den Aufbau einer heimischen Textilindustrie beflügelte auch den Agrarsektor. 1981 war die Volksrepublik weltweit noch der viertgrößte Importeur von Baumwolle gewesen. Ab 1985 war sie Exporteur.

Das Start-up-Fieber, das auch den Protagonisten von Zhang Da-Pengs *The Golden Road* Anfang der achtziger Jahre erfasste, konnte aber nur grassieren, weil privates Unternehmertum in einer ganzen Reihe von Sektoren zugelassen wurde. Nur, wo sollte man die Grenze zwischen offiziell noch immer verpönten Kapitalisten und kleinen Entrepreneuren ziehen? Listig zogen die Pragmatiker in der KPCh den vierten Band von Karl Marx' *Das Kapital* zu Rate, in dem ein Unternehmer mit acht Mitarbeitern als Ausbeuter beschrieben wurde. Solange jemand also nicht mehr als sieben Beschäftigte hatte, schlussfolgerten sie, ging er als Arbeiter durch.

Kaum legalisiert, schossen Hunderttausende Friseurläden, Restaurants, Geschäfte für T-Shirts oder Reparaturshops für Fahrradreifen aus dem Boden. Die Dynamik, das wurde auf diese Weise allen vor Augen geführt, lag auf der privaten Seite. Zhangs Romanheld Cheng Dong und seine Kameraden mokieren sich im privat geführten Lokal Zhang & Wang in Sandy City über das staatlich geführte Restaurant auf der anderen Straßenseite, das in den Abendstunden seine Pforten bereits geschlossen hat. 1987 wurde die Sieben-Mitarbeiter-Grenze aufgehoben.

Welche Arbeit als nützlich für das System galt, wurde auch in Wissenschaft und Bildung neu definiert. Schon bevor Deng 1980 offiziell die höchsten Staatsfunktionen von Hua übernahm, war er für diese beiden Bereiche **139** politisch verantwortlich gewesen. Er betrachtete sie als Schlüsselfaktoren, um den Wandel herbeizuführen. Davon berichteten auch die Teilnehmer der österreichischen Delegation im August 1978. An sich sei er ein Militär, erklärte er den Teilnehmern, doch von nun an konzentriere er seine ganze Energie darauf, Bildung und Wissenschaft voranzutreiben (vgl. Kaminski 2009, 61).

Maos intellektuellenfeindliche Politik hatte Deng zwar in den fünfziger Jahren noch maßgeblich mitgetragen; bis Mitte der siebziger hatte er seine Ansichten jedoch grundlegend geändert. Er forderte nun, geistige Arbeit als körperlicher Arbeit ebenbürtig anzuerkennen: „Der fehlgeleiteten Haltung, Intellektuelle nicht zu respektieren, muss entgegengetreten werden. Jede Tätigkeit, ob manuell oder geistig, ist Arbeit" (Vogel 2011, 202).

Wieder und wieder traf er sich mit den chinesischstämmigen, in den USA lehrenden Physik-Nobelpreisträgern Tsung-Dao Lee, Chen Ning Yang und Samuel C. C. Ting, um die Frage zu erörtern, wie China sein Wissenschaftsniveau heben könne. Deng bemühte sich, mit zunächst mäßigem Erfolg, im Ausland lehrende chinesische Wissenschaftler zurückzuholen. In einer nationalen Wissenschaftskonferenz 1978 wurden wiederum einheimische Forscher dazu ermuntert, ins Ausland zu gehen. Studentische Austauschprogramme waren dem Architekten der Öffnung, der selbst in den 1920er Jahren Arbeiterstudent in Frankreich gewesen war, ein besonderes Anliegen.

Anders als die Führer der Sowjetunion, wo die Angst vor potenziellen Überläufern ins kapitalistische Lager stark ausgeprägt war, glaubte Deng fest daran, dass qualifizierte Auslandschinesen auch dann von Nutzen sein würden, wenn sie nicht wieder ins Heimatland zurückkehrten. Mit seinem berühmten USA-Besuch im Januar 1979, dem offiziellen Startschuss zur Normalisierung der Beziehungen zu den Vereinigten Staaten, begannen auch die ersten 50 chinesischen Studenten in Übersee zu studieren. Insgesamt haben bis Mitte 2016 mehr als vier Millionen Chinesen ihr Land fürs Studium verlassen; nach offiziellen Angaben ist rund die Hälfte davon zurückgekehrt.

So linear die Öffnung und der Aufstieg Chinas im Rückblick angesichts der Wachstumsraten von durchschnittlich fast zehn Prozent seit 1978 erscheinen – insbesondere in den ersten 15 Jahren stand der Reformprozess mehrmals auf der Kippe. Die erheblichen Ausschläge nach oben und unten korrespondierten mit fundamentalen Bruchlinien in der politischen Führungsmannschaft. Bis 1992 war der Ausgang des Experiments völlig offen. Warum es gelang, kann man nur verstehen, wenn man das Zusammenspiel des Dreigestirns Deng, Chen Yun und Zhang Ziyang in Augenschein nimmt – ein personifiziertes System von *checks and balances*.

Zum Protagonisten des experimentellen Flügels und zum reformfreudigsten Mitstreiter Dengs in ökonomischen Fragen wurde Zhao Ziyang. 15 Jahre jünger, hatte er sich durch erfolgreiches Management in den Regionen einen Namen gemacht und galt nicht als Mitglied des *Old Boys Club* in Beijing, als er 1980 in die Hauptstadt kam. Obwohl Premierminister, verwandte er viel Zeit auf die Arbeit von Thinktanks außerhalb der Parteiinfrastruktur, etwa der Kommission zur Wirtschaftsreform und der Forschungsgruppe für ländliche Entwicklung. Er zog japanische Berater ebenso zurate wie die Experten der Weltbank, deren Mitglied China 1980 geworden war. Milton Friedman, der berühmte US-Ökonom, schwärmte nach einem Treffen mit Zhao 1988 von dessen rascher ökonomischer Auffassungsgabe. Bevor Zhao, inzwischen KPCh-Generalsekretär, nach dem Tiananmen-Massaker 1989, in dessen Vorfeld er mit den protestierenden Studenten sympathisiert hatte, unter Hausarrest gestellt wurde, war er im steten, oft widerstreitenden Zusammenspiel mit Deng und Chen Yun die Schlüsselfigur der wirtschaftlichen Reformen.

Letzterer besaß in ökonomischen Fragen höchste Autorität. Nur wenige Monate jünger als Deng, hatte Chen während der Kulturrevolution seine wichtigsten Funktionen verloren, war jedoch ab 1978 wieder Mitglied im Ständigen Ausschuss des Politbüros, dem höchsten Führungsgremium der Partei. Er stützte Dengs Aufstieg zum stärksten Mann des Staates und gilt als eigentlicher Architekt des Wirtschaftsprogramms. Mit der formellen Entmachtung von Hua Anfang der achtziger Jahre trat Chen jedoch zusehends als Bremser in Erscheinung: „Wie viel Zeit haben wir seit dem Opiumkrieg verschwendet? Über hundert Jahre", bemerkte er in einer Diskussion im November 1980 über das stark gewachsene Volumen ausländischen Kapitals in China und setzte rhetorisch nach: „Warum ist es dann aber so ein großes Thema, ob wir drei weitere Jahre warten können oder nicht?"

Deng war in diesem Widerstreit stets auf Balance bedacht, gab den Reformern aber die Rückendeckung, die sie benötigten. In ökonomischen Belangen galt er, ein ausgewiesener Militärstratege und Außenpolitiker, als wenig erfahren. Zwar habe er den wirtschaftlichen Reformprozess vorangetrieben, erklärte er Mitte der achtziger Jahre auf einer Konferenz über ausländische Direktinvestitionen, „aber über die Details und die Umsetzung weiß ich wenig." Kurzum, er sei ein „ökonomischer Laie" (Evans 1994, 256).

Rund um die Weiterentwicklung der SEZ spitzte sich die Frage darüber zu, ob der eingeschlagene Kurs der richtige sei. Es wurde nicht mehr nur die Gefahr einer Überhitzung der Wirtschaft diskutiert, sondern auch darüber, ob die moralischen Grundlagen der Volksrepublik gefährdet seien.

141

Um zu signalisieren, dass in den Regionen für kapitalistische Pilotprojekte auf gar keinen Fall Platz für politische Experimente sei, hatte Chen bereits im März 1980 durchgesetzt, dass die offizielle Bezeichnung von „Sonderzonen" auf „Sonder*wirtschafts*zonen" geändert wurde. Als sich die Berichte über Schmuggel, Korruption und Bestechung rund um den rasant gewachsenen Handel der SEZ zu häufen begannen, trat er ab Mitte der achtziger Jahre als entschiedener Gegner einer Ausweitung des Experiments auf.

Chens ordnende Rolle im Gesamtgefüge ist nicht zu unterschätzen. Nach Wachstumsraten von fast 15 Prozent in den Jahren 1984 und 1985 und ersten disruptiven Signalen aus den SEZ hatte er entschieden niedrigere Wachstumsziele verordnet: sieben Prozent für den ab 1986 geltenden siebten Fünfjahresplan. Deng, der eisern das Ziel einer Vervierfachung des Bruttonationaleinkommens zwischen 1980 und 2000 verfolgte, wusste um die massive Gegenströmung in der Partei und musste offiziell Chens Linie unterstützen. Er ging vorerst in Deckung. Doch im Hintergrund trieb er den Öffnungsprozess unbeirrt voran.

1988 ging er schließlich in die Offensive, indem er gegen die Empfehlung seiner Berater auf eine weitere Lockerung der staatlichen Preispolitik setzte. Im Juli wurden Alkohol und Tabak freigegeben, was zu einem Preisanstieg von mehr als 200 Prozent führte, obwohl der Inflationsdruck bereits hoch war. Nichtsdestotrotz wurden im August weitere Preisliberalisierungen angekündigt. Doch schon die entsprechenden Meldungen in den staatlichen Medien führten in vielen großen chinesischen Städten zu Panikkäufen.

Wegen des heftigen Gegenwinds musste Deng seine Vorschläge zurückziehen. Das schwächte sowohl seine Position als auch jene von Chefreformer Zhang, seit 1987 Generalsekretär. Die Bremserfraktion hatte wieder die Oberhand. Chen Yun verstärkte nun sogar die Preiskontrollen, es kam zu einer buchstäblich „harten Landung" der Wirtschaft. Das Wachstum verlangsamte sich nach über elf Prozent im Jahr 1988 abrupt auf rund drei Prozent in den beiden Folgejahren. Und statt 18 Prozent Inflation wie 1988 stiegen die Konsumentenpreise 1990 nur noch um drei Prozent.

Zu den wirtschaftlichen Unruhen kamen Ende der achtziger Jahre auch wachsende soziale Spannungen. Denn die Uneinigkeit der Führungsriege in wirtschaftspolitischen Fragen war nur ein Ausdruck der Uneinigkeit, wie man mit den gesellschaftlichen Folgen des ersten Öffnungsschubs umgehen sollte.

Schon im Dezember 1986 hatten Studenten in 150 chinesischen Städten demonstriert. Ihr Unmut richtete sich gegen die ungerechte Verteilung des

Bernhard Ecker

neu geschaffenen Wohlstands. Warum dürfen ungebildete Unternehmer, so fragte die angehende akademische und Verwaltungselite, im neuen System reicher werden als begabte und hart lernende Studenten? Diese Kritik war inmitten gewaltiger Veränderungen ein verzweifelter Rückgriff auf das Wertesystem des alten China: Im Konfuzianismus rangierten Kaufleute weit unten, während die Mandarine das höchste Sozialprestige besaßen; sie kannten die Klassiker der Literatur und dienten dem Kaiser.

Inspiriert wurden die Protestierenden von Intellektuellen wie dem Astrophysiker Fang Lizhi, der sich ab Anfang der achtziger Jahre intensiv für den Wissenschaftsaustausch eingesetzt hatte und Demokratie als „Recht und nicht als Geschenk von oben" propagierte, aber auch von KPCh-Generalsekretär Hu Yaobang. Hu, der den Protesten nach Ansicht der Parteioberen zu sanft begegnet war, wurde 1987 von Deng gefeuert, Fang aus der Partei ausgeschlossen.

Die Erinnerung an das Aufbegehren blieb aber lebendig. Als Hu Mitte April 1989 überraschend starb, fanden spontane Trauerkundgebungen statt, die sich rasch zu vom Regime unkontrollierbaren Massendemonstrationen in über 300 Städten des Landes entwickelten. Die Korruption von Parteifunktionären, die nach wie vor miserablen Zustände an den Universitäten, die Restriktionen für die Presse, aber auch die hohe Inflation – alle Schattenseiten der Entwicklung des letzten Jahrzehnts flossen in die Proteste ein. Nach der ökonomischen Entfesselung forderten die Studenten und ihre Sympathisanten nun auch politische Freiheiten.

Die blutige Niederschlagung dieser Proteste auf dem Tiananmen-Platz in Peking am 4. Juni 1989, die mehreren Hundert Menschen das Leben kostete, ist weithin beschrieben worden. Während die Nachrichten über die Gräuel der Kulturrevolution den Westen unvollständig und immer erst mit Zeitverzögerung erreichten, berichteten hier Hunderte ausländische Korrespondenten live über die anschwellende Protestbewegung und ihr brutales Ende – mit enormen Folgen für Chinas Bild in der Welt.

Zweifelsohne autorisierte Deng selbst, obwohl er keine formell hohen Staats- und Parteiämter mehr innehatte, den Befehl, die Ordnung um jeden Preis wiederherzustellen. Laut Berichten von Familienmitgliedern war er bis zu seinem Tod 1997 davon überzeugt, das Richtige getan zu haben, um die nationale Einheit Chinas zu erhalten. Womöglich ließen ihn die bereits sichtbaren Auflösungserscheinungen in der Sowjetunion und ihren europäischen Satellitenstaaten bangen, dass er sein Lebenswerk nicht würde vollenden können. Das Risiko von Chinas Isolation auf internationaler Ebene schien ihm jedenfalls geringer zu sein als der Verlust der Steuerungsfähigkeit eines Landes, dessen Bevölkerung längst die Milliardengrenze übersprungen hatte.

143

Es dauerte noch bis 1992, drei Jahre nach Tiananmen, ehe der Machtkampf in der KPCh über die Lehren aus den Ereignissen und die künftige Ausrichtung des Landes endgültig entschieden war. Einzelne Politbüro-Mitglieder hatten als Konsequenz auf die sichtbar gewordenen Verwerfungen einen völligen Kurswechsel gefordert und wollten die kapitalistischen Reformen rückgängig machen. Sogar eine Art Rehabilitation von Maos Kulturrevolution stand zur Diskussion. Dengs früherer Mitstreiter Chen Yun wurde endgültig sein schärfster Gegenspieler. Seiner Meinung nach war der „Hauptgrund für die sozialen Unruhen 1989 eine überhitzte und entgleiste Volkswirtschaft, die in untragbare Inflation mündete" (Zhao 1993, 756).

In dieser Situation setzte Deng zum letzten großen PR-Coup seines Lebens an. In der berühmt gewordenen „Reise in den Süden", die ihn im Januar und Februar 1992 nach Wuhan, Hunan, Shenzhen, Zhuhai und Schanghai führte, schwor er das Land noch einmal eindringlich auf den Kurs ein, den er seit 1978 gepredigt hatte.

Wegen der Tarnung der Reise als Familienausflug mit seinen Kindern erfuhren die Parteikader und Medienvertreter in Peking nur tröpfchenweise vom wahren Charakter der Tour, die so etwas wie Dengs Vermächtnis war. Der 87-Jährige besuchte Fabriken und Schulen, ließ sich die neuesten Technologien zeigen und in Gesprächen mit lokalen Funktionären und Fans Sätze fallen, die – teilweise erst mit mehreren Wochen Verspätung – ihren Weg in die Spalten der staatlichen Zeitungen fanden: „Wer gegen Reformen ist, muss das Amt verlassen." „Die ökonomische Liberalisierung muss hundert Jahre dauern." „Chinas Wirtschaft kann jedes Jahr eine weitere Stufe erklimmen."

In fast allen Gesprächen mit politisch Verantwortlichen forderte er diese auf, noch mutiger zu sein sowie sich noch mehr und noch schneller zu öffnen. Schanghai, das keine SEZ vor der Haustür hatte, sollte sich nach seinem Wunsch zum globalen Finanzzentrum entwickeln; insbesondere die Entwicklung des Stadtteils Pudong war dem greisen Deng ein Anliegen. Dass er sich unterwegs nur von Generälen der Volksbefreiungsarmee begleiten ließ, unterstrich seine Entschlossenheit, nötigenfalls noch einmal selbst ins Steuerrad zu greifen.

Die Botschaft kam an, und sie stärkte seine progressiven Mitstreiter in der Staats- und Parteiführung: Der zunächst schwankende Jiang Zemin, der ab 1989 Generalsekretär und ab 1993 Staatspräsident war, brauchte nicht lange, um Dengs Sätze aufzugreifen und als offizielle Linie zu vertreten. Er forderte nun jährliche Wachstumsraten von neun bis zehn Prozent pro Jahr statt der bisher anvisierten vier bis fünf. Zhu Rongji, den früheren Bürgermeister von Schanghai, hatte Deng schon 1991 als Vizepremier nach Peking

Bernhard Ecker

geholt; ab 1998 war er Ministerpräsident. Sie hielten Kurs: Weitere Städte an der Küste erhielten jene Außenhandelsprivilegien, die bisher den SEZ vorbehalten gewesen waren. Sogar Chen Yun, ein energischer Verfechter von rigoroser Parteidisziplin, gab sich am Ende geschlagen. Chen starb 1995, zwei Jahre vor Deng.

Unter Jiangs und Zhus Führung war der weitere Verlauf der 1978 begonnenen Öffnung von deutlich mehr Kontinuität und Stabilität geprägt als in den ersten 15 Jahren. In den zwei Jahrzehnten nach Tiananmen, schreibt Deng-Biograf Ezra F. Vogel, „erlebte China relative Stabilität und ein schnelles – sogar spektakuläres – wirtschaftliches Wachstum. […] Heute leben Hunderte Millionen Chinesen in größerem Wohlstand als vor 1989, und sie haben einen besseren Zugang zu Informationen und weltweiten Ideen als jemals zuvor in der chinesischen Geschichte" (Vogel 2011, 638).

Warum gelang den Kommunisten in China, was den Kommunisten in den Ostblockstaaten nicht gelang? Die weltpolitisch turbulente Phase des Übergangs von den achtziger zu den neunziger Jahren war zwar mit Sicherheit die kritischste im gesamten Öffnungsprozess. Doch während die Sowjetunion 1991 auseinanderbrach, schafften es Deng und seine Erben, die Ernte einzufahren, für die sie in den vorangegangenen Jahren ausgesät hatten. Sie hatten, als in Europa der Eiserne Vorhang fiel, bereits mehr Erfahrungen gesammelt. Die Schocktherapie, die Russland von westlichen Ökonomen ab 1991 empfohlen wurde, stand in scharfem Kontrast zum evolutionären, auf Jahrzehnte angelegten Wandel Chinas, den Deng auf Ratschlag der Weltbank-Ökonomen auf den Weg gebracht hatte.

China ließ ein Nebeneinander der alten staatlichen Strukturen und den vergleichsweise dynamischen privaten Aktivitäten zu. Um den Transformationsprozess zu managen, dürfte das Festhalten an der KPCh als alleiniger Führungsautorität und eine ausgeklügelte Nachwuchsarbeit zwecks Ergänzung der Parteieliten ebenso von Vorteil gewesen sein.

Der Zeitpunkt und der internationale Rahmen waren zudem für ein Aufstoßen der Türen ideal: Die einsetzende Computerisierung verlieh den Unternehmen weltweit ab den siebziger Jahren ungeahnte Produktivitätsschübe, der Siegeszug der Containerschiffe beflügelte den Welthandel – mit der schrittweisen Öffnung importierte China die ökonomischen Revolutionen nun praktisch in Echtzeit.

Politisch erwies es sich als günstig, dass die USA Bündnispartner gegen die Sowjetunion suchten – und sie in den sowjetkritischen Chinesen fanden. Mit dem China-Besuch von US-Präsident Richard Nixon 1972 war der erste Schritt hin zu einer Wiederannäherung der beiden großen Pazifikstaaten gesetzt worden. China fügte sich unter Deng mit Konsequenz und in Windeseile in die **145**

Stadtteil Pudong in Schanghai: Die Entwicklung der Metropole war auch dem greisen Deng noch ein Anliegen.

internationalen Organisationen ein: Das Land wurde nicht nur Mitglied der Weltbank und des Internationalen Währungsfonds, Deng stellte auch noch zu Lebzeiten die Weichen für die Aufnahme in die Welthandelsorganisation WTO. Der offizielle Beitritt erfolgte 2001. Seit Beginn des Reformprozesses 1978 hat sich das Außenhandelsvolumen Chinas von zehn Millionen Dollar auf fast fünf Billionen Dollar im Jahr 2015 um den Faktor 500.000 gesteigert. Im Vergleich mit den anderen großen aufstrebenden Schwellenländern Brasilien, Russland und Indien, mit denen es von Investoren zum Kürzel „BRIC" zusammengefasst wurde, ging China den Globalisierungsweg am entschlossensten.

Bei aller Betonung der nationalen Einheit widerstanden die Machthaber jedoch systematisch xenophoben Verlockungen. Deng hielt an seiner Forderung nach verstärktem Wissenschaftsaustausch auch dann fest, als die ersten zurückgekehrten Studenten und Professoren laut nach Demokratie riefen. Die parteiinterne Kritik am großzügigen Import westlicher Lebensstile und Werthaltungen konterte er stets mit dem Argument, dass der Austausch mit dem Westen China auf Dauer stärker machen würde.

Insofern waren die Überzeugung und Tatkraft des Mannes an der Spitze entscheidend. Anders als der stolze Kaiser Qianlong 1793 hatte Deng Mitte

Bernhard Ecker

der siebziger Jahre erkannt, dass die Transformation Chinas nur mit westlichem Know-how gelingen konnte: Er nahm das angebotene Kapital und die zur Verfügung gestellten Technologien gerne an und lieferte seinerseits die Arbeiter für die „Fabrik der Welt", wie China seitdem oft bezeichnet wurde.

Die zahlreichen Delegationsreisen in den Westen ab 1978 knüpften in gewissem Sinn an die friedlichen Expeditionen des berühmtem Admirals Zheng He im 15. Jahrhundert an, den Deng als Vorbild dafür feierte, dass große Reiche nicht automatisch einen bellizistischen Charakter haben mussten. Doch von einem „Reich der Mitte", das in sich ruht und allenfalls zu Erkundungszwecken die Welt bereist, kann längst nicht mehr die Rede sein. Vier Jahrzehnte, nachdem die Türen 1978 aufgestoßen wurden, hat China kraft seiner wirtschaftlichen Macht die Fühler in praktisch alle Regionen der Welt ausgestreckt.

„Zou Chu Qu" war die Parole, die die Staatsführung mit dem Beitritt zur WTO ihren Unternehmen mitgab, übersetzt in etwa: „Schwärmt aus!" Die Investitionsströme sollten nun nicht mehr nur in eine Richtung fließen. Nun ging es darum, sich dem internationalen Wettbewerb zu stellen, Rohstoffe zu sichern, Know-how zu erwerben und eigene, global agierende Konzerne zu formen. 2000 betrugen die Investments Chinas in der Welt rund eine Milliarde, zehn Jahre später bereits fast 70 Milliarden Dollar. Besondere internationale Aufmerksamkeit fand das chinesische Engagement in afrikanischen Staaten, wo großvolumig in Grund und Boden sowie in Rohstoffe investiert wurde.

Zwischen 2010 und 2015 hat sich die Summe chinesischer Direktinvestitionen außerhalb der eigenen Grenzen noch einmal verdreifacht. 2016 wurde das Land zum weltweit größten Investor, mit einer Reihe spektakulärer Übernahmen: Die staatliche ChemChina kaufte den Schweizer Chemieriesen Syngenta, der Konsumgüterriese Haier den Haushaltsgerätezweig des US-Konkurrenten General Electric. Hotelkonzerne, Kinoketten, Versicherungen – längst geht es nicht mehr nur um industrielle Expertise, sondern auch um Dienstleistungen.

Um eigene Champions zu formen, wurde in der digitalen Wirtschaft Facebook, Uber & Co. der Zutritt zum chinesischen Markt lange Zeit verwehrt. Heute ist der Online-Handelskonzern Alibaba, seit 2014 auch an der New Yorker Börse notiert, ein ernsthafter Herausforderer von Pionieren wie dem US-Riesen Amazon.

Selbst im Sport offenbart sich der Ehrgeiz, in der wettbewerbsorientierten, globalisierten Welt zur Nummer eins zu werden. Auf Initiative von Staatspräsident Xi Jinping, einem großen Fußballfan, wurde ein 35-Jahres-Plan

Bernhard Ecker

mit dem Ziel erstellt, China bis 2050 als Fußballweltmacht zu etablieren. 20.000 neue Fußballplätze sollen allein bis 2020 gebaut werden, um 50 Millionen Kinder und Erwachsene zu Fußballspielern zu machen.

Doch das *Go West* Chinas stößt mehr und mehr auf Widerstand der westlichen Nationen. Nach der erfolgreichen Übernahme des deutschen Roboterbauers Kuka durch den chinesischen Midea-Konzern verhinderte die deutsche Bundesregierung Ende 2016 einen weiteren signifikanten Deal im Hochtechnologiebereich, den Einstieg einer chinesischen Investorengruppe beim Spezialmaschinen-Bauer Aixtron. Das korrespondiert mit Bestrebungen Chinas, mittels sogenannter Negativlisten ausländische Investitionen im eigenen Land zu erschweren, etwa im Automobil-, Luftfahrt- und Telekommunikationssektor (vgl. Wuttke 2016, 17).

Xis bemerkenswerte Rede beim Weltwirtschaftsforum in Davos 2017 wurde – kurz nach dem Wahlsieg von Donald Trump in den USA – zwar als Indiz dafür gewertet, dass China künftig sogar die wichtigste Stimme für Freihandel und gegen Protektionismus werden könnte – Letzteren verglich Xi mit einem dunklen Raum, in dem man „geschützt vor Wind und Regen, aber eben auch isoliert von Luft und Licht" sei. Doch ein berechenbares Verhältnis zu den USA bleibt für Peking unabdingbar, um die sich nach den Boomjahrzehnten abzeichnenden Probleme zu lösen.

Chinas spektakulärer Aufbruch in den Westen wäre ohne die politische Annäherung zwischen den USA und dem kommunistischen Regime ab Anfang der siebziger Jahre nicht möglich gewesen. Dass es nicht schon vor 1972 zu einem Treffen eines US-Präsidenten mit Mao kam, ist auf eine jahrzehntelang von völlig falschen Vorstellungen geleitete US-Politik zurückzuführen, wie James Bradley in seinem Buch *The China Mirage* überzeugend vertreten hat. Diese war von der naiven Überzeugung getragen, China mit US-Werten missionieren zu können, ohne sich wirklich mit der jahrtausendealten Kultur und dem Eigenleben des Reichs auseinanderzusetzen. Zugleich verdrängte man, dass ein wesentlicher Quell des Wohlstands der Ostküsten-Aristokratie der Opiumhandel zwischen Amerikanern und China im 19. Jahrhundert gewesen war (vgl. Bradley 2015).

Die Phase des Respekts, verbunden mit strategischem Weitblick für die Folgen der internationalen Ordnung, wurde von der Trump-Administration in den ersten Monaten infrage gestellt. Abzulesen war das an der Berufung von Peter Navarro, eines bisher im südkalifornischen Irvine lehrenden Wirtschaftswissenschaftlers, zum Leiter eines neu geschaffenen Nationalen Handelsrates. Navarro ist 2011 mit seinem Buch *Death by China – Confronting the Dragon* Bestsellerautor geworden. Schuld am Verlust von Millionen amerika-

nischer Arbeitsplätze, so Navarros These, sei die zu rasche
Marktöffnung in Richtung China
gewesen; die USA müssten sich
deshalb wieder abschotten. Donald Trump stützte sich in seinem Wahlkampf 2016 auf solche
Aussagen und nutzte die globa-
lisierungskritische Grundstimmung in weiten Teilen des Landes für seinen überraschenden
Wahlsieg.

Das stabile Verhältnis zu
den USA war eine verlässliche
Konstante während des Aufstiegs Chinas in den vergangenen vier Jahrzehnten. Nach
Nixons Besuch bei Mao war es
vor allem Deng selbst, der im Januar 1979 mit seiner aufsehen-
erregenden Reise in die USA
die Normalisierung der Beziehungen offiziell machte: Er traf
sich sowohl mit Nixons Nach-

Applaus für Deng, Applaus für Jimmy Carter: Mit
der Reise in die USA im Januar 1979 gelang die
angestrebte Normalisierung der Beziehungen.

folger Jimmy Carter als auch mit Vertretern des Big Business in Houston,
Atlanta und Seattle. Und es war George Bush senior, der als US-Präsident
nach dem brutalen Vorgehen des chinesischen Regimes auf dem Tiananmen-Platz 1989 trotz wütender Proteste in der amerikanischen Öffentlichkeit alles dafür tat, den Kontakt nicht abreißen zu lassen. Bush war 1974
und 1975 Leiter des US-Verbindungsbüros in der chinesischen Hauptstadt
gewesen und hatte Deng mehrfach getroffen. Die stetig wachsende wirtschaftliche Verflechtung zwischen den beiden Mächten wurde seitdem
stets vor dem Hintergrund eines funktionierenden politischen Dialogs
erreicht.

Eine wesentliche Basis dafür war die „Ein-China-Politik“: Die Anerkennung von Pekings Standpunkt, dass Taiwan ein integraler Bestandteil der
Volksrepublik China sei, ist ein fundamentaler Glaubenssatz der US-Außen-
politik. Dass Donald Trump nur wenige Tage nach seiner Wahl telefonisch
mit der Präsidentin Taiwans Kontakt aufnahm – was seit 1979 kein US-Präsident mehr getan hatte –, war ebenso wie die Bestellung Navarros ein besorg-
niserregendes, wenn auch inzwischen abgeschwächtes Signal, dass er es **149**

nicht bei Wahlkampfrhetorik belassen wollte. Der Ausstieg aus dem bereits fertig verhandelten Transpazifik-Abkommen TPP, das die USA und zwölf Pazifik-Anrainerstaaten stärker verbunden hätte, eröffnet China wiederum die Möglichkeit, seinerseits Abkommen mit den asiatischen Ländern zu schließen.

Die Anti-China-Töne der Trump-Administration sind im Lauf des Jahrs 2017 leiser geworden. Die USA haben erkannt, dass eine Lösung des Nordkorea-Problems ohne China nicht möglich ist. Nach dem ersten Treffen mit Xi schwärmte Trump sogar von der „großartigen Chemie" zwischen den beiden Staatsführern.

Dennoch werden inmitten eines zunehmend globalisierungskritischen Umfelds die Türen wieder ein Stück zugezogen. Denn auch in China mehren sich die Stimmen, den Fehlentwicklungen der letzten Jahrzehnte nun mehr Aufmerksamkeit zu widmen: den Umweltproblemen, den ungleich verteilten Vermögen sowie einem Wirtschaftsmodell, das unter veränderten demografischen Bedingungen an Schwung verloren hat.

Nach den Turbowachstumsjahren ist die Gesellschaft mehr und mehr für mögliche Folgeschäden sensibilisiert. Dauersmog in den großen Städten, verseuchte Flüsse und kontaminierte Böden setzen das Regime unter Zugzwang. Noch sind die Proteste lediglich lokal und vereinzelt; weil sie aber die Autorität des Regimes untergraben können, hat die Regierung in den letzten Jahren strengere Umweltgesetze erlassen. Mit dem Beitritt zum Pariser Klimaschutzabkommen hat sich China, weltweit größter Verursacher von Treibhausgas-Emissionen, auch international gebunden.

Politischen Sprengstoff birgt zudem die wachsende Kluft zwischen Arm und Reich. Deng hatte diese Entwicklung ja als Begleiterscheinung seines Kurses in Kauf genommen; berühmt ist seine Aussage am Beginn des Reformprozesses, dass „einige Leute früher reich werden würden" – darauf bezieht sich auch die Hauptfigur Cheng Dong in *The Golden Road*.

Heute gibt es in keinem Land der Welt so viele Dollar-Milliardäre wie in China, 2015 waren es bereits fast 600. Die Metropolen sind voller Ferraris, Porsches und Maseratis (vgl. Lee 2014, 267). Nirgendwo geht heute die Einkommensschere weiter auseinander als in der Volksrepublik. Der Gini-Index, der bekannteste Maßstab zur Darstellung der Einkommensverteilung, liegt bei 49 – die Weltbank erachtet Werte über 40 als gravierend problematisch. Der Kampf gegen ein weiteres Auseinanderdriften des reichsten Prozents der Bevölkerung, das rund ein Drittel des Vermögens besitzt, und der Ärmsten gehört jedoch nach wie vor nicht zum offiziellen Programm. Immer mehr Beobachter erwarten, dass der seit der Öffnung unausgesprochen geltende Tauschhandel zwischen Regierung und Bevölkerung – das

Vorantreiben des materiellen Wachstums gegen Abstinenz von der Politik – von den selbstbewussten Schichten in den großen Städten zusehends infrage gestellt werden wird (vgl. Fenby 2017, 13).

Die Staatsführung unter Xi und Premierminister Li Keqiang hat aber auch gravierende strukturelle Probleme zu lösen, die in der Bevölkerungsentwicklung gründen. Die Jahrzehnte, in denen es verhältnismäßig einfach war, schnelles Wachstum zu erzielen, neigen sich dem Ende zu. Der demografische Bonus – das Zeitfenster, in dem die erwerbsfähige Bevölkerung zunimmt und zugleich die Zahl derer, die versorgt wird, vergleichsweise niedrig ist – wurde bereits aufgebraucht. Auch die Zeit massiver Investitionen in die lange vernachlässigte Infrastruktur ist vorbei. Den Weg, das Wirtschaftsmodell von einem durch Exporte getriebenen auf ein vom Binnenkonsum getragenes umzustellen, hat China jedoch erst zur Hälfte bewältigt.

Bisher gibt es keine Anzeichen dafür, dass das Vertrauen in die Kräfte des Marktes geschwunden ist; der Finanzsektor wird derzeit weiter liberalisiert. Xi kämpft dafür, Schanghai bis 2020 zu einem globalen Finanzzentrum auszubauen und damit zu einem direkten Wettbewerber von Hongkong, Singapur, aber auch New York zu machen – es wäre exakt das Ziel erreicht, das Deng einst auf seiner „Reise in den Süden" gesetzt hatte.

Ein großer Stellenwert für den wirtschaftlichen Kurs der Volksrepublik in den kommenden Jahren wird der sogenannten „Entscheidung" des Dritten Plenums im November 2013 beigemessen. Darin wurde die Rolle des Marktes, die bisher als „grundlegend" beschrieben wurde, in der offiziellen Diktion aufgewertet. Nun heißt es sogar, die Marktkräfte spielten eine „entscheidende" Rolle in der chinesischen Volkswirtschaft.

Welchen Kurs Xi einschlägt, ist offen. Noch scheinen die Chinesen ihrer Staatsführung mehrheitlich aus einem simplen Grund zu folgen, den Cheng Dong schon in seinem auf 1981 datierten fiktiven Gespräch mit seinen Kameraden im Lokal Zhang & Wang anführt. Als diese an der Sinnhaftigkeit einer Öffnung gegenüber dem Westen und den Marktkräften zweifeln, hält er ihnen mit Verve entgegen: „Vergleicht doch einmal die heutige Situation mit den alten Zeiten, als der Staat alles plante und alle arm waren! Was war daran so gut?"

2008

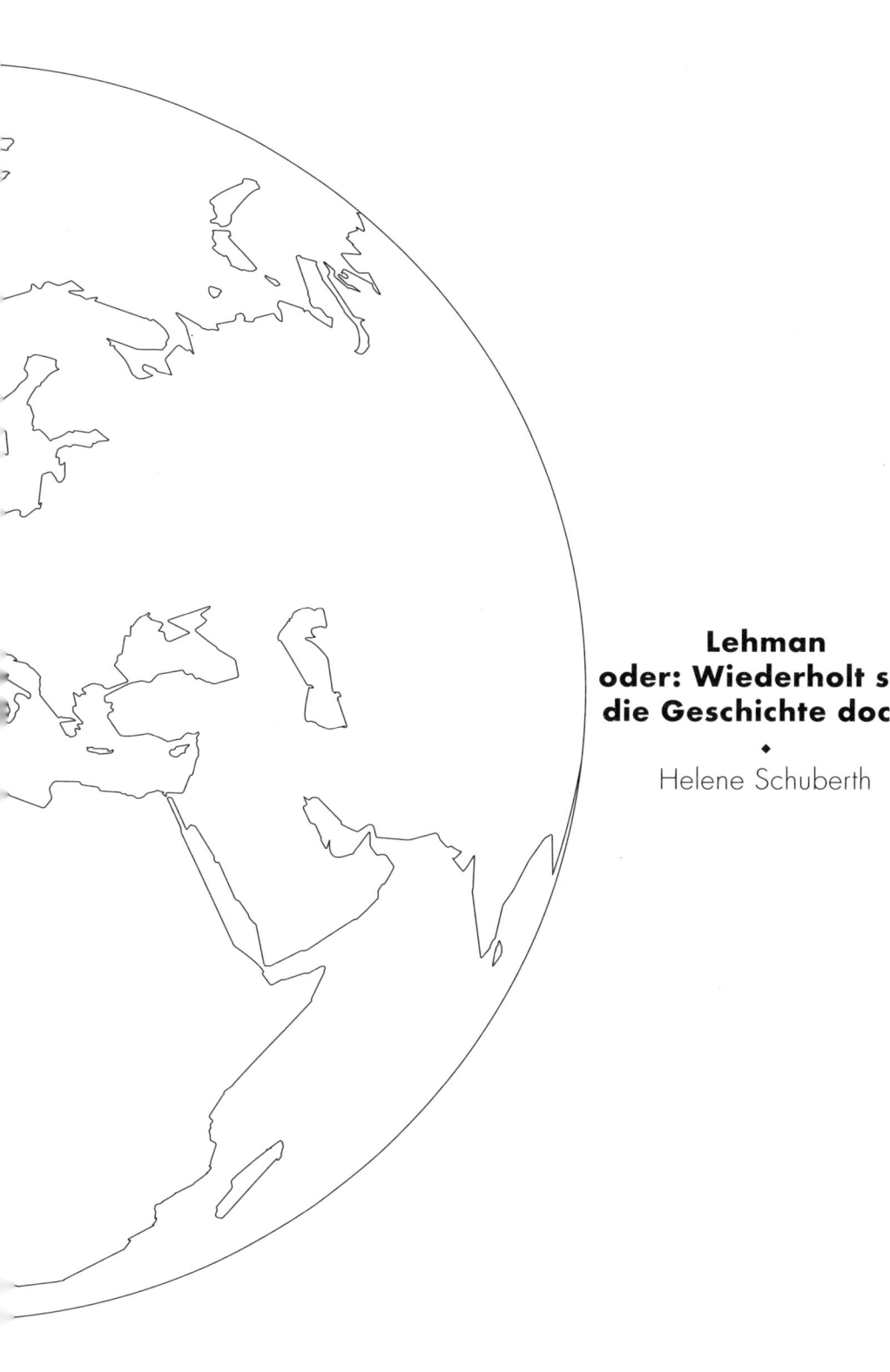

Lehman
oder: Wiederholt sich die Geschichte doch?

◆

Helene Schuberth

The parallels between Europe in the 1930s and Europe today are stark, striking, and increasingly frightening. We see unemployment, youth unemployment especially, soaring to unprecedented height. Financial instability and distress are widespread. There is growing political support for extremist parties of the far left and right.

J. Bradford DeLong und Barry Eichengreen, Neues Vorwort zu Charles P. Kindleberger, *The World in Depression 1929–1939*, 2012

„Unless drastic measures are taken to save it, the capitalist system throughout the civilized world will be wrecked within a year." Als der britische Noten-bankgouverneur Montagu Norman Anfang 1931 diese Zeilen an seinen fran-zösischen Kollegen schrieb (Ahamed 2009, 4–5), war die 1929 durch den Bör-sencrash in den USA mit ausgelöste Abwärtsspirale von Deflation, Konkursen verschuldeter Unternehmen, Bankenkrisen, fallender Geldmenge, Kredit-klemmen und damit wieder Deflation bereits voll im Gang. Aber der Tiefpunkt der Großen Depression war noch nicht erreicht. Eine weitere Eskalationsstufe im Krisenverlauf wurde durch den Zusammenbruch der Österreichischen Creditanstalt im Mai 1931 ausgelöst, der Schockwellen in der Welt verbreitete. Die unmittelbare Folge war eine Ausweitung der Bankenkrise nach Zentral-und Osteuropa beziehungsweise nach Deutschland, dessen Bankensystem ohnehin in einer schweren Krise steckte. Neben dem Run auf die Banken kam es zu einer Währungskrise. Die Suspendierung der Goldkonvertibilität des bri-tischen Pfund Sterling im September 1931 markierte den Beginn des Zerfalls des internationalen Goldstandards. Länder, die zuerst abwerteten und sich damit wirtschaftlich erholen konnten, verlagerten den Deflations- und Rezes-sionsdruck auf diejenigen Länder, die zunächst noch am Goldstandard fest-hielten. Schließlich brach zwischen 1929 und 1933 das Bruttoinlandsprodukt in den USA um 27 Prozent, in Deutschland um 16 Prozent und in Österreich um 20 Prozent ein. Die Arbeitslosenquote stieg bis 1933 auf 24 Prozent in den USA, 30 Prozent in Deutschland und 26 Prozent in Österreich an.

Aber es folgte nicht, wie Montagu Norman prophezeite, der Niedergang des Kapitalismus, wie ihn manche herbeigesehnt hatten. Die im Zuge des Ersten Weltkriegs ohnehin zerrütteten internationalen Finanzbeziehungen brachen nun völlig zusammen. Abwertungen, Kapitalverkehrskontrollen, Errichtung von Handelsbarrieren markierten Versuche nationaler Allein-gänge unterschiedlicher Gestalt. In den USA wurde mit dem Amtsantritt Franklin D. Roosevelts die Krise für weitreichende Reformen und eine Stärkung der Demokratie genutzt. In Europa hingegen versetzte die Große Depression den jungen Demokratien den endgültigen Todesstoß.

Die Geschichte wäre möglicherweise in eine andere Richtung gegangen, hätten sich die Protagonisten anders verhalten. Dies war – wenngleich

Helene Schuberth

unterschiedlich nuanciert – der Grundkonsens unter Ökonominnen und Ökonomen, der entscheidend von den bahnbrechenden Arbeiten von Charles P. Kindleberger (1978), Anna J. Schwartz und Milton Friedman (1963), Ben Bernanke (1983, 2000), Hyman P. Minsky (1982), John Kenneth Galbraith (1955) oder Barry Eichengreen (1992) getragen war.

Nach der Lehman-Pleite im September 2008 stand das Weltfinanzsystem am Rand des Abgrundes. Und es waren die tief ins Bewusstsein eingebrannten traumatischen Erfahrungen der 1930er Jahre, die die internationale Staatengemeinschaft zu global konzertierten Aktivitäten der Krisenbekämpfung veranlasst haben. Zehn Jahre danach stellt sich die Frage, ob das Versprechen, alles nur Erdenkliche zu tun, in der Krisenbekämpfung die Fehler der Vergangenheit zu vermeiden, tatsächlich eingelöst werden konnte. Ein Blick auf die Daten ist ernüchternd. So liegt das Niveau des Bruttoinlandsprodukts zehn Jahre nach Lehman in den USA lediglich um zehn Prozent über jenem von 2008. Europa hat ein verlorenes Jahrzehnt hinter sich – es ist seither kaum gewachsen. Gestiegen ist hingegen die Ungleichheit, und dies auch in Ländern, die in diesem Zeitraum Wachstum verzeichnen konnten. Etwa 70 Prozent der Haushalte der 25 wichtigsten Industriestaaten hatten 2014 real weniger oder nur gleich viel Einkommen wie zehn Jahre zuvor (vgl. McKinsey Global Institute 2016). Für viele überraschend ist die Vermögensverteilung in einigen Ländern ungleicher geworden (vgl. Bricker et al. 2014; ECB 2016), wo man doch nach Finanzkrisen eine egalitärere Verteilung der Vermögen erwarten würde.

Eine der Folgen ist der Aufstieg der rechtsradikalen Bewegungen. Ungeachtet unterschiedlicher wirtschaftspolitischer Programmatik, die oft wenig kohärent und widersprüchlich ist und sich sprunghaft an sich laufend ändernde Gegebenheiten anpasst, ist vielen dieser Bewegungen gemein, dass sie seit Ausbruch der Krise eine radikale Kehrtwende von ausschließlich neoliberalen zu globalisierungskritischen Positionen vollzogen, ohne ihren marktradikalen Anfängen in wirtschaftspolitischer Hinsicht untreu zu werden; allerding schwenkten der Front National (FN) sowie die Freiheitliche Partei Österreichs (FPÖ) bereits Anfang der 1990er Jahre auf einen Anti-EU-Kurs um. Forderungen nach Deregulierung, Privatisierung und Abbau des Sozialstaates wurden zuletzt garniert mit vereinzelt national-sozialen, staatsinterventionistischen Versatzstücken. Dies hat mit dazu beigetragen, dass die rechtsradikalen Bewegungen in breiten Teilen der Arbeiterschaft und bei jenen, die durch die Globalisierung an den Rand gedrängt wurden, Fuß fassen konnten, nicht zuletzt, weil sie deren Ängste ansprachen, während die Sozialdemokratie lange an einem moralisch und politisch desavouierten „Dritten Weg" festhielt und insbesondere zu Beginn der Krise eine Konzept- und Visionslosigkeit zeigte. Die über mehr als 150 Jahre währende Liaison **155** großer Teile der Arbeiterschaft mit einer gesellschaftspolitisch liberalen, an Internationalismus, Aufklärung, Menschenrechten und Minderheitenschutz festhaltenden Linken zerbrach – nicht so sehr, weil die Linke gesellschaftspolitisch liberal ist, sondern weil sich maßgebliche Teile der Linken nicht nur dem gesellschaftspolitischen, sondern auch zunehmend dem wirtschaftspolitischen (Neo-)Liberalismus verschrieben hatten, dessen zerstörerische Kraft sich letztlich gegen deren eigene Klientel richtete.

Rechtsradikale Parteien setzen nun auf nationale Alleingänge in der Wirtschaftspolitik, auf Abschottung und Protektionismus, auch, um die Position nationaler Kapitalfraktionen im globalen Wettbewerb zu stärken. Die etablierten Parteien schließen auf und versuchen so, ihre weitere Erosion zu verlangsamen. Die schon vor der Krise beobachtbaren weltwirtschaftlichen und geopolitischen Verschiebungen haben durch die Krise selbst und die Abwahl jener Regierungen, die Garanten der bisher etablierten Weltwirtschaftsordnung waren, machtvoll an Schubkraft gewonnen.

Um die Lehman-Pleite ranken sich zahlreiche Mythen. Unbestritten ist aber, dass die ungeordnete Insolvenz ein folgenschweres Versagen der handelnden Akteure war. Der Flächenbrand, der folgte, war in der Hektik des Geschehens nicht antizipiert worden, da den Verantwortlichen nicht vor Augen stand, wie eng Lehman Brothers über Derivatpositionen mit dem globalen Finanzsystem verbunden war. Aber Lehman war nur ein Krisenverstärker und die Schieflage im US-amerikanischen Hypothekenmarkt nur Auslöser eines Geschehens, das auch ohne die Verwerfungen in den USA den überaus fragilen globalen Finanzkapitalismus vermutlich früher oder später erfasst hätte.

Lässt man die fundamentalen strukturellen Veränderungen des Finanzsystems seit dem Zusammenbruch des Bretton-Woods-Systems fester Wechselkurse Anfang der 1970er Jahre Revue passieren, stellen sich diese im Wesentlichen als Deregulierungswettlauf dar. Dies lässt nur einen Schluss zu: Das historische Gedächtnis ist, wie so oft, einer vorsätzlich herbeigeführten Amnesie zum Opfer gefallen.

Wenngleich unterschiedlich im Verlauf, zeigt die große Finanzkrise ab 2007 doch Ursachen, die ansehnliche Parallelen zu jenen der Weltwirtschaftskrise aufweisen – dennoch hat man scheinbar alles getan, um neuerlich die Triebkräfte der Krise voll zur Geltung zu bringen. Wie in den 1920er Jahren war der Finanzkrise eine Phase vorausgegangen, in der das Finanzsystem liberalisiert wurde. Weitere Parallelen waren spekulative Exzesse unproduktiver Rentiers, die steigende Ungleichheit der Einkommen und Vermögen, eine steigende Verschuldung und der Aufbau makroökonomischer Ungleichgewichte, ebenso die Hegemonie wirtschaftsliberaler Paradigmen, die staatlichen Eingriffen ablehnend gegenüberstehen.

Wie sieht es mit dem historischen Gedächtnis in Bezug auf die Krisenbekämpfung aus? Nach Lehman wurden, so die These, mit Blick auf die 1930er Jahre zentrale Fehler vermieden – insbesondere im Bereich der Geldpolitik und der Banken- beziehungsweise Finanzmarktstabilisierung. Letztere war in einigen Bereichen sehr ambitioniert, fällt aber dennoch hinter die Regulierung der 1930er Jahre in den USA zurück, die über Jahrzehnte für Stabilität gesorgt hatte. Und sie konnte bei Weitem nicht das Versprechen vom Herbst 2008 einlösen, das Weltfinanzsystem grundlegend zu reformieren.

Essenziell ist auch, dass die Bankenrettung von vielen als titanisches Sozialisierungsmanöver privater Verluste wahrgenommen wird. Dies trug zur Beschleunigung der anhaltenden Polarisierung in der Gesellschaft bei. Die Machtposition der Finanzindustrie scheint gefestigt. Verstärkt hat sich so auch das diffuse Ohnmachtsgefühl der Ausgegrenzten, aber auch zunehmend das der von Abstiegsängsten geplagten Mittelschicht – diese Gruppen müssen schließlich die Kosten der Krise tragen.

Soziale Konflikte werden durch Medien und Politik virtuos transformiert in Gegensätze zwischen Ethnien. Ökonomische Krisen bildeten in der Geschichte oft den Humus, auf dem Nationalismus, Ausländerfeindlichkeit und autoritäre bis hin zu faschistischen politischen Strukturen gediehen. Die Renaissance kulturalistischer und rassistischer Erklärungsmodelle für soziale und ökonomische Widersprüche im beginnenden 21. Jahrhundert ist wohl die alles überstrahlende Nachwirkung der großen Finanzkrise – und ein weiteres Beispiel für den Verlust historischer Erinnerung.

Wie kam es zur Lehman-Pleite?

Nothing is more suicidal than a rational investment policy in an irrational world.
JOHN MAYNARD KEYNES, 1931

Der Beginn der großen Finanz- und Wirtschaftskrise wird oft mit dem 15. September 2008 datiert, als Versuche einer privaten Auffanglösung für die in Probleme geratene, damals viertgrößte US-amerikanische Investmentbank Lehman Brothers gescheitert waren und diese in die ungeordnete Insolvenz geschickt wurde. Dieses Ereignis löste eine Kettenreaktion aus und wirkte als gewaltiger Beschleuniger eines Feuers, das bereits seit Sommer 2007, ungeachtet einiger Löschversuche, kräftig loderte.

Im Juni 2007 kündigte die US-amerikanische Investmentbank Bear Stearns an, zwei Hedgefonds aufzulösen, die in Hypothekenpapieren, für die es teilweise keinen Markt mehr gab, investiert waren. Am 9. August 2007 war der Interbankenmarkt zusammengebrochen – als unmittelbare Reaktion auf die Ankündigung von BNP Paribas, dass ihre drei hauseigenen Hedgefonds erhebliche Verluste aus US-Hypothekenpapieren hinnehmen mussten, die von den Ratingagenturen lange Zeit mit Bestnoten bewertet worden waren. Die Banken, die sich in Europa weniger durch Kundeneinlagen als durch Kredite anderer Banken refinanzierten, misstrauten einander plötzlich und stellten die Kreditvergabe untereinander ein.

Anders als in den 1930er Jahren koordinierten die Europäische Zentralbank (EZB) und die Federal Reserve (Fed) sowie andere Notenbanken ihr Vorgehen und reagierten prompt ab Anfang August 2007 mit der Bereitstellung umfassender Liquidität für die Banken. Diese Interventionen haben zwar den Zusammenbruch des Weltfinanzsystems verhindert, waren aber nicht so effektiv wie erhofft, da die Krise völlig überraschend zunächst das weitgehend unregulierte Schattenbankensystem erfasste, das bis zu diesem Zeitpunkt nicht im Zentrum der Aufmerksamkeit von Aufsehern gewesen war (vgl. Eichengreen 2015).

Banken hatten zuvor in bislang unbekanntem Ausmaß, unter (legaler) Umgehung bankaufsichtsrechtlicher Vorschriften, Geschäfte aus den Bankbilanzen in sogenannte Zweckgesellschaften ausgelagert. Auf der Aktivseite hielten diese Zweckgesellschaften (Special Purpose Vehicles, SPV) strukturierte längerfristige Wertpapiere, zum Beispiel zweitklassige US-Hypothekenpapiere oder illiquide Auto-Kredite, die sie durch die Ausgabe kurzfristiger Papiere finanzierten. So wurden für Banken kurzfristige forderungsbesicherte Schuldverschreibungen (Asset-backed securities, ABS, beziehungsweise Asset-backed commercial papers, ABCP), die in der Regel von Fonds oder anderen Banken erworben wurden, eine zunehmend wichtige Finanzierungsquelle.

Auf diese Weise wurden von Banken vergebene Kredite, beispielsweise für Immobilien, zu Wertpapieren strukturiert, die den Gläubigern als Sicherheit überlassen wurden. Gleichzeitig erhielten die Zweckgesellschaften dafür Kreditzusagen beziehungsweise Ausfallshaftungen von Banken, die bei diesen als sogenannte Off-balance items außerhalb der Bilanz aufschienen und daher gar nicht oder in geringerem Maße mit Eigenkapital zu unterlegen waren. Als die Anleger schließlich nicht mehr bereit waren, die Schuldverschreibungen nach Fälligkeit erneut zu erwerben („zu refinanzieren"), da die von den SPVs gehaltenen Hypothekenpapiere oder Kreditpakete plötzlich rapide an Wert verloren, wurde die Krise offensichtlich und breitete sich über Märkte, Finanzinstitutionen und Länder aus. Die

Helene Schuberth

158

Zusammenbruch mit Anlauf: Zentrale der Investmentbank Lehman Brothers in New York, 15. September 2008.

Zweckgesellschaften gerieten unter Druck – der Verkauf der Aktiva scheiterte oft an mangelnder Nachfrage –, wodurch dann jene Banken, die Kreditlinien beziehungsweise Garantien gewährt hatten, von der Krise erfasst wurden.

Im Jahr 2008 fand somit nicht wie in den 1930er Jahren ein Run auf die Banken statt von Kunden, die ihre Spareinlagen abziehen wollten – hier spielte die Einlagensicherung eine stabilisierende Rolle –, sondern es setzte zunächst ein Liquiditätsrun auf verschiedene Segmente des Schattenbankensystems ein. Viele der Zweckgesellschaften wurden von den jeweiligen Muttergesellschaften aufgefangen. So übertrug sich der Sturm von den Schattenbanken rasch auf das reguläre Bankensystem.

Ein weiterer Kanal der Krisenübertragung war das Austrocknen der Wertpapierpensionsgeschäfte (sogenannte Repo-Geschäfte), die in den Jahren vor der Krise ebenso enorm an Bedeutung gewonnen hatten, dabei jedoch zur Aufblähung der Bilanzsumme des Bankensektors erheblich beitrugen. Banken liehen sich kurzfristig Liquidität und verliehen für diesen Zeitraum Wertpapiere als Sicherheit. Da diese Wertpapiere aufgrund der Krise am

159

Immobilienmarkt an Wert verloren hatten und vor allem mit großer Unsicherheit behaftet waren, konnten die Banken sich mangels ausreichend vertrauenswürdiger Partner nicht mehr refinanzieren – und mussten stattdessen diese Wertpapiere verkaufen, um an die dringend benötigte Liquidität zu gelangen („fire sale of assets"), was deren Wertverfall noch weiter beschleunigte.

Northern Rock war eine britische Bank, die über diesen Weg den Zugang zum Geldmarkt verlor. Sie musste im Februar 2008 mit hohen Verlusten für die Steuerzahler verstaatlicht werden. Die kleinste der fünf US-amerikanischen Investmentbanken, Bear Stearns, geriet schließlich aufgrund illiquid gewordener Hypothekenpapiere im März 2008 in Schieflage und wurde unter Mitwirkung der Fed gestützt, was diese und letztlich die Steuerzahler einem hohen Verlustrisiko aussetzte. Schließlich wurde Bear Stearns von JPMorgan übernommen. Anfang September 2008 mussten die beiden Hypothekenfinanzierer Fannie Mae und Freddie Mac verstaatlicht werden.

Die schon länger bekannten Probleme von Lehman Brothers, einer besonders stark im abstürzenden Immobilienmarkt engagierten Bank, lösten zunächst die Erwartung ähnlicher Rettungsaktivitäten aus, wie sie für Bear Stearns unternommen worden waren. Schließlich wurde bereits seit Sommer 2008 Liquidität in großem Maße aus der Bank abgezogen. Es wurde aber eine private Auffanglösung, nämlich der Verkauf an die britische Großbank Barclays, präferiert, obwohl dies auch aufgrund der eklatanten Zeitnot nicht realisierbar war.

Die Gründe dafür sind zahlreich; über das Gewicht der verschiedenen Faktoren wird heute noch kontrovers diskutiert (vgl. Ball 2016). Einer von ihnen lautet: Man wollte ein Exempel statuieren, um das exzessive Risikoverhalten einzudämmen, das von der Überzeugung der Finanzmarktakteure befeuert wurde, die Steuerzahler würden ohnehin die Verluste ihrer Fehlinvestments tragen. Auch mag von Relevanz gewesen sein, dass vergangene Bankenrettungen sehr unpopulär gewesen waren. Schließlich bestanden Zweifel an der Rechtmäßigkeit einer Unterstützung durch die Fed, die auch von deren Repräsentanten genährt wurden (vgl. Bernanke 2015). Auf alle Fälle unterschätzte man bei Weitem das Ausmaß der globalen Kettenreaktion, die diese Insolvenz auslösen sollte.

Die Lehman-Pleite war die größte in der Geschichte der USA. Die Vermögenswerte der Bank wurden eingefroren, die Mitarbeiter und Mitarbeiterinnen entlassen. Die Aktienkurse brachen weltweit ein. Es setzte neuerlich ein Run auf das Schattenbankensystem ein. Es kam zu Panikverkäufen von Wertpapieren, um Zahlungsverpflichtungen einhalten zu können. In der Folge verfielen deren Preise. Ratingagenturen machten ihrem Ruf als Brandbeschleuniger alle Ehre, indem sie die Bewertungen universell senkten.

Eine ähnliche Wirkung entfalteten Kreditausfallsversicherungen, sogenannte Kreditderivate oder Credit Default Swaps (CDS). Dabei bietet ein
Anbieter eines CDS-Kontraktes dem Käufer eine Versicherung gegen den
Ausfall einer Anleihe (die der Käufer gar nicht besitzen muss), zum Beispiel
von Lehman Brothers. Besitzer dieser CDS erhalten vom Sicherungsgeber
einen Ausgleich für ihren Verlust, wenn das damit abgesicherte Wertpapier
ausfällt. Nun gerieten jene Gesellschaften unter Druck, welche die Lehman-Bonds abgesichert hatten, wie der große US-amerikanische Versiche-
rungskonzern AIG.

Die Folgen der Lehman-Pleite wären vermutlich noch weitaus drama-
tischer gewesen, hätte die US-Regierung nicht AIG, der in großem Stil CDS
auf Lehman-Bonds gekauft hatte, unmittelbar nach der Lehman-Pleite vor
dem Zusammenbruch gerettet. Damit wurden indirekt auch jene europäischen Banken gestützt, die ebenfalls CDS auf Lehman-Bonds hielten. Der
Ansturm auf US-Geldmarktfonds – viele von ihnen hatten Lehman-Papiere
in ihrem Portefeuille – traf auch europäische Banken, die sich bei diesen
Fonds verschuldet hatten und nun mit erheblichen Liquiditätsproblemen
konfrontiert waren, da sich die Geldmarktfonds aus der Bereitstellung von
Dollarliquidität für diese Banken zurückzogen.

Warum wurden die europäischen Banken so stark getroffen?

Dass europäische Banken so stark von der Krise getroffen wurden, kam
für viele überraschend, da Experten sie in der Regel als Finanzintermedi-
äre porträtierten, die im Unterschied zu den Banken des angelsächsischen
Shareholder-Kapitalismus fast ausschließlich die reale Wirtschaft finanzieren würden. Auf dem Höhepunkt der Krise machten aber deren Kredite
an Haushalte und Unternehmen im Durchschnitt lediglich ein Drittel der
Bilanzsummen aus. Zwei Drittel waren Kredite an andere Finanzinstitute
und Schattenbanken, strukturierte Finanzinstrumente, derivative Finanzinstrumente sowie Staatsanleihen. Europäische Banken operierten mit weit
weniger Eigenkapital als US-amerikanische Banken.

Überraschend war auch, dass zu Beginn der Krise etwa die Hälfte der
29 weltweit größten und am meisten systemrelevanten Banken europäische Institute waren und ebenso rund die Hälfte des globalen Schattenbankensystems auf Europa entfiel. In diesem werden einzelne Funktionen der
Kreditvermittlung von Akteuren ausgefüllt, die sich selbst regulieren, weil
sie nicht Teil des regulierten Bankensystems sind. Zu den Schattenbanken

zählen Investmentfonds (Geldmarktfonds, Hedgefonds, Anleihenfonds, Aktienfonds und so weiter) und sogenannte Andere Finanzinstitutionen (Zweckgesellschaften, die durch ABCPs oder Repos refinanziert werden und im Allgemeinen mit Kreditlinien und Haftungen einer Sponsor-Bank ausgestattet sind, sowie Spezialfinanzierungsagenturen für Leasing, Factoring et cetera). Manchmal werden auch Ratingagenturen unter diesem Begriff subsumiert.

Was von der breiten Öffentlichkeit weitgehend unbemerkt geblieben war: Das europäische Bankensystem hatte seit den 1990er Jahren eine radikale Transformation erfahren. Getrieben durch Kapitalverkehrsliberalisierung und Deregulierung, entstanden global agierende Finanzkonglomerate mit komplexen, undurchsichtigen organisatorischen Strukturen. Diese finanzierten ihre Expansionsstrategien, die nicht immer in einer merklichen Ausweitung der Bilanzsumme sichtbar wurden, nicht in traditioneller Weise mit Kundeneinlagen, sondern über den Geld- und Kapitalmarkt. Dafür gründeten sie Zweckgesellschaften, die Wertpapiere mit kurzer Laufzeit emittierten und unter anderem an Geldmarktfonds und andere Schattenbanken verkauften oder sich auf Repo-Märkten kurzfristig Liquidität gegen Wertpapiere ausborgten.

Als Sicherheiten dienten unter anderem komplexe, verbriefte Finanzinstrumente oder Hypothekenpapiere, aber vor allem Staatsanleihen. In diese Zweckgesellschaften konnten die Banken alte Kredite auslagern, um dann weitere Kredite zu vergeben oder toxische Wertpapiere zu kaufen, ohne regulatorische Vorschriften über die Unterlegung mit Eigenkapital zu verletzen. Zusätzlich nutzten sie Repo-Geschäfte für die eigene Refinanzierung beziehungsweise für die Vergrößerung ihrer Bilanzsumme. Allein zwischen 2002 und 2008 verdreifachte sich in Europa der Repo-Markt auf acht Billionen Euro Umsatz.

Wenngleich gänzlich anders strukturiert, entwickelten sich in Europa somit ähnliche Formen von Kreditintermediationsketten wie in den USA, nämlich eine Mischung von klassischem Kreditgeschäft und Wertpapiergeschäft durch Finanzkonglomerate: Neben dem regulierten Bankensystem entstand ein weitverzweigtes und komplexes System von Kreditintermediation und Risikotransfer, das eine starke Verschränkung mit dem Bankensystem aufweist. Dies ermöglichte es den Banken, die Eigenkapitalvorschriften zu umgehen und die Bilanzsumme aufzublähen.

Zugleich entstand eine Art kaskadenartige Verschuldungsstruktur, welche die gegenseitige Verflechtung und somit Verwundbarkeit des Finanzsystems enorm ansteigen ließ. In Europa waren es die großen Banken und weniger die Schattenbanken selbst, welche die Schattenbankaktivitäten im Wesentlichen trugen. Das symbiotische Verhältnis von Bankengeschäft und

Helene Schuberth

Schattenbankaktivitäten verwandelte sich ab 2007 in ein zerstörerisches, als die Liquiditätsprobleme im Schattenbankensystem, insbesondere bei den Zweckgesellschaften und Hedgefonds, das Bankensystem mit in den Abgrund rissen.

Ein anderer Grund, warum das europäische Bankensystem so stark getroffen wurde, bestand darin, dass das Auslandsgeschäft der großen europäischen Banken sehr stark auf die USA konzentriert war. Allerdings ist zu erwähnen, dass nationale Bankensysteme auch in anderen Regionen hochriskante Auslandsgeschäfte eingegangen sind, zum Beispiel das österreichische in Zentral-, Ost- und Südosteuropa, wo ein primär in Fremdwährung finanzierter Kreditboom Ende 2008 abrupt zum Stillstand kam. Die Region verzeichnete schließlich den weltweit größten Wirtschaftseinbruch und musste zum Teil durch die internationale Staatengemeinschaft aufgefangen werden.

Große europäische Banken fungierten als Drehscheibe für globale Finanzströme. Sie liehen sich in US-Dollar Liquidität auf dem amerikanischen Geldmarkt, primär über Geldmarktfonds, und investierten diese in erstklassig geratete amerikanische Wertpapiere, die zur Verbriefung gebündelter Kreditpakete emittiert und im Zuge der Immobilienkrise toxisch wurden. Während asiatische Banken und Zentralbanken die in den jeweiligen Ländern generierten Fremdwährungsguthaben aus Exportüberschüssen primär in US-Staatsanleihen investierten, agierten europäische Banken faktisch wie US-amerikanische und finanzierten noch dazu die exzessive Kreditvergabe am dortigen Immobilienmarkt mit Geldern, die sie sich wiederum von US-Geldmarktfonds liehen.

Während sich die USA nach der Großen Rezession von 2009 erholten und seit 2010 moderat wachsen, durchlief Europa ab Anfang 2011 eine neuerliche Rezession und hat sich davon bis heute nicht erholt. Zahlreiche Gründe sind dafür ausschlaggebend. Sie reichen von fiskalischer Austerität in Europa über eine zwar nur vorübergehende, aber zu frühe Anhebung der Zinsen im Jahr 2011 durch die EZB bis zu fundamentalen Konstruktionsfehlern der Eurozone, die nun schlagartig sichtbar wurden. Lehman wirkt nach, doch hätte Europa auch ohne Lehman früher oder später eine Krise erlebt.

Der Finanzmarkt und die Krise im Süden der EU

Die Krise der europäischen Peripherieländer, die zuvor durch ansehnliche Wachstumsraten camoufliert war, wird oft als Problem fehlender **163**

Wettbewerbsfähigkeit, niedriger Produktivitätswachstumsraten, zu hoher Löhne und zu hoher Staatsverschuldung gesehen. Diese Analyse greift zu kurz und verkennt die Rolle, die das Finanzsystem beim Aufbau der Ungleichgewichte in der Währungsunion sowie in der Krise nach 2010 gespielt hatte, als schließlich die Wirtschaftsleistung um bis zu 25 Prozent, wie in Griechenland, einbrach. Banken der europäischen Kernwährungsländer finanzierten nicht nur den Immobilienboom in den USA, sondern verstärkten mit Beginn der Währungsunion, unterstützt durch die Ratingagenturen, ihre Kapitalströme in Richtung europäischer Süden. Sie erwarben Staatsanleihen, wodurch deren Renditen stark sanken, und vergaben auch direkte Kredite an dortige Banken.

Diese wiederum finanzierten damit nicht einen produktiven Investitionsboom, der Innovation, Forschung und Wachstum gefördert hätte, wie dies von den Architekten der Währungsunion erhofft worden war. Ursprünglich war mit der Liberalisierung des Kapitalverkehrs, die Anfang der 1990er Jahre vollendet worden war, die Hoffnung verbunden, dass die ärmeren Länder über Kapitalzuflüsse einen Aufholprozess finanzieren würden. Es kam aber anders. Ähnlich wie die österreichischen Banken in Zentral-, Ost- und Südosteuropa haben die Banken der Kernländer des Euroraums im europäischen Süden einen Immobilienkredit- beziehungsweise Konsumkreditboom und nur in geringerem Maße Investitionen außerhalb des Immobiliensektors finanziert. Es wurde auch in Staatsanleihen investiert, wodurch deren Renditen sanken.

Einige Peripherieländer waren vor 2010 in einer ähnlichen Situation wie Deutschland und Österreich in der Zwischenkriegszeit des 20. Jahrhunderts oder Schwellenländer während der Asienkrise Ende der 1990er Jahre. Mit hohen Auslandsschulden belastet, waren sie ab 2010 mit einer plötzlichen Umkehr der Kapitalströme konfrontiert. Die Kapitalzuflüsse in die nachmaligen Krisenstaaten, die ab dem Beginn der Währungsunion einen kreditfinanzierten Boom ausgelöst hatten, haben sich somit ab 2010 umgekehrt. Die Folge war eine Abwärtsspirale von Kapitalflucht, steigenden Zinsen, Staatsschulden und Rezession. Die Spirale trieben natürlich auch die Probleme des Bankensektors an, die einerseits mit dem Wirtschaftseinbruch zusammenhingen, andererseits mit der Schwächung der Banken durch den Kapitalabfluss.

Die Kapitalflucht wurde durch das Zusammenwirken von zwei Faktoren verstärkt: zunächst durch das Finanzsystem selbst, das trotz beginnender Regulierungsreform seine Funktionsweise nicht wesentlich geändert hatte. Die nach wie vor ungebrochene Macht der Ratingagenturen hat durch das überzogene, fundamental nicht gerechtfertigte Herabstufen

Demonstrationen vor dem griechischen Parlament 2013 nach angekündigten Budgetkürzungen: „Die schlimmere Form von Gewalt ist Armut", heißt es auf dem Transparent.

von Ratings einiger Staaten, die den Zugang zur Finanzierung verloren hatten, oft während entscheidender Verhandlungsrunden mit potenziellen Gläubigern das Vertrauen in diese Länder geschwächt. Schließlich schlossen Spekulanten mithilfe von Kreditderivaten Wetten auf Staatsbankrotte ab, auch dann, wenn sie gar keine Anleihen der jeweiligen Staaten besaßen. Je höher die Kurse von Derivaten auf Kredite und Staatsanleihen, desto höher schätzt der Markt das Insolvenzrisiko ein. Investoren, die an der Wertbeständigkeit ihrer Vermögenswerte interessiert sind, reagieren dann durchaus rational mit Kapitalflucht auf die Angst, die Währungsunion könnte auseinanderbrechen.

Auch der vorwiegend durch Staatsanleihen besicherte Repo-Markt, ein neuralgischer Knoten des Schattenbankensystems in Europa, hat ab 2010 die Eurokrise und die spekulativen Attacken auf einige Länder der europäischen Peripherie wesentlich verschärft. Der Markt reguliert sich weitgehend selbst und verknüpft das Schicksal von souveränen Staaten mit den geschäftlichen Dispositionen von Banken. Wird eine Staatsanleihe, die sonst als quasi risikolose Sicherheit bei Kreditvergaben zwischen Banken fungiert, durch **165**

Ratingagenturen herabgestuft, findet die Anleihe in geringerem Maße oder überhaupt nicht mehr als Sicherheit Verwendung. Dies geschah nach 2010, als die Staatsanleihen einiger Periphcriestaaten bei Repo-Geschäften nicht mehr akzeptiert wurden, ähnlich wie dies ab 2007 in den USA bei toxischen Immobilien-Wertpapieren der Fall war. Dies hat die Verkaufswelle der jeweiligen Staatsanleihen befördert, wodurch die Abwärtsspirale weiter angeheizt wurde.

Neben diesen von der Regulierungsreform bislang kaum berührten krisenverschärfenden Mechanismen des Finanzsystems spielen Konstruktionsfehler der Währungsunion bei der anhaltenden Destabilisierung der Eurozone eine entscheidende Rolle. Die Probleme der Peripherieländer haben natürlich eine realökonomische Grundlage, aber wäre die Europäische Währungsunion ähnlich konstruiert wie das US-amerikanische System, hätte die Krise nicht dieses Ausmaß erreicht. Die Finanzkrise hat diese Probleme, die Europa selbst zu verantworten hat, abrupt sichtbar werden lassen.

In einer Währungsunion ohne Fiskalunion, in der das Verbot monetärer Staatsfinanzierung gilt, begeben Staaten und auch Banken Schuldtitel in „fremder Währung" (vgl. De Grauwe/Yueme 2012), da es keine Garantie dafür gibt, dass die Notenbanken im Falle einer Liquiditätskrise Staatsanleihen aufkaufen und so den Markt stabilisieren. Dies fördert spekulative Angriffe auf die schwächeren Glieder der Währungsunion, selbst wenn deren Fundamentaldaten solide sind.

In den USA würde die Federal Reserve im Zweifel immer Bundesanleihen aufkaufen und kann dies auch unbegrenzt tun. Der Umstand, dass 19 Euroraumstaaten eigene Staatsanleihen emittieren, für die es keine explizite Absicherung gibt, lädt Finanzmarktakteure geradezu ein, zwischen den (vermeintlichen) Risiken von Staaten zu differenzieren und gegen Staaten zu spekulieren. Letztlich wären Eurobonds die wirkungsvollste Reform zur Stabilisierung der Eurozone. Eine politische Einigung dazu ist in weiter Ferne.

Die Europäische Union hat jedenfalls seit 2010 eine Reihe von Maßnahmen gesetzt, um die Abwärtsspirale, in denen die Länder gefangen waren, zu durchbrechen. Dazu zählen die sukzessiv aufgebauten Schutzschirme, welche die Krisenstaaten mit Krediten unterstützen: zunächst die bilateralen Kredite, später die EFSF (Europäische Finanzstabilisierungsfazilität) und schließlich der ab 2012 dauerhaft eingerichtete ESM (Europäischer Stabilitätsmechanismus). Allein mit der Ankündigung der EZB im Sommer 2012, Staatsanleihen in unbegrenzter Höhe unter strengen Konditionen am Sekundärmarkt zu kaufen, ist es gelungen, die Zinsen auf Staatsanleihen der Krisenländer signifikant zu senken. Auch das seit März 2015 laufende direkte Ankaufprogramm der EZB für Staatsanleihen trägt zur Stabilisierung der Eurozone bei.

Was sind die systemischen und strukturellen Ursachen der Krise?

Karl Marx was right. Capitalism tends to destroy itself.
NOURIEL ROUBINI, 2011

There are two ways to conquer and enslave a nation: One is by the sword, the other is by debt.
JOHN ADAMS, 1826

Die Lehman-Pleite veränderte den öffentlichen Diskurs über die seit Sommer 2007 schwelende Krise schlagartig. Bis dahin wurde diese als alleiniges Problem der USA gesehen, und die Regulierungsvorschläge in Europa beschränkten sich auf eine Mäßigung der Gier der Manager, auf mehr Eigenverantwortung, Transparenz und eine bessere Koordinierung der Aufsicht. Mit der Lehman-Pleite standen plötzlich die zuvor negierten Fehler der Regulierungsarchitektur des globalen Finanzsystems im Zentrum der Analyse, deren Beseitigung zu einem wichtigen Anliegen der internationalen Staatengemeinschaft wurde.

Zu den Mängeln zählten die zu geringe Eigenkapitalausstattung der Banken, die Prozyklizität in der Kreditvergabe und die unzureichende Regulierung von Derivaten und Kreditverbriefungen. Ein weiteres Problem bildeten die impliziten Staatsgarantien für systemrelevante Banken, die aufgrund ihrer systemischen Bedeutung von Staaten stets aufgefangen werden mussten und damit einen Anreiz hatten, noch größer und systemrelevanter zu werden *(too big to fail)*. Des Weiteren waren die Schattenbanken und Ratingagenturen kaum reguliert; die Entlohnungssysteme für Bankmanager, die Anreize für exzessives Risikoverhalten in sich bargen, unterlagen der Selbstregulierung.

Im Laufe der Krise wurde aber klar, dass es sich nicht bloß um einige regulatorische Schwachstellen handelte, die durch punktuelle Reformen beseitigt werden konnten. Ökonomen mit profundem historischen Wissen wie zum Beispiel Barry Eichengreen, Hyman P. Minsky oder John Kenneth Galbraith verstehen Finanzkrisen als ständig wiederkehrende Phänomene marktbasierter Finanzsysteme. Krisen seien dem marktbasierten Finanzsystem inhärent und könnten nur durch radikale Eingriffe auf Dauer verhindert werden.

Es sind freilich nicht nur regulatorische, sondern auch realwirtschaftliche Gründe, die hinter jeder Finanzkrise stehen, etwa der Aufbau von makroökonomischen Ungleichgewichten. Im Zentrum einer die Krise als systemisch begreifenden Analyse steht daher das Ineinanderwirken der Deregulierung des Finanzsystems, des Aufbaus von makroökonomischen Ungleichgewichten sowie schließlich von Faktoren, die das Zusammenspiel von Politik und Finanzindustrie betreffen.

Vor Finanzkrisen steigt in der Regel die Verschuldung stark an, ebenso die Vermögen beziehungsweise die Ersparnisse. Realwirtschaftliche Ungleichgewichte führen dazu, dass sich das Tempo des Schuldenaufbaus beschleunigt. Ungleichgewichte treten in unterschiedlichen Formen auf. Die zunehmende Konzentration der Einkommen und Erträge, zum Beispiel aufgrund sinkender Lohn- beziehungsweise steigender Kapitalquoten, führte seit den 1980er Jahren zu einer markanten Vermögensakkumulation, die nach lukrativen Finanzanlagemöglichkeiten verlangte. Produktivitätsgewinne wurden ja fast ausschließlich an das Real- und insbesondere an das Finanzkapital verteilt.

Die Quellen der Einkommens- und Vermögensakkumulation waren nur zum Teil leistungsbezogen: Erbschaften, hohe Boni und Managergehälter, Unternehmensgewinne und Erträge aus Finanzanlagen, die in der Boomphase förmlich explodierten. Andererseits sanken die unteren Einkommen und auch jene von Teilen der Mittelschicht, die von der Finanzindustrie als potenzielle Kreditnehmer verstärkt umworben wurden.

In den USA waren die ärmeren Haushalte beispielsweise gezwungen, Leistungen, die eigentlich der (Sozial-)Staat erbringen sollte, zum Beispiel Bildung, Wohnen und Gesundheit, aber auch den Konsum über Kredite zu finanzieren. Die Verschuldung stieg stark an und der Wirtschaftsmotor brummte weiter. Damit wurden die schon lange vor der Krise schwelenden Tendenzen hin zu einer gesamtwirtschaftlichen Stagnation verdeckt, die wesentlich darin begründet lagen, dass die Massenkaufkraft aufgrund steigender Ungleichheit gesunken war. In den Ländern Kerneuropas wurde die stagnierend wirkende inländische Nachfrageschwäche nicht durch Kreditwachstum überdeckt – dieses blieb eher moderat –, sondern durch ein exportorientiertes Wachstumsmodell.

Als die Krise ausbrach, wurden ein großer Teil der Verluste der Banken sozialisiert und die Vermögenden vor herben Verlusten bewahrt. Die ärmeren Haushalte sind dadurch aber mehrfach belastet. Sie können aufgrund der Budgetkonsolidierung immer weniger öffentliche Leistungen in Anspruch nehmen, leiden unter Arbeitslosigkeit oder sind gezwungen, aus ihrem sinkenden nominellen Einkommen die Schulden zurückzuzahlen. Aufgrund der niedrigen Inflation beziehungsweise der Deflation steigt die reale Schuldenlast sogar, schwächt Konsum und Investitionen und hemmt den Aufschwung.

Helene Schuberth

Eine andere Form von Ungleichgewichten sind solche, die sich zwischen den Ländern als Auslandsforderungen und Auslandsverbindlichkeiten aufbauen. Länder wie Deutschland und China mit einer merkantilistischen Handelsstrategie und somit hohen Exportüberschüssen, aber auch rohstoff- und erdölproduzierende Länder legen ihre Ersparnisse weltweit an und tragen so zur Hypertrophie des Finanzsektors bei. Die USA, Großbritannien und die meisten Peripherieländer des Euroraums sind traditionell Defizitländer, die sich Kapital von den Überschussländern borgen.

Zwischen den Ländern der Eurozone gab es keinen Ausgleichsmechanismus, der den Aufbau dieser Ungleichgewichte verhindert hätte. Aber selbst Länder, deren Wechselkurse schwanken, sind vor außenwirtschaftlichen Ungleichgewichten nicht geschützt, da der Wechselkurs diese nicht ausgleicht. Seit dem Zusammenbruch des fixen Wechselkursregimes von Bretton Woods Anfang der 1970er Jahre fehlt eine globale monetäre Ordnung. Anpassungsprozesse zur Reduzierung von hohen Leistungsbilanzsalden finden daher seitdem häufig in Form einer Krise statt, wenn sich Finanzmarktakteure plötzlich weigern, Defizite weiterhin zu finanzieren, wie dies ab 2010 im europäischen Süden geschah oder aber Ende der 1990er Jahre in Asien. Selbst Länder und Regionen mit einer halbwegs ausgeglichenen Leistungsbilanz, wie zum Beispiel jene des Euroraums vor der Krise, sind vor einer abrupten Abkehr der Kapitalströme nicht gefeit; beträchtlichen Kapitalzuflüssen standen ebenso hohe Abflüsse gegenüber, und die Ungleichgewichte waren somit nicht sofort sichtbar.

Mit der Krise wurde das zuvor durchaus symbiotische Verhältnis zwischen Gläubigern und Schuldnern, sei es innerhalb oder zwischen den Ländern, zu einem antagonistischen. Gläubiger gehen dank staatlicher Rettungsaktivitäten oft gestärkt aus der Krise hervor und fordern die Rückzahlung der Schulden ein, assistiert von einem Rechtssystem, das sie schützt. Eigentumsrechte und Gläubigerschutz waren schließlich konstitutiv für die Entwicklung des globalen Finanzkapitalismus. Die neue europäische Verordnung zur Bankenabwicklung, die mit der Bail-in-Regelung eine Beteiligung der Gläubiger an Verlusten von Banken vorsieht, ist immerhin ein Versuch, die Dominanz von Gläubigerinteressen teilweise zu brechen.

Nach Finanzkrisen bewegt sich das politische Spektrum in der Regel nach rechts. Dies scheint ein historisches Kontinuum der letzten 150 Jahre zu sein, das für die Zeit nach normalen Rezessionen nicht beobachtet werden konnte (vgl. Funke et al. 2015). Mit Ausbruch einer Finanzkrise werden

169

die Verteilungskonflikte zwischen Kapital und Arbeit, die sich aufgrund des kleineren zu verteilenden Kuchens weiter verschärfen, durch solche zwischen Gläubigern und Schuldnern überlagert.

Die dramatischen politischen Veränderungen und der Aufstieg der rechtsradikalen Parteien und Bewegungen sind aber nicht nur als Revolte der Schuldner gegen die Gläubiger zu verstehen (vgl. Mark Blyth 2016), sondern ebenso als Aufstand der Gläubiger gegen die Schuldner. Dieses Aufbegehren entlädt sich im nationalistischen Ressentiment und xenophoben Übergriffen. Die Partei Alternative für Deutschland wurde schließlich als Reaktion auf die Kredite der Geberländer an die Krisenländer im Euroraum gegründet. Das Faktum, dass diese als Hilfsgelder titulierten und an unerbittliche Auflagen geknüpften Mittel zum überwiegenden Teil an die Banken und Versicherungen der Kernländer des Währungsraums (verzinst) zurückfließen, die „Rettungspakete" somit auch solche für das Finanzsystem der Gläubigerländer sind, wird bewusst unterdrückt.

Überlegungen zum polit-ökonomischen Einflussfaktor Deregulierung

Recovery will fail unless we break the financial oligarchy that is blocking essential reform.
Simon Johnson, 2009

Pierre Bourdieu (1996) hat vor mehr als 20 Jahren das Finanzkapital als den neuen Leviathan bezeichnet. Bourdieu bemühte die allegorische Figur des furchteinflößenden drachenähnlichen Seeungeheuers aus der Bibel, um die Allmacht zu beschreiben, die nun eben nicht mehr, wie noch bei Thomas Hobbes, vom Staat ausgeht. Die Autorität staatlicher Einrichtungen werde, so Bourdieu, auf die Finanzmärkte übertragen. Die Deregulierung des Finanzsystems ist ohne den fundamentalen, Ende der 1970er und Anfang der 1980er Jahre einsetzenden polit-ökonomischen Systemwechsel nicht erklärbar, der mit dem Rückzug des Staates und der Teilprivatisierung des Rechtssystems im Bereich der Finanzmarktregulierung verbunden war.

Die Deregulierung war ein von der Politik orchestrierter Prozess und damit wiederum Ausdruck einer Machtverschiebung zugunsten von (Finanz-)Kapitalinteressen. Die Beschränkung des Kapitalverkehrs war eine zentrale Säule der monetären Nachkriegsordnung von Bretton Woods

Helene Schuberth

gewesen und hatte den Ländern beschäftigungspolitische Handlungsspielräume ermöglicht – bis die immer weiter reichende Freigabe des Kapitalverkehrs eine Liberalisierungswelle einläutete, die oft unter dem Druck der Sanktionskraft des sich nunmehr frei bewegenden Finanzkapitals durchgesetzt wurde.

Die Deregulierung als alternativlose Reaktion der Nationalstaaten auf Ausweichaktionen von Akteuren des Finanzkapitals zu begreifen, verkennt jedoch die zentrale Rolle der internationalen Staatengemeinschaft, allen voran diejenige von deren Institutionen: dem IWF, der OECD und auch der Europäischen Kommission. Auch ist für zahlreiche Deregulierungsepisoden belegt, wie sehr die Politik, bedrängt durch Lobbyisten der Finanzindustrie, aber auch durch Vertreterinnen und Vertreter der Wirtschaftswissenschaften, von den segensreichen Wirkungen entfesselter Finanzmärkte überzeugt war.

Die Funktion der Regulierung wurde von Staaten zunehmend an unabhängige Institutionen delegiert und auch an die Finanzindustrie selbst; dieser wurde sowohl bei der Festlegung der Regeln als auch bei deren Umsetzung immer mehr Einfluss eingeräumt. Parlamente, Konsumenten und Arbeitnehmer waren von der Finanzmarktregulierung weitgehend ausgeschlossen, während Finanzindustrie und Experten die Sache in die Hand nahmen und das von den Marktakteuren bevorzugte angelsächsische Regulierungsmodell durchsetzten, das auf Selbstregulierung vertraute. An die Stelle von staatlichem Recht traten private Agenturen mit faktisch rechts- und normsetzender Kraft.

Es entstand eine Struktur, in der sich nationalstaatliche und internationale, halbstaatliche und private Netzwerke überlagerten. Im Rahmen dieser Entdemokratisierung der Finanzmarktregulierung setzte sich das angelsächsische Selbstregulierungsmodell durch. Warum räumte die Politik der Finanzindustrie so viel Macht ein, obwohl sie sich damit selbst schwächte?

Grund dafür mag der Wunsch gewesen sein, den eigenen nationalen Finanzplatz im globalen Wettbewerb zu stärken. Die Regierungen kamen Deregulierungswünschen entgegen oder trieben sie sogar voran. Es entwickelte sich ein Deregulierungswettlauf der Nationalstaaten, der auch deshalb möglich war, weil umfassend und global wirksame Regulierungsinstrumente weitgehend fehlten. Der Umstand, dass ein global agierendes Finanzsystem durch nationale Aufsichtsbehörden kontrolliert wurde, die noch dazu lediglich auf die Stabilität der einzelnen Finanzinstitute achteten, erhöhte für die Banken den Anreiz, über das Ausnützen von Regulierungsdifferenzen zwischen den Staaten und mittels sonstiger Schlupflöcher Risiken vor den Aufsehern zu verschleiern.

Wirtschaftspolitische Reaktionen auf die Krise

Success became the Mother of failure.
BARRY EICHENGREEN, 2015

Es ist vor allem einer historisch einzigartigen internationalen Kooperationsbereitschaft und der Absage an nationalstaatliche Egoismen zu verdanken, dass letztendlich die negativen Wirkungen der Krise begrenzt werden konnten. Die unmittelbare wirtschaftspolitische Reaktion einer expansiven Fiskal- und Geldpolitik hat dazu geführt, dass nach dem schweren Einbruch der Wirtschaftsleistung im Jahr 2009 unerwartet rasch eine Erholung einsetzte. Diese war aber auch wesentlich getragen von der Nachfrage aus Asien: China, Südkorea und andere Staaten der Region ergriffen weitaus signifikantere Konjunkturstabilisierungsmaßnahmen als die USA oder Europa.

Die Geldpolitik wagte sich in unsicheres, weil weitgehend unbekanntes Terrain vor. Sowohl die US-Fed als auch die EZB sowie andere Notenbanken griffen in Form von Zinssenkungen zu konventionellen, aber auch zu anderen, unkonventionellen Maßnahmen. Ein Nominalzinssatz nahe null hatte und hat zum Ziel, dem Deflationsrisiko vorzubeugen und die Finanzierungsbedingungen in bestimmten Marktsegmenten zu verbessern. Im Unterschied zur konventionellen Geldpolitik, bei der Notenbanken den Banken temporär gegen Wertpapiere Geld leihen, erwerben sie nun selbst Wertpapiere wie etwa Staatsanleihen, um bestimmte, etwa von Illiquidität betroffene Finanzmarktsegmente zu unterstützen.

Insgesamt konnten die international abgestimmten expansiven Maßnahmen der Notenbanken einen Zusammenbruch des Weltfinanzsystems verhindern und dazu beitragen, dass unmittelbar nach dem Krisenjahr 2009 die Volkswirtschaften wieder zu einem – allerdings moderaten – Wachstum zurückkehren konnten.

Auch die Fiskalpolitik wirkte zunächst unterstützend. Die Industrie- und Schwellenländer einigten sich unmittelbar nach der Lehman-Pleite angesichts der zu erwartenden schweren Krise rasch auf Konjunkturprogramme, die in einzelnen Ländern ein signifikantes Ausmaß annahmen. Allein zwischen 2008 und 2010 gaben die USA kumulativ 5,6 Prozent des Bruttoinlandsprodukts (BIP) für Stimulierungsmaßnahmen aus, Deutschland drei Prozent, Österreich über zwei Prozent. Es ist auch den stark expansiven Maßnahmen Japans und Chinas zu verdanken, dass die weltwirtschaftliche Erholung unerwartet rasch bereits im Jahr 2010 eintrat.

Helene Schuberth

Für den Finanzsektor zentral waren die staatlichen Garantien von Bankenanleihen und die Rekapitalisierung von Banken, auf die sich die Europäische Union in einer konzertierten Aktion im Herbst 2008 verständigte. Zwischen 2008 und 2014 vergrößerte die direkte Unterstützung der Banken den öffentlichen Schuldenstand in den Euroraumländern um durchschnittlich rund fünf Prozent des BIP; die Unterschiede zwischen den Ländern waren dabei enorm (vgl. ECB 2016) und bewegten sich in diesem Zeitraum zwischen 30 Prozent (Irland) und null Prozent (Italien, Frankreich). Die staatlichen Garantien auf neu emittierte Bankanleihen machten auf dem Höhepunkt der Krise 2009 ungefähr acht Prozent des BIP aus und fielen bis 2014 auf 2,7 Prozent.

Der starke Anstieg der Staatsschuldenquoten um durchschnittlich 30 Prozentpunkte von Ende 2007 bis 2014 ist somit nicht nur den Bankenrettungspaketen geschuldet, sondern auch dem starken Wirtschaftseinbruch, der mit geringeren Steuereinnahmen und höheren Ausgaben, zum Beispiel für Arbeitslose oder Kurzarbeit, verbunden war. Dies gilt noch weitaus stärker für die USA, deren Schuldenquote zwischen Ende 2007 und Ende 2014 um über 40 Prozentpunkte gestiegen ist, wobei auch dort die direkten fiskalischen Kosten der Bankenrettung vergleichsweise gering ausfielen.

Auf die fiskalische Expansion in den Jahren 2009/10 folgte im Euroraum unter dem Druck der Fiskalregeln des Stabilitäts- und Wachstumspakts ein Austeritätskurs. Auch vorauseilender Gehorsam gegenüber Finanzmarktakteuren spielte dabei eine Rolle. Diese drohten nun, den – auch von ihnen selbst verursachten – Anstieg der Staatsschuld durch hohe Zinsen zu sanktionieren. Dabei waren deren widersprüchliche Wünsche unmöglich zu erfüllen. Ratingagenturen begründeten Herabstufungen der Kreditwürdigkeit mit steigender öffentlicher Verschuldung, aber auch mit den wachstumsdämpfenden Wirkungen von Sparprogrammen, welche die Rückführung der Schuldenquoten erschweren würden.

Die Austerität sowie der unglückliche Umgang mit der ab 2010 schwelenden Eurokrise trugen wesentlich dazu bei, dass der Euroraum ab Anfang 2011 erneut in eine Rezession schlitterte. Ein Jahrzehnt De-facto-Stagnation hat letztlich auch tiefe Spuren in den Bilanzen der Banken hinterlassen – das Bankensystem ist insgesamt zwar deutlich besser als vor der Krise kapitalisiert, aber insbesondere in den von der Eurokrise betroffenen Ländern durch „nicht-einbringliche Kredite" belastet, was deren Kreditvergabekapazität schwächt.

Gründungsparteitag der „Alternative für Deutschland" 2013: eine Reaktion auf die Kredite der Geber- an die Krisenländer.

Die europäische Regulierungsreform – zurück zum Status quo ante?

Helene Schuberth

Im Herbst 2008 wurde auf Ebene der 20 wichtigsten Industrie- und Schwellenländer (G20) ein Prozess initiiert, der ohne Zweifel die weitaus größte Reform der Finanzmarktregulierung seit Jahrzehnten darstellt. Im April 2009 wurde das Financial Stability Board eingerichtet, das im Auftrag der G20 im Rahmen dieser Regulierungsreform eine koordinierende Rolle einnimmt.

Zentrale Vorhaben der G20 waren von Beginn an die Reform und Stärkung der Eigenkapitalregulierung (Basel III), die besonders strenge Regulierung von systemrelevanten Banken, die Beaufsichtigung von Hedgefonds und Ratingagenturen sowie die Begrenzung von Managergehältern. Erst ab 2010 rückte auch das weitgehend unregulierte Schattenbankensystem in den Fokus der Diskussion. Im Bereich der Wertpapierregulierung wurden

Selbstbehalte für Verbriefungen eingeführt, ebenso die Standardisierung und Überwachung von Derivatgeschäften und die verpflichtende Verlagerung des außerbörslichen Derivathandels auf zentrale Handelsplattformen. Schließlich wurde die Beaufsichtigung einzelner Finanzinstitute durch eine Aufsicht ergänzt, welche die Funktionsfähigkeit des Finanzsystems als Ganzes im Auge hat. Entsprechende Instrumente sind zum Beispiel antizyklische Kapitalpuffer, welche die Banken halten müssen, um die Prozyklizität der Kreditvergabe abzuschwächen.

Hat die EU das Finanzsystem strenger reguliert als die USA, wo der Einfluss der Lobbyisten als besonders hoch eingeschätzt wird? In der öffentlichen Wahrnehmung mag dieser Eindruck bestehen. Tatsächlich hat die EU Basel III weitreichender ausgelegt und auf alle Banken angewandt, während in den USA nur die großen Banken diesem Regelwerk unterworfen wurden; die Aufblähung der Bilanzen kleiner Banken ist allerdings in den USA schon seit längerer Zeit durch eine strengere Verschuldungsquote als in Basel III beschränkt. Auch bei der Besteuerung des Finanzsektors – so haben einige Länder Bankenabgaben eingeführt – hat die EU über die G20-Vorgaben hinausgehende Initiativen gesetzt.

Die USA haben ihrerseits stärker in die Markt- und Bankenstruktur eingegriffen als die EU. Der 2010 verabschiedete Dodd-Frank Act, der die grundlegenden Prinzipien der Regulierungsreform festlegte, enthielt unter anderem eine Beschränkung des Wertpapierhandels, die sogenannte Volcker Rule, und bezog sich damit auf die Intentionen des Glass-Steagall Act aus dem Jahr 1933, allerdings in abgeschwächter Form. Der Glass-Steagall Act, der unter anderem die strikte Trennung zwischen dem Einlagen- und Kreditgeschäft einerseits und dem Wertpapiergeschäft andererseits vorsah, hatte jahrzehntelang für Stabilität gesorgt. Die Idee war, Zahlungsverkehr und Einlagen vor Spekulationsverlusten zu schützen. Das Trennbankensystem wurde 1999 endgültig aufgehoben. Dies machte den Weg frei für die Herausbildung von Megabanken, die für die Krise mitverantwortlich waren. Ein moderates Modell eines Trennbankensystems wird in der EU seit einigen Jahren diskutiert, ein entsprechender Gesetzesentwurf der Europäischen Kommission findet allerdings keine politische Mehrheit.

Die USA haben mit dem Dodd-Frank Act auch die Möglichkeit geschaffen, große, systemrelevante Banken geordnet abwickeln zu können – dies war ja bereits für kleinere Banken nach der Krise häufige Praxis, während in Europa Banken weitaus seltener abgewickelt oder restrukturiert wurden.

Die gesetzlichen Voraussetzungen für ein grenzüberschreitendes Bankenabwicklungsregime schuf schließlich auch die EU. Damit wurde dem Verursacherprinzip Rechnung getragen, das schon lange vor der Krise eingefordert worden war: Die fiskalischen Kosten von Bankenkrisen sollten gering gehalten werden, indem nicht nur Eigentümer von Banken, sondern auch **175**

Anleihegläubiger an einer notwendigen Kapitalisierung einer Bank beteiligt werden. Dies ist auch eine Maßnahme, um die implizite Staatsgarantie, die systemrelevante Banken genießen, weil sie *too big to fail* sind, zumindest teilweise zu beseitigen. Es wurde auch ein von der Finanzindustrie dotierter, für die Kosten von Bankenabwicklungen bereitstehender Fonds eingerichtet, der allerdings mit angestrebten 55 Milliarden Euro angesichts der Höhe der Bilanzsumme der europäischen Banken von 30 Billionen Euro als gering eingestuft werden muss. Dieses Bankenrestrukturierungsregime ist eine der drei zentralen Säule der im Herbst 2014 geschaffenen Bankenunion.

Diese Bankenunion ist sicherlich die beachtlichste Reform in der Architektur der Europäischen Wirtschafts- und Währungsunion seit deren Gründung im Jahr 1999 und behebt einen schwerwiegenden Konstruktionsfehler. In den Entwürfen zu den Gründungsverträgen war bereits eine zentralisierte Beaufsichtigung von Banken vorgesehen (vgl. James 2013), die allerdings damals am Widerstand starker nationaler Finanzindustrieinteressen scheiterte. Selbst unmittelbar nach der Finanzkrise waren die Nationalstaaten nicht bereit, die Aufsicht über die nationalen Bankensysteme abzugeben – EU-weite Aufsichtsinstitutionen für Banken, Versicherungen und Kapitalmärkte sowie für finanzwirtschaftliche Stabilität wurden 2011 eingerichtet, allerdings ohne diesen wesentliche Durchgriffsrechte einzuräumen. Erst die sich verschärfende Eurokrise und der fehlende politische Wille zur Bildung einer Fiskalunion haben diesen Zentralisierungsschritt ermöglicht.

Eine weitere Säule der Bankenunion ist somit die zentrale Beaufsichtigung der systemrelevanten Banken des Euroraums – sowie bei Bedarf kleinerer Institute – durch die EZB; auch EU-Länder, die nicht dem Euroraum angehören, haben die Möglichkeit, an diesem Mechanismus teilzunehmen. Eine politische Einigung für eine gemeinsame Einlagensicherung, die dritte Säule der Bankenunion, steht allerdings in weiter Ferne. Damit bleibt die Bankenunion unvollständig und deren Beitrag zur Stabilisierung des Euroraums beschränkt.

Generell herrscht der Eindruck, dass das Finanzsystem nicht wesentlich anders funktioniert als vor der Krise: Die Macht der Ratingagenturen scheint ungebrochen; trotz Bail-in-Regeln werden Steuerzahlerinnen und Steuerzahler noch immer zur Kasse gebeten, um Verluste von Banken abzudecken, wie dies zuletzt bei der großen italienischen Bank Monte dei Paschi der Fall war. Dabei wurde das Bail-in-Prinzip zwar bei institutionellen Investoren angewandt, für sämtliche privaten Anleger (und somit auch für die wohlhabenden Haushalte) gab es hingegen ein Bail-out.

Dazu kommt, dass die stärkere Regulierung der Banken für die schleppende Kreditvergabe mitverantwortlich gemacht wird, wobei die empirische Evidenz dafür schwach ist. Zu der Wahrnehmung, es sei lediglich

Helene Schuberth

der Status quo ante wiederhergestellt worden, trägt auch bei, dass die für die Zivilgesellschaft symbolisch so wichtige Finanztransaktionssteuer, die ebenfalls stabilisierend wirken würde, bis heute nicht umgesetzt werden konnte.

Wie verträgt sich diese eher skeptische Haltung mit der zweifelsohne ambitionierten, Tausende von Gesetzestexten umfassenden Regulierungsreform? Zunächst ist festzuhalten, dass die Erfolge der Reform durch die anhaltende konjunkturelle Schwäche im Euroraum überdeckt werden; jüngste Probleme des Bankensektors und der Zuwachs notleidender Kredite in den Bankbilanzen sind unmittelbare Folge der anhaltenden Stagnation und der Bilanzrezession in einigen Ländern und haben wenig mit riskantem Risikoverhalten der Banken zu tun. Grundsätzlich ist es sehr wohl gelungen, die Risiken in den Bilanzen der Banken abzubauen und nachhaltige Geschäftsmodelle zu fördern.

Analysiert man aber die Regulierungsreform im Detail, so lässt dies mehrere Schlüsse zu. Erstens konnte das von den G20 ursprünglich angepeilte Ziel der umfassenden, lückenlosen Regulierung sämtlicher Finanzinstrumente und sämtlicher Segmente des Finanzmarktes in sämtlichen Weltregionen nicht erfüllt werden. Immer wieder erwähnte Beispiele sind der mangelhafte Einbezug der Steueroasen sowie das Schattenbankensystem. Aufgrund der Konzentration der Regulatoren auf die Banken kam es zur Verlagerung von Geschäften in selbiges (vgl. ECB 2016).

Hier geht es aber nicht nur darum, dass Institute oder Fonds, die dem Schattenbankensystem zugeordnet werden, zu wenig reguliert wären. Die Schattenbankenaktivitäten selbst, die auch von großen Banken auf Repo-Märkten und in Form hochkomplexer derivativer Instrumente getätigt werden und die Komplexität und Fragilität des Bankensystems insgesamt erhöhen, lagen mit einigen Ausnahmen nie im Fokus der Regulierungsreform. Diese blieb hier Stückwerk; eingeführt wurden insbesondere die strengeren Regeln für Geldmarktfonds in den USA sowie die verstärkte Erfassung und Regulierung des Handels mit Derivaten. Fraglich ist, ob diese Schritte ausreichen.

Zugleich gibt die Initiative der Europäischen Kommission zu einer Kapitalmarktunion, über die den Unternehmen neben den Bankkrediten zusätzliche Finanzierungsquellen auf dem Kapitalmarkt eröffnet werden sollen, einen tiefen Einblick in das scheinbar grenzenlose Vertrauen, das noch immer in die Stabilität der markt- und kapitalmarktbasierten Finanzierung gesetzt wird. Kritikerinnen und Kritiker monieren, dass die angestrebte Wiederbelebung von Kreditverbriefungen die Schattenbankenaktivitäten großer Banken fördern und das Ziel des Risikoabbaus in den Bankgeschäften konterkarieren könnten.

177

Helene Schuberth

Zweitens scheint das Bemühen, nie wieder Steuergelder für Bankenrettungen zu verwenden, durch die Gestionen großer systemischer Banken, die über ihre Derivateportfolios eng miteinander verflochten sind, konterkariert zu werden. Ob die Restrukturierung von Finanzkonglomeraten auf Basis der nun in der EU vorzulegenden „Testamente" gelingt, ist schwer einschätzbar. Ein Gesetzesentwurf zur Bankenstrukturreform in der EU, der analog zur Volcker Rule in den USA eine moderate Form des Trennbankensystems vorsieht, verstaubt in der Schublade.

Drittens erschwert der aktuelle Reformstillstand in der Währungsunion deren Stabilisierung, die wiederum eng mit jener des Bankensystems verbunden ist. Erst eine vollständige Bankenunion, verbunden mit einer Fiskalunion (einschließlich Eurobonds) und einer Sozialunion, würde die Erfolge der Regulierungsreform voll zur Geltung bringen. Ein hochliquider europäischer Staatsanleihenmarkt, sei es über die Ausgabe von gemeinschaftlich behafteten Eurobonds oder über synthetische, möglichst sichere European Safe Bonds (vgl. Brunnermeier et al. 2011), die keine gemeinschaftliche Haftung indizierten, würde spekulative Attacken gegen einzelne Länder deutlich erschweren. Dies würde auch helfen, einige nationale, derzeit geschwächte Bankensysteme zu stärken. Eurobonds sollten daher oberste Priorität in der geplanten Kapitalmarktunion sein.

Gemessen an den Versprechen vom Herbst 2008, das Weltfinanzsystem im Sinne eines neuen Bretton Woods grundlegend zu reformieren, muss viertens konstatiert werden, dass in den relevanten Foren nicht einmal Konzepte in diese Richtung diskutiert wurden. Immerhin fanden, entgegen der jahrzehntelang gültigen Programmatik, nun Beschränkungen des Kapitalverkehrs – sofern es sich um unerwünschte spekulative Kapitalzuflüsse oder -abflüsse handelt – Platz im Katalog makroprudenzieller Maßnahmen.

Im Unterschied zur Regulierung im Rahmen des New Deal in den 1930er Jahren in den USA war nach der Lehman-Pleite das Ziel einer umfassenden Regulierung ein international vereinbartes Anliegen der G20. Der verstärkte Kooperationswille zeigte sich zunächst auch bei der Geld- und Fiskalpolitik. Allerdings kam es zu Spannungen mit einigen Schwellenländern, als von der expansiven US-Geldpolitik genährte spekulative Kapitalzuflüsse sich 2013 plötzlich umkehrten, nachdem die Fed eine Rückführung der expansiven Maßnahmen angekündigt hatte. „Die internationale Koordination in der Geldpolitik ist zusammengebrochen", beklagte sich Anfang 2014 der indische Notenbankgouverneur Rajuram Rajan. Aber eine Folge der Krise war sicherlich auch, dass sich das geopolitische Gefüge zugunsten einiger Schwellenländer verschoben hat, wenngleich auch diese, insbesondere China, als Folge steigender Verschuldung im Zuge der Krisenbekämpfung von Finanzmarktturbulenzen erfasst wurden.

Im Bereich der Finanzmarktregulierung blieb die internationale Kooperation auf der Ebene der G20 auch acht Jahre nach Lehman eine Konstante. Dies änderte sich abrupt mit der Wahl der neuen US-Administration Ende 2016. Wie zu erwarten stand, hat der neue US-Präsident Donald Trump nun die Kooperation bei der Bankenregulierung infrage gestellt und eine Revision des Dodd-Frank Act, des Herzstücks der Regulierung in den USA, eingeleitet. Dieser ist in Trumps Worten „ein Desaster". Er würde die Kreditvergabe einschränken und Arbeitsplätze kosten. Im Juni 2017 legte das US-Finanzministerium einen Bericht vor (US Department of Treasury 2017), in dem die Pläne hinsichtlich der Finanzmarktregulierung konkretisiert werden. Große Priorität genießt dabei die Abschwächung der Volcker-Regel.

Es steht zu befürchten, dass ausgerechnet ein Jahrzehnt nach Lehman und angesichts der weitgehenden Implementierung der G20-Agenda ein neuerlicher Deregulierungswettlauf beginnt. Sollten erste Deregulierungsschritte erfolgen, wird angesichts des freien Kapitalverkehrs der Druck auf die EU steigen, vieles von dem, was erreicht wurde, zurückzunehmen. Paradox wäre dabei, dass der Zorn der Wählerinnen und Wähler gegen die Wall Street auf die Trump-Anhänger selbst zurückfallen würde.

Mitte September 2008 schien die Legitimität des modernen Finanzkapitalismus und der Hyperglobalisierung fundamental erschüttert, und viele hegten die Hoffnung auf ebenso fundamentale Reformen, die an den strukturellen, weit über die Regulierungsarchitektur von Banken und Finanzmärkten hinausgehenden Ursachen der Krise ansetzen würden. Dass dank der unmittelbar nach der Lehman-Pleite eingeleiteten wirtschaftspolitischen Stimuli und Bankenstabilisierungsmaßnahmen eine Wiederholung der großen Depression der 1930er Jahre verhindert werden konnte, wird stets als großer Erfolg der internationalen Staatengemeinschaft gesehen. Aber nur das Schlimmste verhindert zu haben, erscheint als bescheidenes Ergebnis angesichts der politischen Dynamik, die kapitale Verwerfungen des Finanzsystems bekanntermaßen in der Regel nach sich ziehen.

2018

**Big Bang durch
Big Data**

◆

Alexandra Föderl-Schmid

Wer nach Oxford kommt, muss aufpassen. Selbstfahrende Autos sind in den Straßen der englischen Universitätsstadt nicht Zukunftsvision, sondern Realität, wenn sie auch vorerst nur auf Nebenstraßen unterwegs sind. Man erkennt die Autos an den zahlreichen Kameras. Die Kommunikation mit ihnen gestaltet sich allerdings schwierig, wenn keine Verkehrsampeln vorhanden sind: Als Fußgänger nimmt man normalerweise mit dem Autofahrer Blickkontakt auf und verständigt sich, wer sich zuerst bewegt. Aber wie macht man das gegenüber einem fahrerlosen Wagen? So ergeben sich manchmal groteske Szenen, wenn beide sich in Bewegung setzen und sofort wieder abrupt stehen bleiben.

Ein Team von Wissenschaftlern arbeitet in einem grauen Institutsgebäude unweit des Stadtzentrums in der Saint Giles Road ständig an der Verbesserung der Fahrzeuge. Dazu gehört auch, dass diese eine begründete Vermutung darüber anstellen, was ein Fußgänger voraussichtlich tun wird. So muss ein Computer in Sekundenschnelle berechnen, welche Aktion die Person unternehmen und welchen der möglichen Wege sie einschlagen wird.

Die Forscher in Oxford und den USA sind also schon weiter als deutsche Autohersteller wie Audi, die ihre Fahrzeuge ohne Lenker bisher lediglich auf Autobahnen testen – also ohne Kontakt mit Fußgängern. Die Firmen haben, auch in Österreich, erst einige wenige Testfahrzeuge in Betrieb genommen. General Motors hingegen hat angekündigt, erstmals 2018 selbstfahrende Autos im großen Stil testen zu wollen. Dann sollen mehrere Tausend autonom fahrende Chevrolet Bolts auf den Straßen unterwegs sein – womöglich der Durchbruch für diese Art der Fortbewegung (vgl. Wired 2017).

Einigermaßen verlässliche Vorhersagen, zum Beispiel über das Verhalten von Fußgängern, können nur aufgrund enormer Datenmengen getroffen werden. So ist es nicht nur die Fahrzeugtechnologie allein, die selbstfahrende Autos ermöglicht, sondern vor allem die Analyse von Informationen – die Verarbeitung ungeheurer Mengen von Daten, „Big Data" genannt.

Big Data ist das, was man nur in großem, aber eben nicht in kleinem Maßstab tun kann, um neue Erkenntnisse zu gewinnen. Ob nun der Big Bang für die großdimensionierte Datenanalyse 2018 oder erst 2025 oder noch später kommt – erst im Rückblick wird klar werden, wann Big Data den großen Durchbruch gehabt und welche Bezeichnung sich für das Phänomen durchgesetzt haben wird: künstliche Intelligenz, Big Data oder doch eine der Wortschöpfungen, die in Zusammenhang mit dem sogenannten Internet der Dinge kursieren.

Schon längst widmen sich IT-Spezialisten der Aufgabe, Informationen, die im Zuge der Digitalisierung aller Lebensbereiche gewonnen und gespeichert werden, so zu nutzen, dass sie neue Erkenntnisse bringen. Daraus können sich auch neue Güter, Dienstleistungen oder Fragestellungen entwickeln, an die beim Sammeln der Daten noch niemand dachte. Egal, ob es sich um Kommunikations-, Sensor- oder Prozessdaten handelt: Richtig analysiert und entsprechend aufbereitet können sie große Fortschritte ermöglichen.

Bei jeder Aktion im Internet hinterlässt der Nutzer Spuren: von Transaktionsdaten aus Bankgeschäften, von Surfbewegungen, Gesundheitsanfragen via Suchmaschinen, vom Klicken von Like-Buttons in sozialen Medien. Vieles ist im Netz auch deshalb zu finden, weil die Nutzer manches von sich, auch Privates, freiwillig preisgeben. Facebook erhält pro Stunde zehn Millionen Fotos, pro Sekunde wird ein YouTube-Video hochgeladen. Auf Twitter gibt es rund 400 Millionen Tweets pro Tag (vgl. Mayer-Schönberger/Cukier 2013, 12). Gesammelt werden aber auch sogenannte Datenabgase: wohin man auf einer Website klickt, wie lange man dort verweilt, was man eintippt. Daraus ziehen Anbieter Rückschlüsse auf die Benutzerfreundlichkeit ihrer Homepage.

So wächst und wächst die Datenmenge und erfordert immer mehr Rechen- und Speicherkapazitäten. Der Datenberg verdoppelt sich in weniger als drei Jahren – und wächst damit viermal rascher als die Weltwirtschaft. Die Kosten der Speicherung digitaler Daten haben sich demgegenüber in den letzten 50 Jahren alle zwei Jahre halbiert, die Speicherdichte nahm um das 50-Millionenfache zu. Gleichzeitig legte die Rechenleistung der Computer noch einmal mehr als doppelt so schnell zu wie die Datenmenge – die gespeicherten Daten muss man schließlich auch bearbeiten können.

Die Internetriesen setzen nach der Digitalisierung zur Datafizierung an. Sie haben hier die besten Chancen, weil ihnen bereits riesige Datenmengen zur Verfügung stehen. Die Analyse entwickelt sich zur neuen Goldader für Google und Co. Beim „Data-Mining" suchen sie in den angehäuften Datenbergen nach Erkenntnissen: Es wird nach Mustern, Modellen, Korrelationen Ausschau gehalten und dann versucht, Querverbindungen herzustellen und Schlussfolgerungen zu ziehen. Je größer die Datenmenge, desto größer ist auch der potenzielle Nutzen.

Es ist kein Zufall, dass der Internetsuchriese Google, zu dem auch der Videodienst YouTube gehört, in diesem Bereich höchst aktiv ist. Der Internetkonzern verfügt nicht nur dank Werbeeinnahmen über ausreichend Investitionskapital, sondern auch über gigantische Datenmassen. Google

Digitale Weltregierung trifft Politik: die Chefs von Amazon, Google und Facebook, Jeff Bezos, Larry Page und Sheryl Sandberg, mit US-Vizepräsident Mike Pence und Präsident Donald Trump.

Alexandra Föderl-Schmid

sammelt pro Tag 24 Petabyte – das ist tausendmal so viel wie alle Informationen in der US-Kongressbibliothek. Ein beträchtlicher Teil entfällt inzwischen auf bewegte Bilder: Die 800 Millionen monatlichen Nutzer des Google-Videodienstes YouTube laden jede Sekunde eine Stunde Videomaterial hoch.

Aber auch andere Firmen – die meisten sind im Silicon Valley angesiedelt und nicht älter als zehn Jahre – horten riesige Datenmengen. Facebook-Nutzer geben pro Tag etwa drei Milliarden Kommentare oder „Gefällt mir"-Klicks ab. Die Anzahl der Twitter-Kurznachrichten wächst jährlich um 200 Prozent, pro Sekunde werden rund 5000 Tweets abgesetzt.

Kurzum: Big Data wird eine Revolution in allen Lebensbereichen auslösen. Auf Bilddatablog.de (vgl. Schön 2015) werden zehn mögliche Szenarien darüber geschildert, in welchen Bereichen die Big-Data-Analysen in Zukunft zum Einsatz kommen werden.

1. Betrugsbekämpfung: Eine Kernanwendung ist die Aufdeckung von Betrugsfällen, auch Fraud-Detection genannt. Je mehr Daten vorhanden sind, desto wahrscheinlicher lassen sich Muster erkennen

und davon abweichende Verhaltensweisen identifizieren. Dabei geht es nicht nur um das individuelle Bezahlverhalten und davon abweichende Geldbewegungen. Auch der Abgleich mit dem Verhalten von vergleichbaren Marktteilnehmern und mit vorangegangenem Betrugsverhalten ermöglicht die Erkennung betrügerischer Machenschaften in Echtzeit.

2. Risikoabschätzung: Banken und Versicherungen schließen Wetten auf die Zukunft ab, wenn sie Kredite vergeben, mit Aktien spekulieren oder versprechen, im Schadensfall zu helfen. Mit komplexen Berechnungen und Algorithmen werden Vorhersagemodelle erstellt, um das Risikomanagement zu verbessern und das Verhalten von Kreditnehmern beziehungsweise das Eintreten eines Schadensfalles zu prognostizieren.

3. Management und Governance: Eine umfassende Auswertung von Geschäftsdaten ergibt einen ebenso umfassenden Überblick über alle betrieblichen Szenarien und erleichtert das Controlling. Die Transparenz von Abläufen wird gesteigert und Abhängigkeiten werden aufgezeigt. Daraus gewonnene Erkenntnisse können zu einer verbesserten Entscheidungsfindung beitragen.

4. Marktforschung und Absatzprognosen: Je mehr Informationen über die Märkte vorhanden sind, desto detaillierter lassen sich Kundenwünsche beschreiben, Marktlücken erkennen oder das Verhalten der Konkurrenten am Markt beobachten. Durch den Einsatz von Big Data lassen sich nicht genutzte Potenziale identifizieren und realisieren.

5. Marketing und Kundenorientierung: Mithilfe von großen Datenbanken lassen sich nicht nur Wahrscheinlichkeiten von Verhaltensweisen ablesen, sondern auch individuelle Verhaltensmuster simulieren, um Erfolg und Misserfolg von Werbekampagnen im Vorfeld abzuschätzen. Damit kann das Marketing immer spezifischer und auch auf kleine Kundengruppen zugeschnitten werden.

6. Individualisierte Produktempfehlung: Der Klassiker unter den Big-Data-Anwendungsszenarien ist die individualisierte Produktempfehlung. Der Erfolg von Google und Amazon beruht zu einem großen Teil auf diesem Prinzip. Die Königsdisziplin in dieser Kategorie stellt das frühzeitige Erkennen von abwanderungswilligen Kunden dar, um diese mit einem passenden Angebot weiterhin zu binden.

7. Produktentwicklung und -verbesserung: Die Daten aus der Nutzung bestehender Produkte liefern eine Grundlage für Anpassungen und Neuentwicklungen. Sensoren in den bereits im Einsatz befindlichen Geräten zeigen, welche Funktionen bevorzugt genutzt werden. Ebenso

kann die Auswertung von Social-Media-Daten neue Trends und die Wünsche der Kunden aufzeigen.

8. Machine-to-Machine-Kommunikation: Dabei erfassen Sensoren an Maschinen oder Produkten entlang von Produktions- und Lieferketten Daten. Diese geben darüber Auskunft, wann sich ein Produkt oder Bauteil an welcher Stelle im Fertigungs- oder Lieferprozess befindet. Diese Informationen können direkt von anderen Maschinen ausgelesen und weiterverarbeitet werden. Durch die Automatisierung dieser Kommunikation können Kosten reduziert und die Produktivität gesteigert werden.

9. Vorausschauende Wartung und Logistik: Logistikunternehmen oder -abteilungen streben danach, dass ihre Flotten stets einsatzbereit und in Bewegung sind. Standzeiten aufgrund von Wartung und Reparaturen sind so weit wie möglich zu reduzieren. Die Auswertung von Daten aus unterschiedlichsten Quellen erlaubt diese Zeitspannen so gering wie möglich zu halten. GPS-Daten, Daten zu Spritverbrauch und Reifenabnutzung, Motordaten und Fahrer-Feedback via soziale Medien geben einen genauen Überblick über den Zustand und Standort der Flotte.

10. Monitoring und Steuerung: Daten aus der Maschinenüberwachung liefern einen Überblick über Auslastung sowie Engpässe und Zuverlässigkeit. Anpassungen und Reaktionen auf Ereignisse lassen sich automatisieren.

Um beim Beispiel Big Data und Fahrzeuge zu bleiben: Angesichts der von ihm gehorteten Datenschätze ist es kein Zufall, dass just der Suchmaschinen-Riese Google schon früh in selbstfahrende Autos investierte. Seit 2010 wird geforscht, das dafür zuständige Unternehmen Waymo nahm unter dem Dach der Google-Mutter Alphabet sukzessive eine immer wichtigere Stellung ein. Auch kommt einem auf dem Google-Campus in Mountain View gelegentlich ein selbstfahrendes Fahrzeug entgegen. Aber die in den Google-Farben gestrichenen Fahrräder sind noch immer das beliebtere Fortbewegungsmittel auf dem Gelände im Silicon Valley. Schärfster Konkurrent ist nach Branchenbeobachtern der US-Fahrdienstvermittler Uber, der in Europa von Taxiunternehmen vehement bekämpft wird, weil diese in der Software-Schmiede eine existenzbedrohende Gefahr sehen. Uber könnte durch selbstfahrende Autos irgendwann selbst verschwinden, denn sobald diese einmal einsatzbereit sein werden, wird man keinen Fahrer mehr brauchen, der sich vermitteln ließe. Deshalb investiert Uber massiv in diesen Bereich, um sich sozusagen selbst ersetzen zu können, bevor es andere tun. Im Frühjahr 2017 erklärte Uber, dass bereits ein Dutzend Roboterwagen in den Städten Pittsburgh und Phoenix auf der Straße seien (vgl. Austria Presse Agentur 2017); kurze Zeit später wurden die Gefährte wegen Unfällen vorübergehend gestoppt.

Auch wenn selbstfahrende Fahrzeuge auf den Straßen noch lange nicht selbstverständlich sind, so steuern Wissenschaftler in Großbritannien und den USA doch schon das nächste Ziel an: die Revolutionierung unserer Mobilität durch gemeinschaftlichen Individualverkehr – was zuerst einmal nach einem Widerspruch in sich klingt. Dahinter steckt aber ein ausgeklügeltes, auf Daten basierendes System, das Entwicklungen aus der Vergangenheit aufgreift und für die Zukunft ein neues Modell erarbeitet.

Im Jahr 2010 überstieg die Zahl der Pkw weltweit die Marke von einer Milliarde Fahrzeuge und ist seither weitergewachsen (vgl. Sousanis 2011). Viele Erwerbstätige nutzen das Auto für den Weg zur Arbeit und zurück, zweimal pro Tag und ungefähr zur selben Zeit. Den Tag über stehen die meisten Fahrzeuge einfach herum. Viele wollen eigentlich kein eigenes Auto, sind aber aus unterschiedlichen Gründen auf ein individuelles Verkehrsmittel angewiesen.

Deshalb tüfteln Wissenschaftler in Oxford, Kalifornien und sicher auch noch anderswo bereits an einem intelligenten Autopool-System, das von Algorithmen gesteuert wird und Mobilität effizienter gestalten soll. Der Computer errechnet, wer wann zusteigt, und sorgt für das Flottenmanagement. Die Fahrzeuginsassen können überdies den Weg zur Arbeit noch für diverse Tätigkeiten nutzen, weil sie nicht auf den Verkehr achten müssen.

Auf diese Weise könnten 50 Millionen selbstfahrende Gemeinschaftsautos eine Milliarde private Pkw ersetzen. Das würde dem Einzelnen Kosten sparen, aber auch dem Staat, weil weniger Geld für Infrastruktur – Straßen, Tunnel, Brücken und Parkplätze – ausgegeben werden müsste. Die Neuerung würde auch den Ausstoß von CO_2 erheblich mindern, denn der Pkw-Verkehr ist einer der größten Verursacher von Treibhausgas-Emissionen. Es gäbe auch weniger Stau.

Manche Firmen nutzen Big-Data-Analysen bereits für ihr Flottenmanagement. So werden Daten über Microsofts Cloud-Dienst Azure intelligent vernetzt und ausgewertet, um eine vorausschauende Wartung zu ermöglichen und so Kosten zu sparen. Aber auch individuell zugeschnittene Dienste sind möglich. Anfang 2017 zeigten Microsoft und der bayerische Autohersteller BMW ein Konzept auf Basis der digitalen Assistentin Cortana, die bisher auf Windows-Rechnern oder -Smartphones zu Hause ist. Cortana erinnert während der Fahrt etwa an einen anstehenden Termin, schlägt eigenständig ein passendes Restaurant als Treffpunkt vor und reserviert dort einen Tisch.

An einer anderen Entwicklung in Zusammenhang mit Fahrzeugen wird ebenfalls bereits getüftelt: dem intelligenten Autositz. Jeder Mensch sitzt auf eine unverwechselbare Weise, so wie jeder einen eigenen Fingerabdruck hat. Mit Big Data lassen sich die Sitzposition und das Gewicht sowie dessen Verteilung analysieren. So kann ein gestohlenes Fahrzeug leichter identifiziert und dem Besitzer zurückgegeben werden. Außerdem weiß der Computer: Wer zu viel getrunken hat, sitzt anders – auch das kann genutzt werden und die Sicherheit im Verkehr erhöhen, wenn der Sitz in einem solchen Fall Alarm schlägt.

Für die Hersteller lassen sich mit Big Data Probleme lösen, die über Jahrzehnte hinweg unlösbar schienen: In Österreich etwa hat die Grazer Firma Know-Center einem Autohersteller dabei geholfen, die Frage zu klären, warum die Qualität der Lackierung nicht konstant blieb. Dafür wurden sämtliche infrage kommenden Daten von der Temperatur in der Werkshalle bis zu den Sensordaten aus der Produktion einbezogen.

Während in vielen Bereichen noch geforscht wird und sich häufig zukünftige Entwicklungen noch gar nicht erahnen lassen, hat Big Data schon Einzug in den Alltag gehalten – von den meisten unbemerkt. Wer auf seinem Handy die Kombination „dei" eingibt, wird darauf aufmerksam gemacht, dass es wohl „die" heißen soll. Weil das Gerät aufgrund seiner „Erfahrung" weiß, dass „dei" nur sehr selten, „die" dafür sehr häufig vorkommt. Auch Spamfilter reagieren auf Veränderungen und „denken" mögliche Mutationen von Wörtern mit.

Selbst in einem äußerst menschlichen Bereich wie der Partnersuche kommt längst Big Data zum Einsatz, wenn auch in kleinerem Ausmaß. Partnerschaftsagenturen schlagen Kombinationen von Frauen und Männern aufgrund übereinstimmender Eigenschaften und Interessen vor. Mehr Rechenleistung benötigt demgegenüber der bekannte Watson-Computer von IBM, der in der Quizsendung „Jeopardy!" menschliche Kandidaten schlägt. Bereits 1996 erwies sich ein Computer dem amtierenden Schachweltmeister überlegen: Die IBM-Kreation Deep Blue schlug Garri Kasparow.

Längst Alltag sind Empfehlungen auf Basis von Nutzergewohnheiten. Der Internetriese Amazon hat bereits vor Jahren die Menschen, die den Leserinnen und Lesern Buchempfehlungen gaben, durch Algorithmen ersetzt. Der Computer erwies sich als treffsicherer und konnte mit seinen Tipps mehr Kunden zu weiteren Buchkäufen bewegen. Die Empfehlungen von Amazon und dem Streamingdienst Netflix gründen auf der Analyse der Interaktion der Kunden. Ein Drittel der Bestellungen geht inzwischen auf

Alexandra Föderl-Schmid

diese personalisierten Empfehlungen zurück. Google kann ebenfalls die für eine Person am ehesten relevante Website empfehlen, Facebook kennt die Vorlieben jedes einzelnen Nutzers und berücksichtigt diese bei der Nachrichtenauswahl.

Auch in der Landwirtschaft in den USA kommt bereits Big Data zum Einsatz. Der Saatgutriese Monsanto hat das kalifornische Start-up Climate Corporation für fast eine Milliarde Dollar gekauft. Nach Angaben des Konzerns trifft ein Landwirt anhand von Erfahrung und Intuition jedes Jahr 40 bis 50 Entscheidungen, die den Ertrag beeinflussen. Nun sollen Erfahrungen aus der Landwirtschaft mit Klimadaten zusammengeführt und so eine datengestützte Agrarwirtschaft betrieben werden (vgl. Hummel 2014).

Hinter solchen Handlungsanleitungen und Kaufempfehlungen stehen konkrete, vollzogene Aktionen, auf deren Basis nun versucht wird, Vorhersagen zu treffen. Es geht aber auch anders: Die Website numbers.com versucht aufgrund der Analyse erfolgreicher Filme und eines noch nicht verfilmten Drehbuchs vorherzusagen, wie viel ein Streifen einspielen wird, noch ehe die erste Szene gedreht wurde.

Diese Dinge laufen im Hintergrund ab, ohne dass die Nutzer wissen, welcher Algorithmus dahintersteckt und mit welchen Parametern dieser entwickelt wurde. Was wir lesen, sehen und hören, was wir konsumieren, was wir mögen, woran wir erkranken und wann wir straffällig werden: Über all dies lassen sich mit Algorithmen Vorhersagen treffen.

Besonders große Hoffnungen werden auf Big-Data-Anwendungen im Gesundheitsbereich gesetzt, wo große Einsparungen möglich sind und Vorhersagen bestenfalls sogar Leben retten können. Ein bekanntes Beispiel: Google stellte bereits 2009 eine Korrelation von bestimmten Suchwörtern und von Grippe heimgesuchten Orten her. Der Internetkonzern konnte so die Ausbreitung der Grippe mehrere Tage früher vorhersagen als die US-Gesundheitsbehörden.

Manchmal ist die Zusammenarbeit mehrerer Unternehmen erforderlich, weil die Phänomene sehr komplex sind. Die Datenanalyse-Firma Qlik, die Data-Management-Plattform Cloudera und der Systemintegrator Bardess wollten 2017 gemeinsam herausfinden, wie sich das gefährliche Zika-Virus ausbreiten würde. Weltweite Populationsdichten der virustragenden Mückenarten wurden erfasst und mit Wetterdaten, vermuteten und bestätigten Krankheitsfällen sowie Flugverbindungsdaten internationaler Airports zusammengeführt. Dann wurde die Verfügbarkeit geeigneter Medikamente in ländlichen Regionen und Ballungsräumen in die Datenoberfläche integriert und um unstrukturierte Informationen aus

Social-Media-Kanälen, Newsfeeds oder WHO-Statistiken über neue Ausbruchsherde ergänzt. Es gelang dabei die Integration sehr großer, noch dazu kontinuierlich wachsender Datenmengen (vgl. Kobek 2017).

Nutzenbezogen agieren auch pharmazeutische Firmen. Es ist bekannt, dass diese inzwischen systematisch Forenbeiträge, Postings oder Tweets durchforsten, um Hinweise auf Nebenwirkungen von Medikamenten zu bekommen. Auf diese Weise lassen sich Produkte verbessern oder gegebenenfalls auch vom Markt nehmen.

Auch für die Diagnose von Krankheiten und die Empfehlung von Therapien werden Big-Data-Analysen bereits angewendet. Die Medizinische Universität Wien ist seit 2017 leitender Partner eines auf fünf Jahre angelegten internationalen Big-Data-Projekts zur Unterstützung der klinischen Erforschung von Blutkrebserkrankungen. Das EU-Projekt „Harmony" umfasst 51 Institutionen aus elf Nationen. Dabei sollen auch ethische und rechtliche Richtlinien für den Umgang mit sensiblen Patientendaten erarbeitet werden. Ziel ist es, große Datenmengen aus der klinischen Forschung zu Blutkrebserkrankungen wie Leukämie aufzubereiten und zur Zweitverwertung im Bereich der Big-Data-Analyse zur Verfügung zu stellen.

Damit einher gehen aber ganz grundsätzliche Fragen: Was ist zulässig? Wie geht man mit personenbezogenen Daten um, die gerade im Gesundheitsbereich besonders sensibel sind? Als die britische Gesundheitsbehörde NHS mit dem Gedanken spielte, Patientendaten an Versicherungskonzerne zu verkaufen, mussten die Pläne angesichts der zahlreichen Proteste 2016 ad acta gelegt werden. 2015 wurden bei einem Hackerangriff auf die US-Versicherungskonzerne Anthem und Premera Blue Cross Daten von 90 Millionen Patienten gestohlen – zum allgemeinen Entsetzen.

Somit ist Konsens: Datenübermittlung stellt einen massiven Eingriff in die Privatsphäre dar und kann nicht nur unter dem Gesichtspunkt der Kostenersparnis diskutiert werden. In einem Land wie Österreich, in dem die Einführung der E-Card von vielen aus datenschutzrechtlichen Gründen abgelehnt wurde, hätte eine solche Vorgehensweise Proteste zur Folge. Man stelle sich vor, das Interesse für einen TV-Kanal mit Extremsportarten oder häufige Bestellungen beim Pizzaservice hätten einen Einfluss auf den Versicherungsbeitrag. Würden Bewegungsdaten, die viele – womöglich unbemerkt – auf ihrem Smartphone speichern, weitergegeben, hätte das enorme Auswirkungen auf die Beitragsgestaltung. Das gesamte System der Sozialversicherung, das auf dem Umlageverfahren beruht, stünde zur Disposition.

Alexandra Föderl-Schmid

In Deutschland bieten erste Krankenkassen wie die AOK Nord, die unter anderem für Berlin zuständig ist, finanzielle Vergünstigungen an, wenn man sich Smartwatches oder Fitnessarmbänder zulegt. Allerdings werden die Daten (noch) nicht abgerufen, sondern die Versicherungen gehen davon aus, dass jemand, der sich so etwas anschafft, sich anschließend mehr bewegt.

Viele Daten werden nicht freiwillig und manchmal unbedacht hergegeben, wie dies häufig durch das Posten von Fotos einschließlich Ortserkennung in den sozialen Medien passiert. In den USA ist vieles bereits Realität, was in Europa noch für eine ferne Zukunftsvision gehalten wird. Charles Duhigg, Journalist der *New York Times,* schildert in seinem Buch *The Power of Habit,* wie die Diskonthandelskette Target schwangere Kundinnen ausforschte. Die Statistiker sahen sich das Einkaufsverhalten der Kundinnen an, die sich für den Baby-Geschenk-Service des Unternehmens hatten registrieren lassen. Sie ermittelten zwei Dutzend Produkte wie parfümfreie Lotionen oder Nahrungsergänzungsmittel, die auf eine Schwangerschaft schließen lassen und seitdem als Frühwarnsystem dienen. Die Marketingmaßnahmen werden dann angepasst und etwa passende Gutscheine zugeschickt. So erfuhr ein Vater von der ihm noch nicht bekannten Schwangerschaft seiner Tochter über Zusendungen der Handelskette (vgl. Duhigg 2012).

Das dank Big Data umfassende Wissen zum Einkaufsverhalten schlägt sich auch in der Regalbestückung nieder. Die Supermarktkette Walmart hat bei der Analyse von Einkäufen angesichts eines nahenden Hurrikans herausgefunden, dass in solchen Situationen besonders oft Taschenlampen und ein Frühstückssnack namens Pop-Tart gekauft werden. Deshalb stehen diese Produkte nach Hurrikan-Warnungen in großen Mengen möglichst in Kassennähe, um eilige Kunden anzusprechen und zu bedienen.

Das Aufspüren solcher Korrelationen verbessert den Service und ist deshalb auch für Konsumenten von Nutzen. Die Analyse von Kaufentscheidungen kann Geld sparen helfen, selbstfahrende Autos steuern und Fahrgemeinschaften koordinieren. Sie setzt aber voraus, dass die notwendigen Daten auch zur Verfügung stehen. Wenn Einkaufsvorlieben eruiert werden, liegt jedoch nicht unbedingt eine Einwilligung der Kunden vor. Wirklich problematisch wird es, wenn nicht nur in die Privatsphäre jedes Einzelnen eingegriffen wird, sondern jemand aufgrund der aus den Daten vorhergesagten Wahrscheinlichkeiten beurteilt wird: wenn ein Algorithmus errechnet, dass man wahrscheinlich seine Kreditraten nicht wird zahlen können, oder die Krankenversicherung erhöht wird, weil von einem baldigen Herzinfarkt ausgegangen wird.

Es stellen sich also grundsätzliche Fragen im Umgang mit unseren Daten, denen sich Wirtschaft, Politik und Gesellschaft stellen müssen. Diese reichen viel weiter als jener Kampf für Datenschutz und das Recht auf Privatsphäre, den der Wiener Jurist Max Schrems seit Jahren gegen Facebook führt. Nach wie vor ist nicht bekannt, was Facebook mit den Daten seiner Nutzer genau macht.

Noch gravierender ist, dass ein wahrscheinliches Verhalten Menschen zur Last gelegt wird, noch ehe eine Straftat begangen wurde. In den USA verwenden bereits mehr als die Hälfte aller 50 Bundesstaaten Verhaltensanalysen für die Entscheidung, ob eine Haftstrafe zur Bewährung ausgesetzt wird (vgl. Cukier/ Mayer-Schönberger 2013, 199). Der nächste Schritt könnte sein, dass man sogar vorbeugend verhaftet wird, weil Straftaten vermutet werden. Auf Grundlage von Big-Data-Analysen, welche die Kriminalitätsrate mit Daten über die Bewohner und ansässige Unternehmen in Verbindung setzen, dürfen in Los Angeles bereits Straßenzüge und sogar einzelne Häuser und Menschen stärker überwacht werden.

In Österreich und Deutschland gab es teilweise massiven Widerstand gegen Google Street View, also die Aufnahmen von Häusern, die von Google ins Netz gestellt wurden. Kritiker sahen sich bestätigt, als bekannt wurde, dass beim Anfertigen der Bilder auch WLAN-Router-Positionsdaten gesammelt wurden. Ein weiteres Beispiel: iPhone-Geräte schickten Ortsangaben und WLAN-Daten an den Hersteller Apple, ohne dass die Nutzer davon etwas mitbekamen. Auch Android-Smartphones von Google und Windows-Mobile-Telefone von Microsoft sammelten heimlich solche Daten. Als dies aufflog, erhoben sich laute Proteste und die Praxis wurde aufgegeben.

Auch die Vorratsdatenspeicherung, die mit dem Argument der Terrorbekämpfung in den EU-Staaten eingeführt wurde, ist seit Jahren in der Diskussion und hält die Öffentlichkeit, Datenschützer, Politiker und Gerichte in Atem. In den USA ist seit den Enthüllungen von Edward Snowden bekannt, wie viele Daten gesammelt werden und wie eng die Zusammenarbeit zwischen den Geheimdiensten und den Unternehmen im Silicon Valley ist.

Das gilt auch für Mobilfunkanbieter. Diese Unternehmen sammeln und analysieren seit Jahren solche Informationen mit dem Argument, auf diese Weise ihren Service zu verbessern. Tatsächlich kann jeder über sein Smartphone geortet werden. Die Frage ist, welchen Zwecken diese Daten dienen. Behörden dürfen die im Rahmen der Vorratsdatenspeicherung gesammelten Daten nur unter strengen Auflagen wie einer richterlichen Genehmigung

Alexandra Föderl-Schmid

nutzen. Dennoch sind viele Nutzer skeptisch. Auch wenn ihnen versichert wird, dass nur die Verbindungsdaten gespeichert würden, also wer wann mit wem telefoniert oder eine SMS austauscht, können weiter gehende Rückschlüsse aus den Daten gezogen werden. Wenn etwa zwei Mobiltelefone mehrfach pro Woche in den Abendstunden kommunizieren, dann lässt sich daraus folgern, dass ein enges privates Verhältnis zwischen den Nutzern besteht.

Ein anderes Beispiel sorgte vor allem in der Medienbranche für Aufsehen: Der Informatiker und Daten-Experte David Kriesel stellte Anfang 2017 in einem Vortrag (vgl. Kriesel 2017) seine Analyse von rund 100.000 Artikeln von *Spiegel Online* vor. Aus seiner Auswertung war nicht nur ersichtlich, welche Artikel in welchen Ressorts und in welcher Länge erschienen sind, ob Leserkommentare dazu erlaubt waren oder nicht. Es konnte auch auf die Abwesenheit von Redakteurinnen und Redakteuren geschlossen werden. Die wiederholte gleichzeitige Abwesenheit zweier Mitarbeiter lässt sich als Hinweis auf private Verbindungen deuten.

Ortungen über Daten sind längst üblich. Viele Nutzer wissen aber nicht, dass einige der Apps auf dem Smartphone den Standort nicht nur aufzeichnen, sondern auch weitergeben. Wer etwa in den USA auf einer österreichischen Website surft, kann dann Werbung aus seinem Gastland eingespielt bekommen. In den USA werden auch die Daten von Mobilfunknutzern ausgewertet, um Staus zu erkennen und zu melden, denn anhand des vielfachen Verharrens auf einer Straße kann auf einen Verkehrsstillstand geschlossen werden.

Noch genauer sind die Ortsangaben, wenn man einen Peilsender auf seinem Auto montiert. In den USA und in Großbritannien geben Autoversicherungen bereits Rabatte, wenn nachgewiesen wird, dass das Fahrzeug einen Großteil der Zeit steht. Wie bei Lkw in Deutschland bereits üblich, könnte der Individualverkehr mit solchen Sendern genauer analysiert werden. Die tatsächliche Nutzung der Straßen durch einen Verkehrsteilnehmer müsste dann auf die Infrastrukturkosten bezogen werden, um zu einem faireren Kfz-Steuersystem zu gelangen – allerdings um den Preis der Anonymität.

Das wirft Fragen nach der Kontrolle über die Daten auf. Wer bestimmt über das Sammeln und die Verfügbarkeit von Informationen? Welche von ihnen stehen wem zu? Bestimmt der Einzelne überhaupt noch über seine Daten, wenn er am digitalen Leben teilnehmen will? Mit Cookies – kurzen, von der Website gespeicherten Textinformationen – werden Einstellungen von Websites gespeichert, es können aber auch sehr detaillierte

Nutzerprofile erstellt werden. Was passiert mit diesen Daten? Hat die Politik überhaupt ein Interesse daran, hierzu Vorschriften zu erlassen, wenn sie selbst zu den möglichen Nutznießern der neuen Verfahren zählt?

Viel diskutiert wurde Ende 2016 der Fall von Cambridge Analytica. Diese Big-Data-Analysefirma soll laut einem Bericht des Schweizer *Tages-Anzeigers* (vgl. Tages-Anzeiger 2016) die Wahl von Donald Trump in den USA und das negative Brexit-Votum in Großbritannien entscheidend beeinflusst haben. Laut Angaben des Firmenchefs Alexander Nix habe man „Psychogramme von allen erwachsenen US-Bürgern, 220 Millionen Menschen" erstellt. Dafür wurden Facebook-Posts und -Likes ausgewertet. Es folgte ein sogenanntes Voter-Targeting. Das heißt, dass jeder potenzielle Wähler genau die Botschaft von Trump bekam, von der man aufgrund der zur Verfügung stehenden Daten annahm, dass sie am ehesten ankommt. Von diesen Methoden verspricht man sich eine größere Treffsicherheit als vom in Österreich noch üblichen Wahlkampf von Haustür zu Haustür und von der Überzeugungsarbeit im persönlichen Gespräch. Das können Maschinen effizienter – auch wenn sie sicher nicht so emphatisch sind.

Nach der Veröffentlichung des Artikels kamen Zweifel auf, ob diese Firma den Wahlausgang tatsächlich so stark beeinflusst hatte. Fest steht aber, dass dieses Unternehmen in die Trump-Kampagne eingebunden war. Es gibt in den USA mehrere Firmen, die alle verfügbaren Daten von Bürgern analysieren und für den Wahlkampf aufbereiten. So wurden etwa Daten von Frauen im Swing-State North Carolina angeboten, die maximal 70.000 Dollar pro Jahr verdienen, zwischen 25 und 35 Jahre alt und klassische Wechselwähler sind (vgl. Reinbold 2016). Der Schöpfer der von Cambridge Analytica verwendeten Datenanalyse, Michal Kosinski, warnte im *Tages-Anzeiger* davor, dass der Einsatz dieser Methode auch Rechtspopulisten in Europa an die Macht bringen könnte.

Auch wenn Beweise für die angeblich entscheidende Rolle von Cambridge Analytica im US-Wahlkampf fehlen, so hat der Ausgang der US-Wahl und des EU-Referendums in Großbritannien 2016 dazu geführt, dass die Möglichkeit der Wählerbeeinflussung durch soziale Netzwerke heftig diskutiert wird. Vielen war überdies gar nicht bewusst, dass Facebook sogenannte „Echokammern" erzeugt – dass vor allem Nachrichten und Meldungen vorgeschlagen werden, die dem eigenen Meinungsbild entsprechen. So werden Gegenmeinungen nicht mehr wahrgenommen, in der sogenannten „Filterblase" sind fast nur noch Gleichgesinnte gefangen.

Alexandra Föderl-Schmid

Problematisch und neu war in diesem Wahlkampf, dass viele Falschmeldungen – dafür wurde der Terminus „Fake News" geprägt – auf Facebook kursierten und sich rasant weiterverbreiteten. Auch deshalb, weil der Algorithmus des größten sozialen Netzwerks der Welt solche Inhalte bevorzugt in die Newsfeeds einspielt, die zuvor oft geteilt wurden, sodass diese Meldungen häufiger bei den Nutzern landen. Für viele US-Amerikaner ist Facebook inzwischen die einzige Informationsquelle. Wer dagegen ein traditionelles Medium wie eine Zeitung, eine Nachrichtensendung oder journalistische Websites nutzt, wird dort auch auf Artikel treffen, die den eigenen Ansichten widersprechen und zum Nachdenken anregen.

Allerdings nutzen auch klassische Medien für ihre digitalen Angebote immer stärker die Datenanalyse. Sie wollen nicht nur wissen, wie häufig Beiträge angeklickt wurden, sondern auch herausfinden, ob der gleiche Artikel, wenn dieser zu einem anderen Zeitpunkt publiziert worden wäre, mehr Zugriffe bekommen hätte. Es wird auch ersichtlich, welche Arten von Nachrichten zu welchen Zeiten das höchste Leserinteresse hervorrufen. Analysiert wird zudem, welche Bildelemente stärker zum Lesen anregen.

Das hat zum Beispiel Einfluss auf die Reihung von Artikeln – diese ist besonders wichtig für Angebote auf Smartphones, da die Beiträge auf diesen nur hintereinander erscheinen können. Setzt man nicht auf die Einordnung und Gewichtung durch Journalisten, sondern überlässt man diese Aufgabe Algorithmen, dann haben häufiger geklickte Meldungen eine größere Chance, auf einem vorderen Platz zu landen, sodass die Gefahr eines vorrangig von Quoten bestimmten Journalismus besteht – auch in den Qualitätsmedien.

Facebook wie auch Google verweigern sich dem öffentlichen Druck, den Algorithmus zur Nachrichtenauswahl offenzulegen. Allerdings versprachen die Unternehmen nach dem US-Wahlkampf 2016 und der Kritik an ihren Aktivitäten, stärker gegen „Fake News" vorzugehen. In Deutschland beauftragte Facebook das Journalistennetzwerk Correctiv mit Faktenchecks.

Big Data kann aber auch den Kampf gegen Hass im Netz und Online-Pöbeleien unterstützen. Die Google-Schwesterfirma Jigsaw hat im Frühjahr 2017 ihren Dienst Perspective gestartet, der womöglich als verletzend oder gehässig empfundene Kommentare identifiziert. Der Dienst war vorerst auf den englischsprachigen Bereich beschränkt.

Im deutschsprachigen Raum arbeitet das österreichische Medienunternehmen *Der Standard*, unterstützt von Google, mit dem Austrian Research **195**

Institute for Artificial Intelligence bei der Entwicklung einer Moderations-hilfe zusammen. Die Software soll frühzeitig auf Diskussionen in Foren auf-merksam machen, bei denen ein Eingreifen durch Moderatoren sinnvoll erscheint; sie erkennt mithilfe künstlicher Intelligenz, ab wann eine Online-diskussion ins Negative abgleitet.

Facebook steht unter verstärkter Beobachtung, seit 2014 bekannt wurde, dass die Einträge im Newsfeed von Hunderttausenden Nutzern manipuliert worden waren – und das in einem extrem einflussreichen Medium. Wie ein-flussreich Facebook tatsächlich ist, zeigte ein Experiment, das 2016 publik wurde. Es sollte darlegen, wie sich positive und negative Emotionen in Netz-werken ausbreiten, die Einträge wurden entsprechend gefiltert. Die Ergeb-nisse bewiesen, „dass die auf Facebook gezeigten Gefühle unsere eigenen Gefühle beeinflussen" – das sei ein experimenteller Beleg für eine „massive Sozialansteckung über soziale Netzwerke", schrieben die Autoren (Zeit Online 2014). Angesichts der enormen Zahl an Facebook-Nutzern – laut Konzernangaben liegt sie bei mehr als einer Milliarde – hat dieser Befund eine enorme Brisanz. Denn er heißt nichts anderes, als dass über Facebook Gefühle manipuliert werden können.

Wie die bisher angeführten Beispiele zeigen: Unsere Gesell-schaften stehen am Beginn einer neuen Ära, deren Veränderungen sich auf unsere Weltsicht und auf unsere Lebensweise auswirken – vergleichbar mit den durch die Erfindung des Buchdrucks ausge-lösten Entwicklungen. Beziehungen zwischen Bürgerinnen und Bürgern zum Staat, den Medien sowie Unternehmen werden sich massiv verändern – und zwar in viel umfassenderem Maße, als wir uns das bisher vorzustellen vermochten. Märkte werden kom-plett umgekrempelt werden. Der Besitz von Daten entscheidet über die Zukunft.

Die Einsatzgebiete von Big Data reichen von der Finanzwelt, der Versiche-rungswirtschaft, dem Gesundheitswesen bis zum Bildungsbereich und den (sozialen) Medien. Auch an Universitäten wie an den technischen Univer-sitäten Wien und Graz wurden Professuren für den Bereich „Data Intelli-gence" eingerichtet; dort werden aus der Analyse enormer Datenmengen wissenschaftliche Erkenntnisse gewonnen.

Auch wenn viele noch immer der Ansicht sind, Big Data sei vor allem eine technische Frage, die mit Hardware und Software sowie technologi-schen Innovationen zu tun hat, geht es um viel mehr. Big Data verändert die über Jahrzehnte, wenn nicht Jahrhunderte tradierten sozialen Mechanismen grundlegend. Immer häufiger werden Entscheidungen nicht von Menschen, sondern von Maschinen getroffen. Das schränkt den Gestaltungsspielraum und den sogenannten freien Willen ein.

Alexandra Föderl-Schmid

Der „menschliche Faktor" ist generell auf dem Rückzug – das hat auch gravierende Auswirkungen auf die Arbeitswelt. Zwei Oxford-Forscher, Carl Frey und Michael Osborne, haben die Bedrohung von 903 Berufen durch Automatisierung untersucht und kamen zu dem Ergebnis, dass 47 Prozent der Beschäftigten in den USA in Berufen arbeiten, die in den nächsten zehn bis 20 Jahren vollständig automatisiert sein werden. Wenig gefährdet sind Berufe im Bereich Kinderbetreuung und -erziehung sowie Kranken- und Altenpflege, hoch gefährdet sind Bürokräfte, Brief- und Paketzusteller sowie Bankkaufleute (vgl. Frey/Osborne 2013, 12).

Daten, so sind sich alle einig, sind das „neue Öl". Sie können dafür sorgen, dass es in Unter-

Montage in der Fabrik des Elektroauto-Pioniers Tesla im kalifornischen Fremont: selbstfahrende Vehikel als Datensammelmaschinen.

nehmen wie geschmiert läuft, wenn Analyseerkenntnisse für die Optimierung von Abläufen oder gezielte Marketingmaßnahmen eingesetzt werden. Was früher nur Geheimdienste, Forschungsinstitute und Branchenriesen wie Walmart konnten, ermöglichen inzwischen die immer rascher wachsenden Rechnerkapazitäten jedem Unternehmen. In vielen Firmen gibt es nun Abteilungen, welche Bezeichnungen wie Business Intelligence, Data Mining oder Ähnliches tragen und sich mit der Analyse von Daten beschäftigen. Auf den größten Datenbergen sitzen aber nach wie vor die Silicon-Valley-Firmen, die versuchen, daraus neue Geschäftszweige wie selbstfahrende Autos zu entwickeln.

Big Data ist eine Quelle für innovative Dienstleistungen und neuartige Produkte. Richtig interpretiert, eröffnen Daten verblüffende Einsichten. Gleichzeitig gehen mit Big Data enorme Risiken einher: Der Datenschutz spielt de facto keine Rolle mehr. Durch die Verknüpfung von Daten können Einsichten über das Privatleben gewonnen, Bewegungsprofile erstellt und soziale Beziehungen ermittelt werden. Selbst wer bewusst mit seinen Daten umgeht, etwa im Supermarkt auf eine Bonuskarte verzichtet, kann nicht **197** verhindern, dass seine Interaktionen in den sozialen Medien analysiert werden.

Es kann also mehr aus den Daten herausgelesen werden, als ihren Verursachern bewusst ist. Michal Kosinski ist Leiter eines Projekts an der Stanford University, in dessen Rahmen 150 Wissenschaftler die psycho-demografischen Profile von acht Millionen Facebook-Nutzern durchleuchten. Die Erkenntnisse, die bisher aus dem schlichten Anklicken von „Like"-Buttons gewonnen werden konnten: Mittels einer Analyse von 150 Klicks können die Persönlichkeit eines Menschen und dessen zukünftige Handlungen besser vorausgesagt werden, als dies der Lebenspartner vermag. Werden 300 Klicks analysiert, erfährt sogar der Betroffene selbst noch Neues über sich (vgl. Cadwalladr 2017). Darin liegt, wie beschrieben, eine Gefahr: dass Menschen nicht allein aufgrund ihres Verhaltens beurteilt werden, sondern aufgrund einer Datenanalyse Voraussagen über ihre zukünftigen Taten getroffen werden.

All diese Entwicklungen implizieren vielfältige und grundsätzliche ethische Fragestellungen, unter anderem über die menschliche Handlungsfreiheit. Viele sprechen bereits von einer Diktatur der Daten. Denn auf Basis welcher Datensätze und Vorgaben treffen Algorithmen Entscheidungen? Wenn Google immer mehr Fake News bei einer Suche auswirft, dann verbreiten sich diese Informationen genauso rasant wie über Facebook, wenn der Newsfeed vor allem diese Falschinformationen präsentiert. Wer aber entscheidet bei Google oder Facebook, welche Hinweise gegeben werden? Kann ein Algorithmus juristisch belangt werden?

Die Nutzer müssen gefragt werden, ob sie ihre Daten den Unternehmen oder auch der Wissenschaft zur Verfügung stellen. Denn nach Ansicht der US-Internetforscherin Kate Crawford kann Facebook tatsächlich eine Wahl entscheidend beeinflussen. Sie plädiert deshalb für klare Regeln, denen sich diese Konzerne unterwerfen müssen, und dafür, dass die Nutzer die Möglichkeit haben, in ihren Einstellungen zu den Apps ihre Zustimmung zur Datenanalyse zu geben oder diese zu verweigern. Denn jedes Mal, wenn man sich in ein soziales Netzwerk einloggt oder die Suchmaschine befragt, ist man unter Umständen Teilnehmer an bis zu hundert Experimenten wie etwa A/B-Tests, in denen den Nutzern unterschiedliche Versionen von Werbung oder von Produkten gezeigt werden (vgl. Reinbold 2016).

Da die Zukunft im Big-Data-Bereich bereits begonnen hat und die Entwicklungen sich nicht nur bei selbstfahrenden Autos rasant beschleunigen, müssen diese Rahmenbedingungen rasch festgelegt werden. Was

Alexandra Föderl-Schmid

Unternehmen mit ihren eigenen Daten machen, ist ihre Sache. Aber Bürgerinnen und Bürger sollten über die Verwendung ihrer Daten bestimmen können. Vorgaben kann nur die Politik erlassen, die Unternehmen werden kaum zu freiwilligen Selbstverpflichtungen bereit sein. Ähnlich wie bei der Anbahnung des Klimaabkommens von Paris müsste es eine weltweite Initiative sein, denn ohne Einbeziehung der Internetkonzerne im Silicon Valley ergibt ein solches Vorhaben wenig Sinn.

Epilog

◆

Hannes Androsch

Der erste und der letzte Text in diesem Band markieren zutiefst revolutionäre Vorgänge: Die Geschehnisse des Jahres 1848, wie sie Hans Werner Scheidl in seinem Beitrag rekonstruiert, sind unmittelbare Folgen der industriellen Revolution, die zu gravierenden wirtschaftlichen und sozialen Verwerfungen in den spätfeudalen Gesellschaften führte. Ebenso wirft Alexandra Föderl-Schmid mit ihren Ausführungen zu Big Data einen Blick auf einen zentralen Aspekt der digitalen Revolution, die unser aller Leben heute dominiert – im Alltag des Einzelnen ebenso wie in der Frage, wie wir eine global vernetzte Gesellschaft organisieren sollen. Die Konsequenzen der aktuellen technologischen Umwälzungen für Wirtschaft, Arbeit und Gesellschaft sind noch schwer abschätzbar; die Entscheidung der Briten für den Austritt aus der Europäischen Union und die Wahl Donald Trumps zum US-Präsidenten waren wohl auch Auflehnung gegen tiefgreifende Umbrüche. Welche Anforderungen ergeben sich daraus für die Politik?

Der Historiker Reinhart Koselleck hat den Begriff „Sattelzeit" für die Epochenschwelle zwischen 1750 und 1850 geprägt, den Übergang von früher Neuzeit in die Moderne. Das Industriezeitalter löste das Agrarzeitalter mit seinen monarchischen Feudalstrukturen ab, wie sie aus der Reformation und den Religionskriegen, insbesondere den Wirren des Dreißigjährigen Krieges mit dem Westfälischen Frieden, entstanden waren. Nach den Eruptionen der Französischen Revolution von 1789 konnte der Wiener Kongress 1815 zwar noch einmal die alte Ordnung wiederherstellen, dabei aber weder die politische Frage der Machtbeteiligung für das aufsteigende Bürgertum noch die soziale Frage der materiellen Sicherung für das aus dem Agrarproletariat entstandene Industrieproletariat lösen.

Das 1848 publizierte *Kommunistische Manifest* von Karl Marx und Friedrich Engels und die Revolution in diesem Jahr waren Reaktionen auf die Versäumnisse der etablierten Machthaber, Antworten auf diese Fragen zu geben. Das erstarkte Bürgertum erkämpfte sich zwar eine gewisse Mitsprache in konstitutionellen Monarchien. Doch das ausgebeutete Industrieproletariat musste, selbst wenn Sklaverei und Leibeigenschaft beseitigt wurden, noch um seine politischen Rechte, etwa in Form des allgemeinen Wahlrechtes, und seine sozialen Rechte – viel später gewährt durch den Wohlfahrtsstaat – kämpfen.

Heute leben wir in einer neuen „Sattelzeit" – am Übergang vom Industrie- ins digitale Zeitalter. Das Industriezeitalter war erst geprägt von Kohle, dann von Elektrizität, dann von billigem Erdöl. Im digitalen Zeitalter geht es um Big Data und Vernetzung, um Netzwerkökonomie und um ein neues Verhältnis zwischen Mensch und Maschine. Es geht um Konnektivität, um

Hannes Androsch

Transport- und Kommunikationsmöglichkeiten. Containertransport, PC und Smartphone sind lediglich einige Stichworte für diese Entwicklung, denen noch viele folgen werden. So wie im industriellen Zeitalter Muskelkraft zusehends von dampfenden Maschinen ersetzt wurde, ersetzen Rechenmaschinen nun *brain power*, etwas salopp übersetzt: Hirnschmalz. In immer mehr Bereichen werden Tätigkeiten, die der Mensch bisher kraft seiner Intelligenz selbständig verrichtet hat, von Computern ausgeführt oder unterstützt. Internet der Dinge, Big Data, Roboterisierung, Industrie 4.0, Künstliche Intelligenz, *machine learning* – all diese Begriffe umschreiben Facetten einer gewaltigen, beschleunigten Veränderung, in deren Folge Korrelationen wichtiger werden als Kausalitäten.

Der damit verbundene Wandel des Arbeitslebens verunsichert viele ehemals stolze Berufsgruppen zutiefst. Buchdrucker, Dreher, Schweißer oder Bauzeichner haben an Bedeutung verloren. Zu den Status- und Abstiegsängsten kommen als Folge von Migration und Flüchtlingsströmen auch Verdrängungs- und Überfremdungsängste. Eine ganze Reihe von Büchern hat in den letzten Jahren bereits die rapide Zunahme von multiplen Angststörungen in den westlichen Gesellschaften thematisiert, etwa der Bestseller *Angst* des *Atlantic*-Herausgebers Scott Stossel.

Die tragende politische Mitte, wie sie für die Nachkriegsjahrzehnte charakteristisch war, hat einen enormen Bedeutungsschwund erlitten, extreme Gruppen an den Rändern sind hingegen auf dem Vormarsch. Sie setzen auf Nationalismus, Isolationismus, Protektionismus, Illiberalismus. Nicht nur der Brexit und Trump sind in diesem Zusammenhang zu nennen, sondern auch der Front National in Frankreich oder die mehr und mehr autoritären Demokratien im Zentrum Europas, etwa das Ungarn Viktor Orbáns oder das Polen Jarosław Kaczyńskis. Für sie wird häufig der Begriff „Populisten" verwendet, wo sie doch Demagogen, also Volksverführer, sind.

Bisher haben die etablierten ehemaligen Volksparteien großteils auf die neue Konkurrenz reagiert, indem sie deren Kernideen imitierten; der Ausgang dieses Wettbewerbs ist noch völlig offen. Dass „Unabhängige" wie der neue französische Staatspräsident Emmanuel Macron und neue „Bewegungen" punkten können, sollte nicht darüber hinwegtäuschen, dass die Zustimmung für die Extremisten an den Rändern im neuen Jahrtausend kontinuierlich gewachsen ist. Marine Le Pen, die Vorsitzende des Front National, erreichte in der Stichwahl gegen Macron knapp 35 Prozent der Stimmen. Ihr Vater, Jean-Marie Le Pen, war Jacques Chirac in der Stichwahl 2002 mit kaum 18 Prozent der Stimmen unterlegen.

Die Demagogen machen sich die weitverbreitete Orientierungslosigkeit in der digitalen Transformation zunutze. In dieser aufgewühlten Situation bedeutet verantwortungsvolle Politik klarzumachen, dass die neuen Technologien ungeheure Chancen bieten, um jene Probleme zu lösen, die sich aus dem Bevölkerungswachstum, dem Altern der Gesellschaften und der Urbanisierung ergeben.

Bis 2050 werden über neun Milliarden Menschen auf der Erde leben, rund ein Fünftel mehr als heute. Zur Erinnerung: 1800 war es erst eine Milliarde gewesen, um 1960 drei Milliarden. Vor der industriellen Revolution, um 1700, lag die Lebenserwartung bei nur 30 Jahren, heute beträgt sie in den westlichen Gesellschaften über 80 Jahre.

Um all diese Menschen zu ernähren, bräuchte es Millionen Hektar landwirtschaftlichen Grund zusätzlich – den es aber nicht gibt. Deshalb muss mit jedem Tropfen Wasser und mit jeder Dosis Düngemittel noch effizienter umgegangen werden. Automatisierte Fahrzeuge abseits der Straße können dazu einen entscheidenden Beitrag leisten. Traktoren und andere agrarische Geräte sind schon heute in der Lage, das Saatgut exakter auszubringen denn je zuvor und auf Basis des Ernteertrags im Jahr darauf an den richtigen Stellen die richtige Menge des richtigen Düngers einzusetzen. Ähnlich optimal kann die Bewässerung mit digitalen Mitteln gesteuert werden; auch die Unkrauterkennung und -entfernung ist bereits vollautomatisch möglich. Der Bauer kann all diese Tätigkeiten von zu Hause auf seinem Bildschirm steuern und auswerten – vielleicht ist Datenanalyse in den landwirtschaftlichen Fachschulen ja schon bald ein Pflichtfach.

Auch im Bergbau, von der geologischen Analyse bis zur Förderung von Öl, Kohle oder Magnesit, machen es die neuen Technologien inzwischen möglich, bedeutend mehr Effizienz mit einem dramatisch gesenkten Unfallrisiko für die Arbeiter zu verknüpfen. Autonome Fahrzeuge werden deshalb auch im „Smart Mining" eine bedeutende Rolle spielen.

Dagegen werden um das medial übergewichtete Thema des automatisierten Fahrens auf der Straße zahllose Ängste geschürt, zum Beispiel dass Lkw-Fahrer, Taxichauffeure oder Automechaniker schon bald obsolet sein könnten, wenn die selbstfahrenden Autos die von Menschen gelenkten Fahrzeuge verdrängen. Doch die rechtlichen, sicherheitsbezogenen, technologischen und moral-ethischen Fragezeichen hinter diesem Thema sind noch derart groß und vielfältig, dass man aus heutiger Sicht eher von einem langsamen Wandel ausgehen muss.

Ganz ähnlich verhält es sich in der Abwägung der Vor- und Nachteile des Einsatzes von Robotern im Pflegebereich. Angesichts der in den Ruhestand tretenden Babyboomer-Generation und einer rückläufigen Anzahl der Erwerbstätigen ist die Finanzierbarkeit der Pensions-, Pflege- und Gesundheitssysteme schon jetzt eine der größten Herausforderungen des Westens. In Japan, einer besonders rasch alternden Gesellschaft, werden laut Studien

2025 rund eine Million menschliche Pflegekräfte fehlen. Der gezielte Einsatz Künstlicher Intelligenz kann hier nicht nur Kosten senken. Er ist unverzichtbar, um die Versorgung aufrechtzuerhalten.

Seit Beginn des Jahrtausends wird von Wissenschaftlern darüber gestritten, ob wir in Anbetracht des auch menschengemachten Klimawandels nicht längst in einem neuen Erdzeitalter leben: dem Anthropozän. Die Ausbeutung der Meere, die weltweite Expansion menschlich genutzter Oberflächen, aber auch die Ablagerung von „technischen" Fossilien wie Aluminium, Plastikteilchen oder Betonresten in den Gesteinsschichten des Planeten sprechen dafür. Wenn es dem Menschen nun gelänge, aus eigener Kraft gegenzusteuern und Umweltkatastrophen abzuwenden – wäre das nicht das schlagkräftigste Argument für das Anthropozän? Welche sinnvolle Rolle digitale Werkzeuge bei einer Lösung der aktuellen Weltprobleme einnehmen können und wie man die diskutierten Risiken in den richtigen Rahmen setzt – das aufzuzeigen wäre eine Aufgabe der Politik.

Dazu braucht es im Übrigen auch eine Erneuerung des methodischen Instrumentariums, das in der Politik zur Anwendung kommt. Neue Forschungen zeigen, dass etwa klassische Import- und Exportstatistiken nicht die verschiedenen Bewegungen von immateriellen Gütern abbilden, wie sie für die Digitalisierung typisch sind. Damit die politische Diagnose und Therapie stimmt, braucht es aber eine exakte Datengrundlage. Auch die Statistiker müssen den Weg aus dem Industrie- ins digitale Zeitalter meistern.

Sicher ist: Die technologischen Neuerungen des 21. Jahrhunderts lassen sich ebenso wenig wie ihre sozialen Konsequenzen an den Staatsgrenzen aufhalten. Die Fantasien eines neuen Nationalismus, wie sie die Demagogen von rechts wälzen, sind eine Flucht in die Biedermeierlaube, ein Abwehrreflex aus Angst, Unsicherheit, fehlender Orientierung. Die Vorstellung von souveränen Nationalstaaten, wie sie in den Beiträgen von Anton Pelinka über Österreich am Ende des Ersten Weltkriegs und von Bettina Poller über die nationalistischen Verblendungen am Balkan beschrieben sind, ist im 21. Jahrhundert jedoch eine Illusion. Zu Recht hat der amerikanische Soziologe Daniel Bell in den 1980ern angemerkt, dass die Nationalstaaten zu groß für die kleinen Probleme des Lebens und zu klein für die großen sind (vgl. Bell 1987, 13).

Zur Lösung der kleinen Probleme könnten im digitalen Zeitalter die Regionen eine unverhoffte Aufwertung erfahren. Wenn deren Versorgung mit hochleistungsfähigem Breitband-Internet gelingt – eine Schlüsselfrage, um auch entlegene Gebiete an den Chancen der Digitalisierung partizipieren zu lassen –, werden auch hochqualifizierte Arbeitsplätze aus den Zentren in die Peripherien wandern können. Die Planung der Wohnraumentwicklung, der

Verkehrswege, der Gesundheitsversorgung und der Abgleichung von Wirtschaftsstruktur und Ausbildungsangebot wird sinnhaft kaum entlang der historisch gewachsenen administrativen Grenzen erfolgen, sondern nach den faktischen Bedürfnissen. Ebenso verhält es sich mit Umweltproblemen: Zwischen Wien und Niederösterreich gibt es zwar eine Grenze, aber die schlechte Luft kümmert sich nicht einen Deut darum.

Für die großen Probleme dagegen brauchen wir in jedem Fall mehr Europa. Gegen die großen Wirtschafts- und Militärmächte USA und China sind die einzelnen europäischen Staaten für sich genommen Zwerge. Gut vernetzt und aufeinander abgestimmt, kann Europa jedoch auch in Zukunft ein Player auf der Weltbühne sein, an dem man nicht vorbeikommt. Derzeit hindert man mit 28 verschiedenen Datenschutzgesetzen die Wirtschaft in EU-Europa noch daran, digitale Champions zu formen.

Im Jahr 1900 wohnten noch 20 Prozent aller Menschen auf dem Alten Kontinent, heute sind es weniger als sieben Prozent, 2050 werden es nur noch fünf Prozent sein. Allein aus diesen Zahlen wird die Unerlässlichkeit der Zusammenarbeit in einer vernetzten Welt ersichtlich. Aus den Erfahrungen der Zwischenkriegszeit sollten wir wissen, dass Klein- und Vielstaaterei ins Chaos führen. Die Wahrscheinlichkeit, dass das Vereinigte Königreich nach dem vollzogenen Brexit auseinanderfällt, ist größer, als dass es durch wiedergewonnene Handlungsspielräume und neue Allianzen außerhalb der Europäischen Union stärker wird. In extrem unruhig gewordenen Zeiten wird es zur Überlebensfrage, ob Europa an einem Strang zieht – oder eben nicht.

Geopolitik und nationalistische Machtpolitik sind gemeinsam mit den unheilbringenden Geschwistern Krieg und Tyrannei auf die Bühne der Weltpolitik zurückgekehrt. Begleitet werden diese Entwicklungen von Flüchtlingswellen und Migrationsströmen. Um Europa ist statt eines *ring of friends* mit den Konflikten in der Ostukraine, im Nahen und Mittleren Osten, in Nordafrika und nun auch in der unberechenbaren Türkei ein *ring of fire* entstanden. Die aktuellen Brandherde auf der Welt heißen Syrien, Irak, Afghanistan, Jemen, Libyen, aber auch Pakistan und Indien sowie Nordkorea. In Europa berühren sich auf dem Westbalkan erneut die Einflusssphären von Russland und der Türkei, ja auch jene Saudi-Arabiens. Zudem hat am Nordpol ein Gerangel um die Arktis begonnen.

Dazu kommt, dass sich das bereits erwähnte Wachstum der Weltbevölkerung extrem ungleich verteilen wird. Der im Februar 2017 verstorbene Hans Rosling vom schwedischen Karolinska-Institut hat einen Pin-Code der Weltbevölkerung erstellt. Aktuell lautet er 1 – 1 – 1 – 4: Von rund sieben Milliarden auf diesem Planeten lebt eine Milliarde in Europa, eine Milliarde auf dem amerikanischen Kontinent, eine Milliarde in Afrika und vier Milliarden in Asien. Wenn die Prognose der Vereinten Nationen eintritt, dass die Weltbevölkerung bis Ende des Jahrhunderts auf elf Milliarden ansteigt, dann lautet Roslings Pin-Code für das Jahr 2050 1 – 1 – 2 – 5 und für das Jahr 2100 1 – 1 – 4 – 5. Welche Konsequenzen diese Entwicklung für die Weltordnung des 21. Jahrhunderts haben wird, sollte uns bereits heute beschäftigen.

Das mit Abstand gravierendste Problem stellt Afrika dar. Mit seinen zahllosen *failed states,* von Somalia über den Sudan bis zu Libyen, könnte es der erste *failed continent* werden, wenn es der Politik nicht gelingt, Perspektiven für die Bevölkerungen zu entwickeln. Der Zuwanderungsdruck aus diesen oftmals vergessenen Regionen in Richtung Europa und Asien wird angesichts Roslings Prognose enorm steigen. Die Klima- und Wirtschaftsmigration wird auf diese Weise neben dem islamistischen Bedrohungspotenzial und Cyberkriminalität zur unmittelbaren Bedrohung für den Westen.

Zu glauben, mit einem „Marshallplan für Afrika" – nach dem Vorbild des US-Hilfsprogramms nach dem Zweiten Weltkrieg – könnte das Problem gelöst werden, ist trügerisch, da es im Nachkriegseuropa Institutionen und Qualifikationen gab, an die angeknüpft werden konnte. Selbst im Afrika des 21. Jahrhunderts gibt es diese Anknüpfungspunkte nur rudimentär. Die weltweite Staatengemeinschaft muss sich dieses Problems annehmen, um nicht noch mehr Unsicherheit zu produzieren.

Die bis vor Kurzem geltende wirtschaftliche und politische Weltarchitektur ist ein Resultat aus den Erfahrungen des zweiten Dreißigjährigen Kriegs in Europa zwischen 1914 und 1945. Nach den Gemetzeln der beiden Weltkriege spaltete sich die Welt in zwei Blöcke: den liberal-demokratischen Block mit den USA an der Spitze und den kommunistischen unter der Schirmherrschaft der Sowjetunion. Letztere kollabierte 1991, die Institutionen des westlichen Lagers – und ebenso der Einfluss der USA – wurden danach umso dominanter: der Internationale Währungsfonds, die Weltbank, die OECD und natürlich – als Kern des westlichen Sicherheitssystems – die 1949 gegründete NATO. Dazu kam die 1995 gegründete Welthandelsorganisation WTO, die auf Vorläufer wie das General Agreement on Tariffs and Trade (GATT) aufbaute.

Mit Chinas rasantem ökonomischen Aufstieg ab 1978, den Bernhard Ecker in seinem Beitrag beschreibt, ist innerhalb weniger Jahrzehnte ein neuer Player auf die Weltbühne getreten, der sich mit dem Beitritt zum IWF und zur Weltbank 1980 bis hin zur Aufnahme in die WTO 2001 in dieses Institutionengefüge integriert hat. Doch weil sich die Gewichte, nicht nur in schieren Bevölkerungszahlen gemäß Roslings Pin-Code, sondern auch politisch und ökonomisch weiter Richtung Asien verschieben werden, ist auch dieses Gefüge im Umbau begriffen.

Indien etwa, das mit über 1,3 Milliarden Einwohnern drauf und dran ist, China als bevölkerungsreichstes Land der Erde abzulösen, ließ unter der neuen Führung von Premierminister Narendra Modi 2014 das sogenannte Bali-Abkommen der WTO platzen. Es ist unter den Schwellenländern derzeit vermutlich das Land mit dem größten Entwicklungspotenzial. China wiederum schickt sich mit der Gründung eines Gegenstücks zur US-dominierten Weltbank, der Asiatischen Infrastruktur-Investmentbank (AIIB), derzeit an, eigene Machtstrukturen aufzubauen. Die AIIB hat einen eigenen Seidenstraßenfonds aufgelegt, um die mehrere hundert Milliarden Dollar umfassenden Investitionen im Rahmen der „Neuen Seidenstraße" – des „One Belt, One Road"-Projekts (OBOR) von Premierminister Xi Jinping – zu stemmen. China versucht in seinem Küstenbereich eine „chinesische Monroedoktrin" umzusetzen.

Dennoch sollte man angesichts des steigenden quantitativen Gewichts von Asien nicht vergessen, dass noch immer die Hälfte der gesamten Weltwirtschaftsleistung in den USA, Europa und Japan erbracht wird. Die innovativsten Unternehmen der Welt sitzen wie eh und je im Silicon Valley oder in Orten der deutschen Provinz, deren Namen weltweit kaum bekannt sind. Auch wenn China soeben stolz seinen ersten Flugzeugträger präsentiert hat – die USA besitzen deren zwölf und werden noch auf Jahrzehnte die führende Militärmacht sein. In der Populärkultur sind wie eh und je amerikanische Filme, Musik und Kleidungsstücke die Exportschlager. Es gibt mehr Argumente dagegen als dafür, dass China das 21. Jahrhundert dominieren wird, wie Jonathan Fenby jüngst einleuchtend argumentiert hat (vgl. Fenby 2017).

Und auch mit Russland ist in Zukunft unbedingt zu rechnen. Auch wenn der wichtigste Nachfolgestaat der Sowjetunion nach dem verlorenen Kalten Krieg in den neunziger Jahren den Eindruck erweckte, in Wirtschaft und Politik den Weg der westlichen liberalen Demokratien zu beschreiten, hat Präsident Wladimir Putin spätestens seit der Annexion der Krim, dem Beginn der Ukraine-Krise und der Einmischung in den Syrien-Konflikt klargemacht, dass er eine wichtige Rolle auf der Weltbühne spielen will. In der Weiterentwicklung von Atomwaffen setzt Putin auf neue Raketenabwehrsysteme und Überschallflugkörper; Militärexperten sprechen bereits von einer „neuen Nukleardoktrin" Russlands. Das verdeutlicht, dass auch die jahrzehntelang verdrängten Gefahren eines Atomkriegs nach wie vor real sind.

Ohne die Einbindung des flächenmäßig größten Landes der Erde wird es aber auch Europa nicht gelingen, ein Global Player zu bleiben. Unentschieden ist, ob Russland am Ende eher den Westen des Ostens oder den Osten des Westens in Europa darstellen wird (vgl. Trenin 2016).

Hannes Androsch

Sich auf eine quasi gottgegebene Vormachtstellung des Westens zu verlassen, wäre fahrlässig, ja töricht. Die schon vor Jahrzehnten in Gang gesetzte tektonische Verschiebung globaler Gewichtungen wird mit der Verbreitung von Computern aller Art noch einmal beschleunigt. Mit der Digitalisierung von Verwaltung, Bildungssystem oder Finanzwesen können Schwellenländer ganze Entwicklungsstufen überspringen. Womöglich fegt das digitale Zeitalter die industrielle Ordnung der letzten 150 Jahre, geprägt durch groß dimensionierte Produktion und unermüdlichen Export, einfach hinweg, schreiben Samir Saran und Ashok Malik von der Observer Research Foundation: „Die neue Währung sind Dienstleistungen und Innovation, nicht Handelsfläche und Industrieproduktion. Und genau diese Faktoren treiben das Wachstum in Indien und Afrika voran."

Es steht fest, dass es insbesondere im Westen mit seinen ausgebauten Sozialsystemen und tradierten Strukturen nicht nur Profiteure dieses Wandels geben wird. Nur wenn rechtzeitig in Aus- und Weiterbildung investiert wird, kann dafür Sorge getragen werden, dass möglichst viele auf der Gewinnerseite stehen.

Aber ist unser Bildungssystem bereit für diese Herausforderungen? Die Schnelligkeit, mit der die Digitalisierung um sich greift, sowie die Breite und Tiefe der damit verbundenen Umwälzungen bedeuten nicht zuletzt auch massive Veränderungen, was die künftigen Qualifikationserfordernisse betrifft. Interdisziplinarität und Kreativität, soziale Kompetenzen und Lösungsorientierung, aber auch mehr IT-Kompetenz und vor allem die Bereitschaft zu lebenslangem Lernen müssen in Zukunft im Mittelpunkt stehen. Im Besonderen gilt dies für das berufliche Bildungswesen, wo künftig verstärkt auf fächerübergreifende Angebote gesetzt, auf Flexibilität vorbereitet und Berufslehre mit Aufstiegsmöglichkeiten verbunden werden muss.

Die Klassenzimmer mit Notebooks und Tablet-PCs auszustatten, ist zwar von hehrer Symbolik, ändert aber noch nichts an der Strukturierung des Lernstoffs. Einen Touchscreen bedienen zu können, ist zu wenig. Sensibilität im Umgang mit Daten und die Fähigkeit, Informationen eigenständig zu recherchieren und zu bewerten, gehören ebenso zum digitalen ABC wie Programme zu konzipieren.

Die digitale Revolution braucht daher eine Revolution über den gesamten Bildungsbogen hinweg. Dazu müssen qualitätvolle vorschulische Betreuung, verschränkte Ganztagsschulen mit entsprechender Infrastruktur und personeller Ausstattung sowie eine bessere Finanzierung und ein effizienteres Management der Universitäten bereitgestellt werden.

Ob es in unseren Gesellschaften zu Eruptionen wie 1848 kommt, wird also wesentlich davon abhängen, mit welchen Bildungs- und Ausbildungsmaßnahmen der Übergang ins Zeitalter der Algorithmen politisch flankiert wird. Dem Zorn, der sich seit einigen Jahren in Wahlergebnissen manifestiert, sollte man jedenfalls nicht mit einem achselzuckenden „Ja, dürfen's denn des?" entgegnen, jenem Satz, der dem – ob der revolutionären Ereignisse von 1848 verdutzten – Kaiser Ferdinand zugeschrieben wird. Der Zorn verlangt nach Antworten, die auf der Analyse von Fehlentwicklungen der Vergangenheit und möglichen Entwicklungen der Zukunft gründen, gepaart mit dem Mut, Althergebrachtes infrage zu stellen und gegebenenfalls auch über Bord zu werfen.

Lässt man den Deckel zu lange auf einem kochenden Topf, geht er irgendwann in die Luft. Das ist vermeidbar, wenn man proaktiv gegensteuert. Der überwältigende Sieg des prononciert europafreundlichen Emmanuel Macron und dessen Bewegung La République en marche in Frankreich, die Rückschläge für europafeindliche Bewegungen wie den Front National oder die AfD in Deutschland, aber auch die in den britischen Parlamentswahlen vom Juni 2017 zum Ausdruck gebrachte Weigerung der Wähler, ihre Regierung mit einem Mandat für „harte" Brexit-Verhandlungen auszustatten, geben Hoffnung, dass die Schockstarre des Kaninchens vor der Schlange gelöst werden kann.

Hannes Androsch

1848

Maximilian Bach: Geschichte der Wiener Revolution im Jahre 1848, Wien 1898.

Heinrich Drimmel: Oktober achtundvierzig, Wien 1978.

Heinrich Drimmel: Franz Joseph. Biographie einer Epoche, Wien 1983.

Franz Endler: Zwischen den Zeilen. 125 Jahre Die Presse, Wien 1973.

Friedrich Engel-Janosi: Zur Genesis der Revolution von 1848. Die Verfassungsfrage im deutschen Österreich, Wien 1922/23.

Günther Haller: „Bei mir müsste sogar die englische Königin ihre Thronrede inserieren". August Zang und seine „Presse", in: Kainz/Unterberger 1998.

Brigitte Hamann: Österreich. Ein historisches Porträt, München 2009.

Wolfgang Häusler: Von der Massenarmut zur Arbeiterbewegung. Demokratie und soziale Frage in der Wiener Revolution von 1848, Wien 1979.

Wolfgang Häusler, Ernst Bruckmüller (Hg.): 1848. Revolution in Österreich, Wien 1999.

Friedrich Christian Hebbel: Der heilige Krieg, Leipzig 1907.

Julius Kainz, Andreas Unterberger (Hg.): „Ein Stück Österreich", Wien 1998.

Eugen Lemberg: Das Bild des Deutschen im tschechischen Geschichtsbewusstsein, München 1961.

Kurt Mellach: 1848. Protokolle einer Revolution, Wien 1968.

Karl Nehring (Hg.): Flugblätter und Flugschriften der ungarischen Revolution von 1848/49, München 1977.

Friedrich Prinz: František Palacký und das deutsch-tschechische Verhältnis aus der Sicht der tschechischen Geschichtswissenschaft unseres Jahrhunderts, München 1977.

Hans Werner Scheidl: Die Presse, Beilage Spectrum, 2. Juli 1998.

Karl-Peter Schwarz: „Die Presse ist nicht die Kuh, die sie sein sollte", in: Kainz/Unterberger 1998.

Herbert Steiner: Karl Marx in Wien. Die Arbeiterbewegung zwischen Revolution und Restauration 1848, Wien 1978.

Adam Wandruszka, Peter Urbanitsch: Die Habsburgermonarchie 1848–1918, Band III.1: Die Völker des Reiches, Wien 1980.

Franz Carl Weidmann: Gang und Richtung der Wiener Revolution vom 13. März bis 6. Oktober 1848, in: Austria. Österreichischer Universalkalender für das Schaltjahr 1848, Wien 1849.

Erich Witzmann: Herr Biedermeier auf den Barrikaden. Der Kampf um die Pressefreiheit, in: Kainz/Unterberger 1998.

1908

Ivo Andrić: Die Brücke über die Drina. Mit einem Nachwort von Karl-Markus Gauß, München 2016.

Ludwig Bittner, Hans Uebersberger: Österreich-Ungarns Außenpolitik von der Bosnischen Krise 1908 bis zum Kriegsausbruch 1914. Diplomatische Aktenstücke des österreichisch-ungarischen Ministeriums des Äußeren, Wien, Leipzig 1930.

Marie-Janine Calic: Der Krieg in Bosnien-Hercegovina. Ursachen – Konfliktstrukturen – Internationale Lösungsversuche, Frankfurt am Main 1995.

Marie-Janine Calic: Geschichte Jugoslawiens im 20. Jahrhundert, München ²2014.

Marie-Janine Calic: Südosteuropa. Weltgeschichte einer Region, München 2016.

Srećko M. Džaja: Bosnien-Herzegowina in der österreichisch-ungarischen Epoche (1878–1918), München 1994.

Vedran Džihić: Ethnopolitik in Bosnien-Herzegowina. Staat und Gesellschaft in der Krise, Baden-Baden 2009.

Edgar Hösch: Geschichte der Balkanländer. Von der Frühzeit bis zur Gegenwart, München ⁵2008.

Franz Conrad von Hötzendorf: Aus meiner Dienstzeit 1906–1918, Band I: Die Zeit der Annexionskrise 1906–1909, Wien 1921.

Egbert Jahn: Die Bedeutung des Scheiterns polyethnischer und multinationaler Staatsgebilde für die Integration Europas, in: Ders. (Hg.): Nationalismus im spät- und postkommunistischen Europa, Band I: Der gescheiterte Nationalismus der multi- und teilnationalen Staaten, Baden-Baden 2008.

Agilolf Keßelring (Hg.): Wegweiser zur Geschichte. Bosnien-Herzegowina, Paderborn ²2007.

Leopold Mandl: Die Habsburger und die serbische Frage. Geschichte des staatlichen Gegensatzes Serbiens zu Österreich-Ungarn, Wien 1918.

Brigitte Mazohl: Die Habsburgermonarchie 1848–1918, in: Thomas Winkelbauer (Hg.): Geschichte Österreichs, Stuttgart ²2016.

Mark Mazower: Der Balkan, Berlin 2002.

Wolfgang Pensold, Silvia Nadjivan, Eva Tamara Asboth: Gemeinsame Geschichte? Ein Jahrhundert serbischer und österreichischer Mythen, Innsbruck 2015.

Bernadotte E. Schmitt: The Annexation of Bosnia 1908–1909, London, Cambridge 1937.

Hagen Schulze: Staat und Nation in der europäischen Geschichte, München 1999.

Holm Sundhaussen: Staatsbildung und ethnisch-nationale Gegensätze in Südosteuropa, in: Aus Politik und Zeitgeschichte, B 10–11/2003, S. 3–9.

Leo Tolstoy: On the Annexation of Bosnia and Herzegovina by Austria, Bristol 1965.

Michael W. Weithmann: Balkan-Chronik. 2000 Jahre zwischen Orient und Okzident, Regensburg ³2000.

1918

Richard Bassett: For God and Kaiser. The Imperial Austrian Army, New Haven 2016.

Christopher Clark: Die Schlafwandler. Wie Europa in den Ersten Weltkrieg zog, München 2013.

Robert Gerwarth: Die Besiegten. Das blutige Erbe des Ersten Weltkriegs, München 2017.

Ernst Hanisch: Der große Illusionist. Otto Bauer (1881–1938), Wien 2011.

Adam Hochschild: To End All Wars. A Story of Loyalty and Rebellion, 1914–1918, Boston 2011.

Lonnie Johnson: Central Europe. Enemies, Neighbors, Friends, New York 2011.

Klemens von Klemperer: Ignaz Seipel. Christian Statesman in a Time of Crisis, Princeton 1972.

Margaret Macmillan: Paris 1919, New York 2003.

Anton Pelinka: Die gescheiterte Republik. Kultur und Politik in Österreich 1918–1938, Wien 2017.

Manfried Rauchensteiner: Der Erste Weltkrieg und das Ende der Habsburger-Monarchie, Wien 2013.

Richard Saage: Der erste Präsident. Karl Renner – eine politische Biografie, Wien 2016.

Karl Stadler: The Birth of the Austrian Republic 1918–1921, Leiden 1966.

Alexander Watson: Ring of Steel. Germany and Austria-Hungary at War 1914–1918, London 2014.

Ernst Karl Winter: Ignaz Seipels dialektisches Problem. Ein Beitrag zur Scholastikforschung, Wien 1960.

Adam Zamoyski: Poland. A History, London 2009.

1938

Jörn Bleck-Neuhaus: Elementare Teilchen. Von den Atomen über das Standard-Modell bis zum Higgs-Boson, Berlin 2013.

James W. Cronin (Hg.): Fermi Remembered, Chicago 2004.

Klaus Döring: Die Megariker. Kommentierte Sammlung der Testimonien, Amsterdam 1971.

Johannes Feichtinger: Wissenschaft zwischen den Kulturen. Österreichische Hochschullehrer in der Emigration 1933–1945, Frankfurt/Main 2001.

Herman Goldstine: The computer from Pascal to von Neumann, Princeton 1980.

Klaus Hoffmann: J. Robert Oppenheimer: Schöpfer der ersten Atombombe, Berlin 1995.

Anthony Hyman: Charles Babbage. A Biography, Oxford 1982.

Søren Kierkegaard: Die Krankheit zum Tode, München 1969.

Lise Meitner: Erinnerungen an Otto Hahn, Stuttgart 2005.

John von Neumann: Die Rechenmaschine und das Gehirn, Oldenbourg 1991.

Hartley Rogers Jr.: An Example in Mathematical Logic, in: The American Mathematical Monthly 70, 9 (1963).

Raúl Rojas: How to make Zuse's Z3 a universal computer, in: Annals of the History of Computing 20, 3 (1998).

Lore Sexl, Anne Hardy: Lise Meitner, Reinbek bei Hamburg 2002.

Henning Sietz: Alan Turing – Churchills beste Gans im Stall, in: Die Zeit 22/2012.

Karl Sigmund, John Dawson, Kurt Mühlberger: Kurt Gödel. Das Album/The Album, Wiesbaden 2006.

Karl Sigmund: Sie nannten sich Der Wiener Kreis. Exaktes Denken am Rand des Untergangs, Wiesbaden 2015.

Rudolf Taschner: Der Zahlen gigantische Schatten. Mathematik im Zeichen der Zeit, Wiesbaden 2017.

Rudolf Taschner: Kurt Gödels Auftritt bei der Königsberger Tagung. Die Erschütterung der exakten Wissenschaften, in: Hannes Androsch, Manfred Matzka, Bernhard Ecker (Hg.): 1814 – 1914 – 2014. 14 Ereignisse, die die Welt verändert haben, Wien 2014.

Horst Zuse: Kurzbiographie über Konrad Zuse, http://www.horst-zuse.homepage.t-online.de/kz-bio.html, abgerufen am 24. Juli 2017.

Konrad Zuse: Der Computer. Mein Lebenswerk, Landsberg 1970.

1968

Götz Aly: Unser Kampf 1968, Frankfurt am Main 2008.

Daniel Cohn-Bendit: Wir haben sie so geliebt, die Revolution, Frankfurt am Main 1987.

Paulus Ebner, Karl Vocelka: Die zahme Revolution. '68 und was davon blieb, Wien 1998.

Heinz Fischer: Die Kreisky-Jahre 1967–1983, Wien 1994.

Josef Hindels: Was ist heute links? Wien 1970.

Fritz Keller: Wien Mai 68 – eine heiße Viertelstunde, Wien 1983.

Fritz Keller: Ein neuer Frühling? Sozialistische Jugendorganisationen 1945 bis 1965, Wien 1983.

Fritz Keller: Gelebter Internationalismus. Österreichs Linke und der algerische Widerstand, Wien 2010.

Claus Leggewie: Kofferträger. Das Algerien-Projekt der Linken, Berlin 1984.

Raimund Löw: Die Fantasie und die Macht. 1968 und danach, Wien 2006.

Günther Nenning, Andreas Huber (Hg.): Die Schlacht der Bäume. Hainburg 1984, Wien 1985.

Wilhelm Svoboda: Revolte und Establishment. Die Geschichte des Verbandes Sozialistischer Mittelschüler 1953–1973, Wien 1986.

Wilhelm Svoboda: Sandkastenspiele. Eine Geschichte linker Radikalität in den 70er Jahren, Wien 1998.

Natalia Wächter: Wunderbare Jahre. Jugendkultur in Wien, Wien 2006.

1978

James Bradley: The China Mirage. The Hidden History of American Disaster in Asia, Boston 2015.

Peter T. Y. Cheung: Provincial Strategies of Economic Reform in Post-Mao-China, London 1998.

Bernhard Ecker: Der Vertrag von Nanjing, in: Hannes Androsch, Bernhard Ecker, Manfred Matzka (Hg.): 1814 – 1914 – 2014. 14 Ereignisse, die die Welt verändert haben, Wien 2014.

Richard Evans: Deng Xiaoping and the Making of Modern China, London 1993.

Jonathan Fenby: Will China Dominate the 21st Century?, Cambridge ²2017.

Gerd Kaminski: Von Österreichern und anderen Chinesen, Wien 2011.

Gerd Kaminski, Barbara Kreissl (Hg.): Von Stein zu Stein im Fluss der Zeit. 30 Jahre Reform- und Öffnungspolitik der VR China, Wien 2009.

Scott Kennedy: Beyond the Middle Kingdom. Comparative Perspectives on China's Capitalist Transformation, Stanford 2011.

Henry Kissinger: China. Zwischen Tradition und Herausforderung, München 2011.

Felix Lee: Macht und Moderne. Chinas großer Reformer, Berlin 2014.

Branko Milanović: Reframing the world, glineq.blogspot.de/search?q=reframing+the+world, abgerufen am 24. Juli 2017.

Fredrick C. Teiwes, Warren Sun: China's New Economic Policy under Hua Guofeng. Party Consensus and Party Myths, in: The China Journal 66 (2011).

Ezra F. Vogel: Deng Xiaoping and the Transformation of China, Cambridge/ Massachussetts, London 2011.

Jinglian Wu: Understanding and Interpreting Chinese Economic Reform, Ohio 2005.

Suisheng Zhao: Deng Xiaoping's Southern Tour. Elite Politics in Post-Tiananmen China, in: Asian Survey 33, 8 (1993).

2008

Liaquat Ahamed: Lords of finance: the bankers who broke the world, New York 2009.

Ben Bernanke: The Courage to Act. A Memoir of a Crisis and Its Aftermath, New York 2015.

Mark Blyth: Capitalism in crisis. What went wrong and what comes next, in: Foreign Affairs, July/August 2016.

Pierre Bourdieu, Contre la destruction d'une civilisation, Rede vor Streikenden in Paris, in: Blätter für deutsche und internationale Politik, 2/1996.

Jesse Bricker, Lisa J. Dettling, Alice Henriques, Joanne W. Hsu, Kevin B. Moore, John Sabelhaus, Jeffrey Thompson, Richard A.Windle: Changes in U.S. Family Finances from 2010 to 2013: Evidence from the Survey of Consumer Finances, in: Federal Reserve Bulletin 100, 4 (2014).

Markus K. Brunnermeier, Luis Garicano, Philip R. Lane, Marco Pagano, Ricardo Reis, Tano Santos, David Thesmar, Stijn Van Nieuwerburgh, Dimitri Vayanos: European Safe Bonds (ESBies), 2011; personal.lse.ac.uk/ vayanos/Euronomics/ESBies.pdf, abgerufen am 24. Juli 2017.

Barry Eichengreen: Hall of Mirrors: The Great Depression, the Great Recession, and the Uses – and Misuses – of History, Oxford 2015.

European Central Bank: The Household Finance and Consumption Survey. Results from the second wave, Statistics Paper Series 18 (2016).

Manuel Funke, Moritz Schularick, Christoph Trebesch: Going to extremes: Politics after financial crises, 1870–2014, CEPR Discussion Paper 10884, 2015.

Paul De Grauwe, Ji Yuemei: Self-fulffilling crises in the Eurozone. An empirical test, in: Journal of International Money and Finance 34 (2012).

Charles P. Kindleberger: Manias, Panics, and Crashes. A History of Financial Crises, New York 1978.

McKinsey Global Institute: Poorer than their Parents? Flat or Falling Incomes in Advanced Economies, 2016; mckinsey.it/idee/poorer-than-their-parents-a-new-perspective-on-income-inequality, abgerufen am 24. Juli 2017.

US Department of the Treasury: A Financial System That Creates Economic Opportunities Banks and Credit Unions, Juni 2017; https://www.treasury.gov/press-center/press-releases/Documents/A%20Financial%20System.pdf, abgerufen am 24. Juli 2017.

2018

Austria Presse Agentur: Für Uber fahren rund ein Dutzend selbstfahrende Autos, Wien 2017; derstandard.at/2000050321387/Microsoft-will-ins-Zentrum-der-vernetzten-Mobilitaet-ruecken, abgerufen am 12. Juli 2017.

Carole Cadwalladr, Robert Mercer: The big data billionaire waging war on mainstream media, London 2017; www.theguardian.com/politics/2017/feb/26/robert-mercer-breitbart-war-on-media-steve-bannon-donald-trump-nigel-farage, abgerufen am 12. Juli 2017.

Kenneth Cukier, Viktor Mayer Schönberger: Big Data. Die Revolution, die unser Leben verändern wird, München 2013.

Charles Duhigg: Die Macht der Gewohnheit. Warum wir tun, was wir tun, Berlin 2012.

Carl Benedikt Frey, Michael A. Osborne: The future of employment: How susceptible are jobs to computerization? Oxford 2013; www.oxfordmartin.ox.ac.uk/downloads/academic/future-of-employment.pdf, abgerufen am 12. Juli 2017.

Philipp Hummel: Ackern nach Zahlen. Big Data in der Landwirtschaft, Hannover 2014; www.heise.de/newsticker/meldung/Ackern-nach-Zahlen-Big-Data-in-der-Landwirtschaft-2240801.html, abgerufen am 12. Juli 2017.

Wolfgang Kobek: Mit Daten die Wege des Zika-Virus aufspüren, München 2017; www.computerwoche.de/a/mit-daten-die-wege-des-zika-virus-aufspueren,3329555, abgerufen am 12. Juli 2017.

David Kriesel: SpiegelMining. Reverse Engineering von Spiegel-Online, 2017; www.youtube.com/watch?v=gsnL4m57MCM, abgerufen am 12. Juli 2017.

Fabian Reinbold: „Es gibt riesige ethische Fragen" (Interview mit Kate Crawford), Hamburg 2016; www.spiegel.de/netzwelt/netzpolitik/facebook-kann-eine-wahl-drehen-sagt-internet-forscherin-a-1092348.html, abgerufen am 12. Juli 2017.

Fabian Reinbold: Ich ganz allein habe Trump ins Amt gebracht, Hamburg 2016; http://www.spiegel.de/netzwelt/netzpolitik/donald-trump-und-die-daten-ingenieure-endlich-eine-erklaerung-mit-der-alles-sinn-ergibt-a-1124439.html, abgerufen am 12. Juli 2017.

Christian Schön: Big Data in Unternehmen. Die 10 wichtigsten Szenarien, München 2015; bigdatablog.de/2015/04/24/big-data-in-unternehmen-die-10-wichtigsten-szenarien/, abgerufen am 12. Juli 2017.

John Sousanis: World Vehicle Population Tops 1 Billion Units, Detroit 2011; wardsauto.com/news-analysis/world-vehicle-population-tops-1-billion-units, abgerufen am 12. Juli 2017.

Tages-Anzeiger: Diese Firma weiß, was Sie denken, Zürich 2016; www.tagesanzeiger.ch/ausland/amerika/Diese-Firma-weiss-was-Sie-denken/story/25805157, abgerufen am 12. Juli 2017.

Wired Staff: GM will 2018 Tausende selbstfahrende Autos testen, Berlin 2017; https://www.wired.de/collection/business/gm-will-2018-tausende-selbstfahrende-autos-testen, abgerufen am 24. Juli 2017.

Zeit Online: Facebook manipulierte für Studie Nachrichtenstrom, Hamburg 2014; www.zeit.de/digital/internet/2014-06/facebook-nutzer-manipulation-studie, abgerufen am 12. Juli 2017.

Epilog

Daniel Bell: The World and the United States in 2013, in: Daedalus 116, 3 (1987).

Ulrich Eberl: Smarte Maschinen. Wie Künstliche Intelligenz unser Leben verändert, München 2016.

Jonathan Fenby: Will China Dominate the 21st Century?, Cambridge [2]2017.

Ivan Krastev: After Europe, Philadelphia 2017.

Rolf W. Meyer: Vom Faustkeil zum Internet. Die Entwicklungsgeschichte des Menschen, Hannover 2007.

Scott Stossel: Angst. Wie sie die Seele lähmt und wie man sich befreien kann, München 2014.

Dmitri Trenin: Should We Fear Russia? Cambridge 2016.

Autorinnen und Autoren

HANNES ANDROSCH
Industrieller und Citoyen. Ab 1971 Finanzminister, ab 1976 Vizekanzler unter Bruno Kreisky. Von 1981 bis 1988 Generaldirektor der Creditanstalt. Zahlreiche Publikationen, zuletzt *Einspruch. Der Zustand der Republik und wie sie noch zu retten ist.* (mit Josef Moser, 2016). Im Brandstätter Verlag zuletzt als Co-Herausgeber und Autor: *1814 – 1914 – 2014. 14 Ereignisse, die die Welt verändert haben.*

BERNHARD ECKER
Studium der Geschichte und Germanistik, Wirtschaftsjournalist (*trend*). Lektor am Institut für Publizistik an der Universität Wien. Co-Herausgeber und Autor von *1814 – 1914 – 2014. 14 Ereignisse, die die Welt verändert haben*, Mitautor von Alexander Van der Bellens *Die Kunst der Freiheit*, beides im Brandstätter Verlag.

HEINZ FISCHER
Österreichischer Bundespräsident von 2002 bis 2016. Seit 1971 im Nationalrat, von 1983 bis 1987 Wissenschaftsminister. Ab 1990 zwölf Jahre Präsident des österreichischen Nationalrats. Letzte Buchpublikationen: *Erinnerungen in Bildern und Geschichten* (mit Margit Fischer), *Eine Wortmeldung.*

ALEXANDRA FÖDERL-SCHMID
Seit Anfang September 2017 Israel-Korrespondentin der *Süddeutschen Zeitung.* 2007 bis 2017 Chefredakteurin der Tageszeitung *Der Standard*, 2012 Co-Herausgeberin, ab 2013 als Chefredakteurin auch zuständig für derStandard.at. Seit 2017 Mitglied des Reuters Advisory Board in Oxford, Großbritannien.

HERBERT LACKNER
Studierte Politikwissenschaft und Publizistik, war stellvertretender Chefredakteur der *Arbeiter-Zeitung* und danach 23 Jahre lang Chefredakteur des Nachrichtenmagazin *profil.* Soeben erschienen: *Die Flucht der Dichter und Denker. Wie Europas Wissenschaftler und Künstler den Nazis entkamen.*

ANTON PELINKA
Professor for Political Science and Nationalism Studies an der Central European University in Budapest. Zahlreiche Buchpublikationen, aktuell *Die gescheiterte Republik. Kultur und Politik in Österreich, 1918 – 1938.*

BETTINA POLLER
Studium der Politikwissenschaft und Geschichte. Referentin im Österreichischen Rat für Forschung und Technologieentwicklung (RFTE). Beiträge zu historischen und politischen Themen u.a. für die *Europäische Rundschau*.

HANS WERNER SCHEIDL
Seit 1965 Redakteur der Tageszeitung *Die Presse*, Innenpolitik-Redakteur und seit 2006 Autor der zeitgeschichtlichen Serie *Die Welt bis gestern*. Jüngste Buch-Veröffentlichung: *Der wahre Kreisky*.

HELENE SCHUBERTH
Ökonomin in Wien. Sie studierte Volkswirtschaftslehre an der Universität Wien und an der Harvard University. Zahlreiche Publikationen, aktuell *EMU Architecture and Governance of Finance*.

RUDOLF TASCHNER
Professor am Institut für Analysis und Scientific Computing an der TU Wien, gemeinsam mit seiner Frau Bianca Begründer und Betreiber des Projekts math.space im Wiener MuseumsQuartier. Zahlreiche Buchpublikationen, aktuell *Vom 1x1 zum Glück. Warum wir Mathematik für das Leben brauchen*.

Bibliografische Information der Deutschen Nationalbibliothek
Die Deutsche Nationalbibliothek verzeichnet diese Publikation in der Deutschen
Nationalbibliografie;
detaillierte bibliografische Daten sind im Internet über http://dnb.d-nb.de abrufbar.

2. Auflage 2018

KONZEPT und REDAKTION: Bernhard Ecker
COVER und ARTDIREKTION: Cora Akdoğan, CAPITALE Wien
GRAFIK & SATZ: Burghard List
Nach einem Konzept von Christine Link.
LEKTORAT: Jan Martin Ogiermann

BILDNACHWEIS
apa-picturedesk: 53 (Mary Evans), 79 (ÖNB), 86 (Everett Collection), 146 (Hao yun/
AP), 159 (Peter Foley/EPA), 165 (Simela Pantzartzi/EPA), 174 (Marko Priske/laif);
gettyimages: 197 (Bloomberg), 184 (Drew Angerer);
IMAGNO/Austrian Archives: 73 u.;
IMAGNO/Barbara Pflaum: 128;
IMAGNO/ÖNB: 73 o., 97;
IMAGNO/Nora Schuster: 126;
IMAGNO/Votava: 113;
IMAGNO/Wien Museum: 34;
Wikimedia: 36 (Peter Geymayer), 47 (Lebendiges Museum Online)

ISBN 978-3-7106-0142-2

Christian Brandstätter Verlag
GmbH & Co KG
A-1080 Wien, Wickenburggasse 26
Telefon (+43-1) 512 15 43-0
E-Mail: info@brandstaetterverlag.com
www.brandstaetterverlag.com
Designed in Austria, printed in the EU

Bettina Poller
Die bosnische
Annexionskrise

1848 1908 1918 1938

**Hans-Werner
Scheidl**
Epochenwechsel

Anton Pelinka
Von Brest-Litowsk
zur Republik

Rudolf Taschner
Zwei bahnbrechende
Erfindungen